TIERE DER VORZEIT VON A-Z

CIP-Titelaufnahme der Deutschen Bibliothek

Tiere der Vorzeit von A bis Z / Michael Benton.
Ill. von Jim Channell und Kevin Maddison.
[Übers. und bearb. von Stefan Conert].
- München : Ars-Ed., 1991
Einheitssacht.: Prehistoric animals
ISBN 3-7607-4553-9
NE: Benton, Michael; Channell, Jim;
Conert, Stefan [Bearb.]; EST

TIERE DER VORZEIT VON A-Z

MICHAEL BENTON

Illustrationen von Jim Channell und Kevin Maddison

ars edition

Der Autor Michael Benton ist einer der bekanntesten Paläontologen in Großbritannien und veröffentlichte zahlreiche Artikel und Bücher über die Vorzeit. Er ist Dozent am Geologischen Institut der Universität von Bristol. Die fachliche Beratung für die deutsche Ausgabe erfolgte durch Prof. Dr. Hans Joachim Conert (Universität Frankfurt/Main).

Weiterer Titel in gleicher Ausstattung:
Dinosaurier von A-Z

95 94 93 92 91 5 4 3 2 1

Übersetzt und bearbeitet von Stefan Conert
Titel der Originalausgabe:
»Prehistoric Animals: An A-Z Guide«

Redaktion der Originalausgabe:
Nicola Barber und Thomas Keegan
Diagramme: Ralph Orme
Gestaltung: TL Creative Services
Bildredaktion: Elaine Willis
Umschlaggestaltung:
Atelier Langenfass, Ismaning

Printed in Spain
ISBN 3-7607-4553-9

Titelbild: *Mammuthus*
Vorige Seite: *Diadectes*
Unten: *Chalicotherium*
Einbandrückseite: *Archaeopteryx*

Inhalt

Der Verlag dankt den folgenden Einrichtungen und Personen für die freundliche Überlassung von Fotografien:
Peale Museum, Baltimore: S. 6; Imitor: S. 9; The Mansell Collection: S. 10 (links); The Royal College of Surgeons: S. 10 (rechts); John Reader: S. 14; Museum für Naturkunde der Humboldt-Universität, Berlin: S. 36.

Die ersten Funde von Versteinerungen

Bereits vor über 20 000 Jahren kamen Menschen mit Fossilien in Berührung. Im Flintstein, aus dem sie Pfeilspitzen, Messer und andere Werkzeuge herstellten, waren nicht selten Muschelschalen, Schneckengehäuse oder Seeigel eingeschlossen. Aber die Steinzeitmenschen hatten keinen Grund, sich über diese Einschlüsse Gedanken zu machen. Viel später, als die Menschen in Europa Kirchen und Burgen aus Stein bauten, fanden die Arbeiter in den Steinbrüchen Fossilien von verschiedenen Tieren. Aber wenn sie diese den Gelehrten zeigten, bekamen sie die merkwürdigsten Auskünfte, z.B. daß diese Tiere vom Teufel in den Felsen gebannt worden seien.

Dagegen erkannte Robert Plot von der Universität Oxford, dem ein Beinknochen eines Dinosauriers vorgelegt wurde, daß er einen versteinerten Knochen vor sich hatte. In seinem 1677 erschienenen Buch über die Naturgeschichte von Oxfordshire beschrieb er ihn ganz richtig, war sich aber nicht sicher, ob er von einem Riesen oder einem Elefanten stammte.

Ein *Mastodon* wird ausgegraben. 1801 entdeckte ein Farmer im Staate New York (USA) einige riesige Knochen. Die Amerikanische Philosophische Gesellschaft beauftragte daraufhin Charles Wilson Peal, die Fossilien zu bergen. Man benötigte Dutzende von Hilfskräften, um die Knochen auszugraben. Ihre Arbeit wurde erschwert, weil sich in der Grube ständig Grundwasser sammelte, das mühselig ausgeschöpft werden mußte.

Ein aufsehenerregender Fund wurde 1725 in Öhningen am Bodensee gemacht. Die hier entdeckten Knochen brachte man zu dem berühmten Naturforscher Johann Scheuchzer, der Stadtarzt in Zürich war. Nach eingehender Untersuchung kam dieser zu dem Schluß, daß es sich hier um das Skelett eines Menschen handelte, der in der Sintflut ertrunken war. 1727 veröffentlichte Scheuchzer sein Forschungsergebnis, bildete den *Homo diluvii testis* genau ab und wollte damit beweisen, daß die in der Bibel erwähnte große Flut zu Noahs Zeiten auch Europa erreicht hätte. Wissenschaftler unserer Tage haben festgestellt, daß es sich bei dieser Versteinerung nicht um einen Menschen, sondern um einen Riesensalamander gehandelt hat.
Im 18. Jahrhundert wurden in Europa und Nordamerika viele riesige Knochen entdeckt und ausgegraben, die von längst ausgestorbenen *Mastodonten*, Mammuten und Elefanten stammen. Jetzt begann man, die Einzelknochen sorgfältig auszugraben und in Museen zu bringen, wo sie vorsichtig freigelegt und schließlich zu ganzen Skeletten zusammengesetzt wurden. Zu dieser Zeit entstanden aus den Kuriositätenkabinetten die ersten naturwissenschaftlichen Museen.

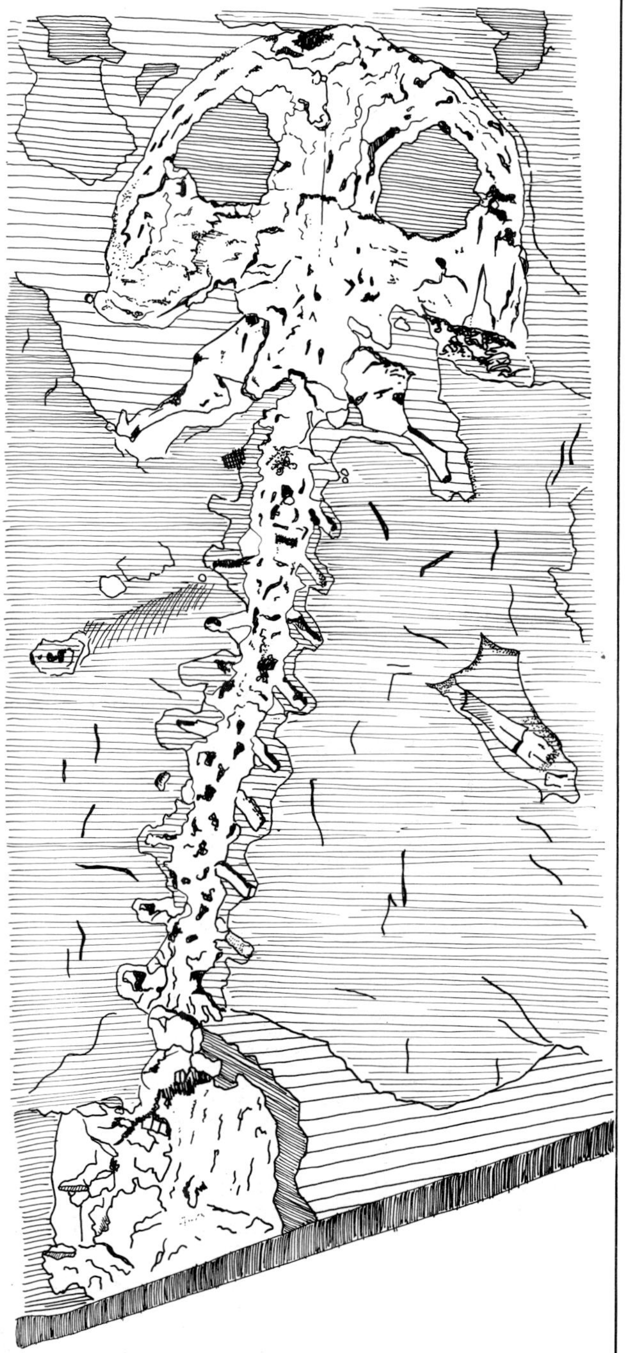

Johann Scheuchzer beschrieb das Skelett eines Riesensalamanders als Beingerüst eines armen Sünders, der in der Sintflut ertrunken sei.

Die Zeit der großen Entdeckungen

Während des 19. Jahrhunderts wurden in der Geologie (Wissenschaft von der Geschichte der Erde) und der Paläontologie (Wissenschaft von der Geschichte der Lebewesen) große Fortschritte gemacht. Immer neue Versteinerungen wurden entdeckt, welche die Kenntnisse über die vorzeitlichen Pflanzen und Tiere ständig erweiterten. Man erkannte, daß die Erde viele hundert Millionen Jahre alt ist und in ihrer Geschichte von Lebewesen bewohnt wurde, die längst verschwunden sind. Von den aus alten Zeiten bekannten Pflanzen und Tieren sind heute weit mehr als 90% ausgestorben.
In den 20er Jahren des vorigen Jahrhunderts wurden in England die ersten Dinosaurier gefunden, z. B. *Megalosaurus* und *Iguanodon*, aber auch Fischsaurier wie *Ichthyosaurus* und Flossenechsen wie *Plesiosaurus*. Die beiden zuletzt genannten Versteinerungen wurden von Mary Anning entdeckt, die in England von Kindheit an Fossilien sammelte und sich zu einer vielgefragten Expertin entwickelte.
Einer der führenden Paläontologen war zu dieser Zeit Baron Georges Cuvier, der in Paris lebte. Er studierte die Anatomie heutzeitlicher Tiere und konnte anhand dieser Erfahrungen Skelette ausgestorbener Tiere aus ihren Einzelknochen zusammenfügen.

Othniel C. Marsh war Professor am Yale College in Connecticut (USA). Er untersuchte Hunderte von vorzeitlichen Reptilien, Säugetieren und Vögeln (z. B. *Hesperornis* und *Ichthyornis*), die ihm von seinen Sammlern aus dem Mittleren Westen der USA geschickt wurden.

Edward D. Cope beschrieb eine große Anzahl von Dinosauriern und Säugetieren, die der Wissenschaft bis dahin unbekannt waren. In Othniel C. Marsh fand er einen erbitterten Konkurrenten, der ihn zu übertreffen suchte, wo immer es möglich war.

Georges Cuvier hat sich in der Paläontologie besondere Verdienste erworben. Er zeigte auf, wie aus den oft verstreut gefundenen Knochen eines Tieres ein ganzes Skelett zusammengesetzt werden kann. Er studierte Säugetiere und Reptilien aus aller Welt.

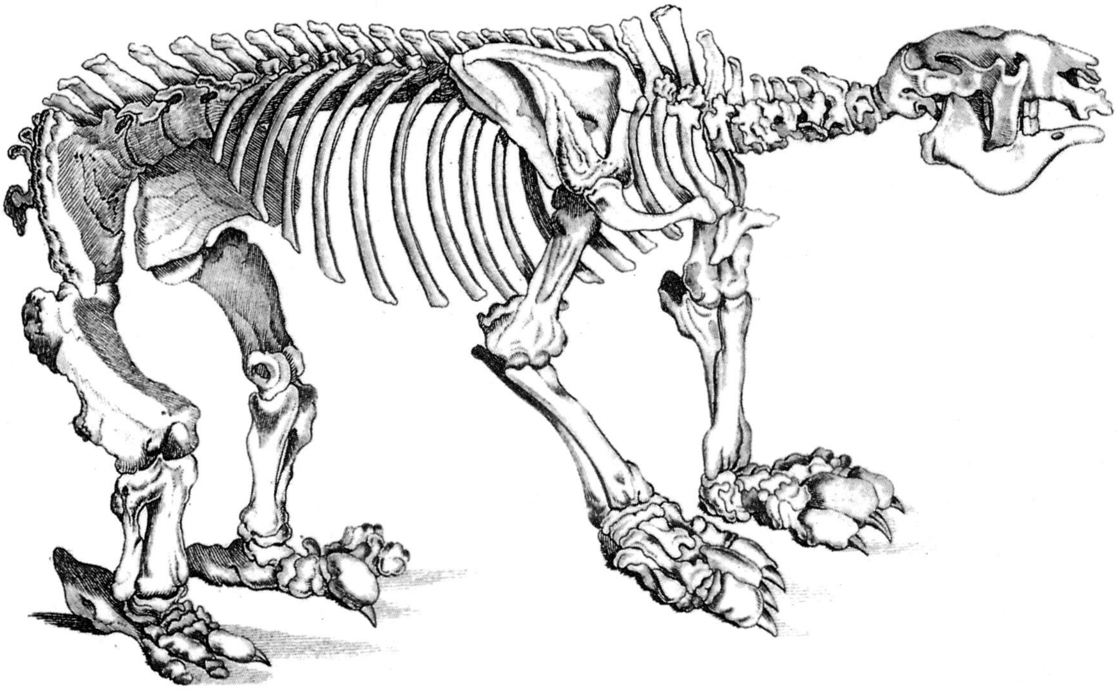

In dieser Zeit reisten europäische Wissenschaftler in alle Teile der Welt und brachten eine riesige Sammlung von vorzeitlichen Tieren zusammen. Der junge Charles Darwin entdeckte während seiner Weltreise in Südamerika Skelette von *Megatherium* und *Glyptodon*. Andere Forscher brachten aus Australien Versteinerungen von ausgestorbenen Beuteltieren mit. Zwischen 1850 und 1900 verlagerte sich der Schwerpunkt wichtiger Entdeckungen nach Nordamerika. Die beiden Paläontologen Othniel C. Marsh und Edward D. Cope rüsteten mehrere Expeditionen aus, um im Mittleren Westen der USA nach Fossilien zu suchen. Aus der anfänglichen Zusammenarbeit entwickelte sich zwischen

Die Versteinerungen dieses riesigen Tieres wurden 1788 von Argentinien nach Spanien gebracht und zu einem vollständigen Skelett zusammengefügt. Georges Cuvier beschrieb das Tier später und gab ihm den Namen *Megatherium*. Obwohl es in der Größe eher einem Nashorn ähnelt, stellte Cuvier fest, daß es sich um ein riesiges erdbewohnendes Faultier handelte, das viele Übereinstimmungen mit seinen heutzeitlichen baumbewohnenden Verwandten aufwies.

den beiden eine erbitterte Konkurrenz, und jeder versuchte, den anderen durch noch größere Funde zu übertreffen. Der Wissenschaft kam das zugute, denn sonst wären wohl kaum in Utah, Wyoming, Dakota und Nebraska so viele ausgestorbene Säugetiere gefunden worden. Bis auf den heutigen Tag werden überall auf der Welt noch unbekannte vorzeitliche Tiere entdeckt.

Das Alter der Erde

Wie alt ist die Erde? Nur einer hat es ganz genau gewußt: James Ussher, Erzbischof von Armagh in Irland, der ihr Alter aus der Bibel errechnete. Demnach wurde sie im Jahre 4004 v. Chr. Geburt geschaffen. Im 17. und 18. Jahrhundert wurde diese Feststellung von vielen Leuten übernommen.

Aber es gab auch einzelne, die sich mehr auf ihre eigenen Wahrnehmungen als auf James Ussher verließen. James Hutton betrachtete die tiefen Einschnitte, die manche Flüsse durch die Felsen gegraben hatten. Wie langsam das vor sich ging, konnte er an jedem Bach beobachten, und daraus schließen, daß es weit mehr als 6 000 Jahre gewesen sein mußten.

Als Sammler und Geologen im vorigen Jahrhundert begannen, Fossilien auszugraben und zu untersuchen, stellte sich bald heraus, daß die einzelnen Gesteinsschichten ganz verschiedene Versteinerungen enthielten. Da manche Fossilien in einer bestimmten Schicht immer wieder auftraten, nannte man sie Leitfossilien. Ihr Auftreten ließ auf das gleiche Alter der Gesteinsschichten schließen, auch wenn sie in weit auseinanderliegenden Gebieten vorkamen. Da die untersten Gesteine in einer Schichtenfolge auch die ältesten sind, konnte mit dieser Methode die Erdgeschichte in mehrere Abschnitte gegliedert werden. Die Bezeichnungen Devon, Karbon, Perm und andere werden noch heute benutzt, um die einzelnen Erdperioden zu benennen.

links außen: Charles Darwin stellte 1859 die Theorie auf, daß sich die heute lebenden Pflanzen und Tiere aus anderen, einfacheren Vorfahren entwickelt haben. Seine Entwicklungstheorie ist die Grundlage der modernen Biologie und Paläontologie.

links: James Hutton war ein hervorragender Beobachter geologischer Abläufe. Bereits gegen Ende des 18. Jahrhunderts stellte er fest, daß die Erde viel älter sein mußte, als bisher angenommen worden war.

Wie lange die einzelnen Abschnitte aber dauerten, läßt sich mit dieser Methode nicht ermitteln. Auch kann sie nur für die Zeit verwendet werden, aus der Fossilien von Lebewesen auf der Erde gefunden wurden, und dieser Zeitraum umfaßt »nur« die letzten 600 Millionen Jahre. Das wirkliche, in Zahlen auszudrückende Alter von Gesteinen und Versteinerungen kann man erst seit wenigen Jahrzehnten messen und berechnen.

Die Versteinerungen enthalten oft Stoffe, die einem radioaktiven Zerfall unterliegen. Jedes radioaktive Element zerfällt mit einer bestimmten Geschwindigkeit in andere Elemente. Wie lange es dauert, bis die Hälfte eines radioaktiven Elements zerfallen ist, ist bekannt und wird durch die Halbwertzeit ausgedrückt. Aus dem Mengenverhältnis der Zerfallsprodukte kann man dann das Alter bestimmen. Es beträgt für die Erde 4,6 Milliarden Jahre.

Im Grand Canyon, Arizona (USA), hat der Fluß sich tief in das Gestein eingeschnitten. An den steilen Hängen kann man verschiedene Schichten erkennen, von denen die unterste 600 Millionen Jahre, die oberste 10 Millionen Jahre alt ist.

1 Hohltiere
2 Dreilapper
3 Fische
4 Reptilien
5 Säugetiere

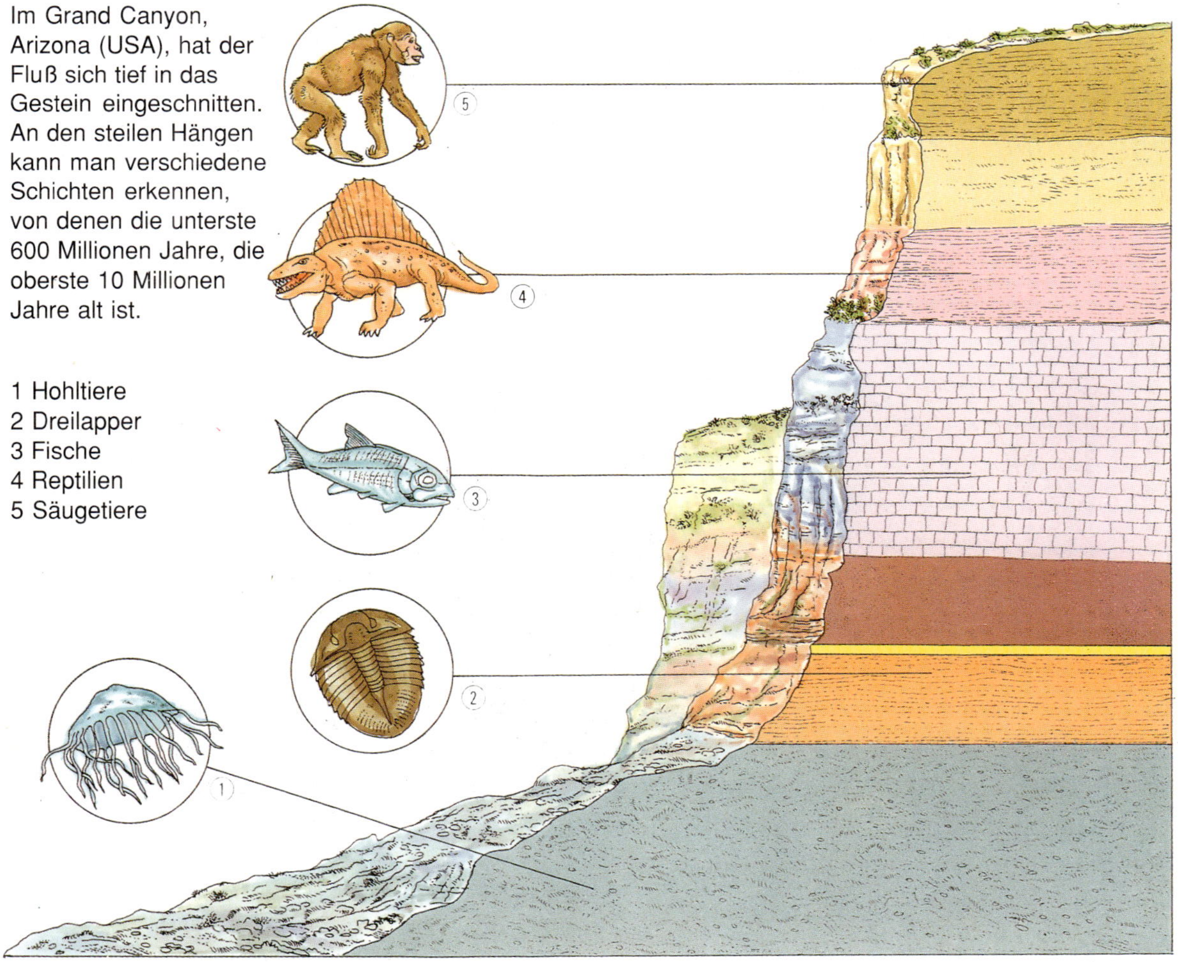

Die Geschichte der Erde

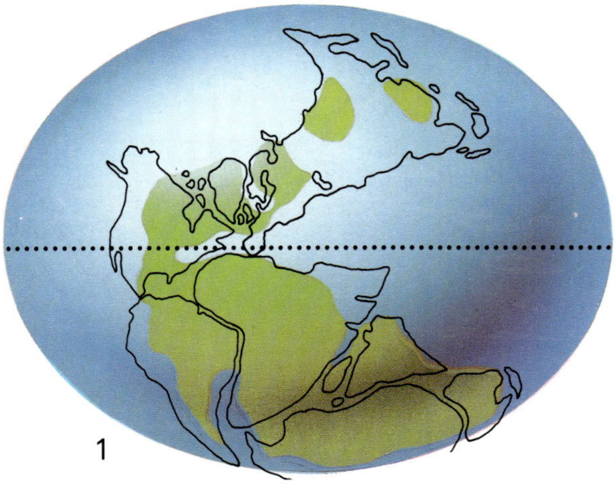

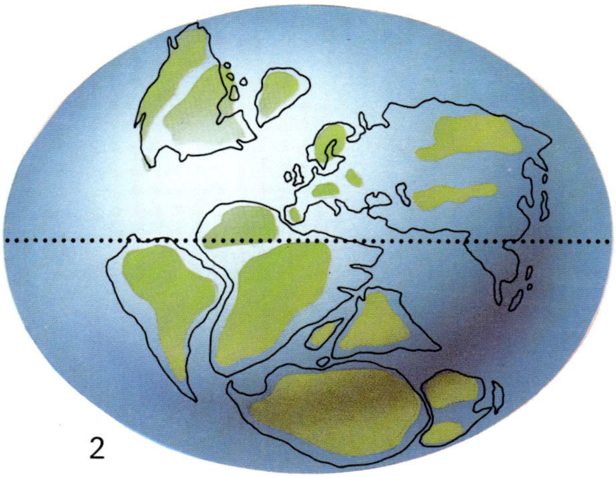

Das Bild der Erde hat sich in den letzten 400 Millionen Jahren ganz erheblich verändert. Die vier Karten zeigen die Lage der heutigen Kontinente zu verschiedenen Zeiten. Im Perm (1) gab es einen einzigen Urkontinent, der die Bezeichnung *Pangaea* erhielt. In der Unterkreide (2) war *Pangaea* bereits zerbrochen, und die Kontinente drifteten auseinander. Im Paläozän (3) hatten sie sich weiter nach Norden verschoben, und im Oligozän (4) hatten sie etwa die heutige Form und Lage eingenommen.

Nichts ist so fest und unverrückbar wie ein Fels. In vielen Sprichworten und Vergleichen wird das als Tatsache hingestellt, und es entspricht auch voll und ganz der alltäglichen Erfahrung. Die Ergebnisse geologischer und paläontologischer Forschung zeigen aber, daß auch Felsen entstehen und vergehen, daß Länder im Meer verschwinden und nach langer Zeit wieder auftauchen, daß Kontinente wie Schollen auf der flüssigen Erdkugel schwimmen, daß sie zerbrechen oder verschmelzen. Europa und Nordamerika driften zur Zeit jährlich etwa 1 cm auseinander – eine winzige Strecke, aber innerhalb von 200 Millionen Jahren sind das 2 000 km!

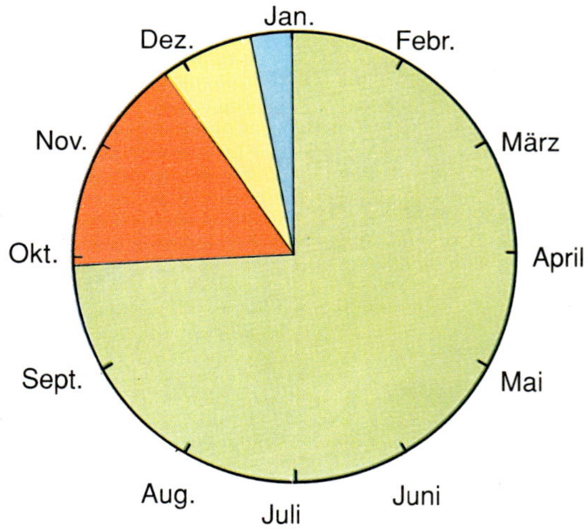

Wenn man die 4,6 Milliarden Jahre Erdgeschichte auf 1 Jahr schrumpfen läßt, so entstanden die ersten Lebewesen in den letzten Tagen des September. Alle Arten lebten im Wasser (rot), bis Ende November die ersten auf das Festland übersiedelten (gelb). Die Säugetiere entstanden im Dezember (blau), und die Menschen erst wenige Sekunden vor Beginn des neuen Jahres.

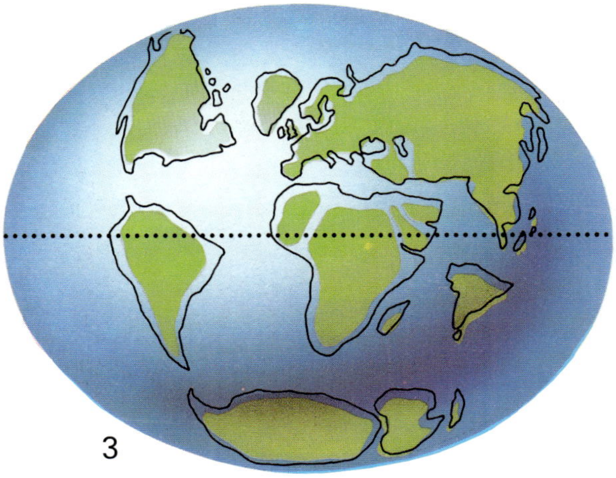

3

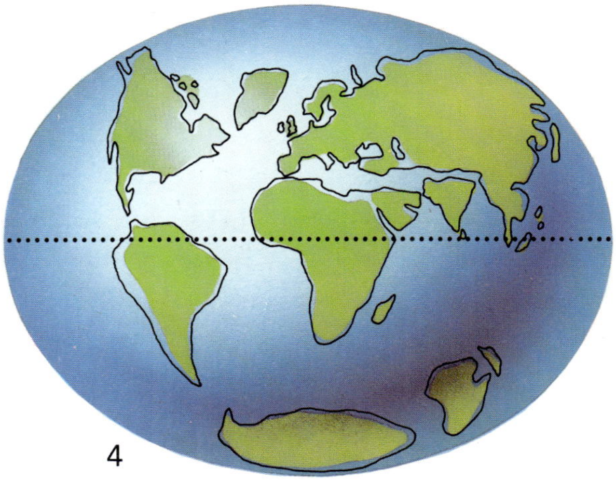

4

Der deutsche Geologe Alfred Wegener war es, der die Theorie der Kontinentalverschiebung aufstellte. Lange Zeit wurde sie nicht ernst genommen, bis sich immer mehr Tatsachen fanden, die eine Bewegung der Kontinente bestätigten. Heute kann man die Erde von Satelliten aus beobachten und die Bewegung der Erdschollen vermessen. Auch heute stoßen manche Erdschollen mit ungeheurer Wucht aufeinander: An solchen Stellen gibt es viele Erdbeben, oft mit verheerender Wirkung.
Eine Bestätigung der Wegenerschen Theorie geben auch die Versteinerungen vorzeitlicher Tiere. Wenn die Fossilien eines flug- und schwimmunfähigen Tieres aus derselben Zeit in verschiedenen Kontinenten gefunden werden, müssen diese Kontinente einmal in Verbindung gestanden haben. Daß dieses Tier mehrmals an verschiedenen Orten entstanden sein könnte, widerspräche allen bisherigen Forschungsergebnissen.

Ein Tier bestätigt die Kontinentalverschiebungs-Theorie. *Lystrosaurus* (unten) lebte vor etwa 245 Millionen Jahren. Versteinerungen von ein und derselben Art wurden in Südafrika, in der Antarktis und in Südamerika, aber auch in Indien, in China und in der UdSSR gefunden. Zu dieser Zeit müssen die Kontinente eine riesige Erdscholle gebildet haben.

Wie ein Fossil entsteht

Es gibt verschiedene Arten von Fossilien, aber fast nie ist es die Substanz des Tieres selbst, die uns als Versteinerung vorliegt. Auch wenn Knochen, Zähne und Haare nur sehr langsam zersetzt werden, bei einem Fossil sind sie längst verschwunden und durch Mineralien ersetzt.

Wenn das Skelett eines toten Tieres im Schlamm versinkt, dringt in die Knochen Wasser ein, das in gelöster Form Mineralien enthält. In allen noch so winzigen Hohlräumen werden diese Mineralien abgesetzt. Je weiter der harte Knochen verschwindet, desto mehr Mineralien kristallisieren aus. Schließlich haben sie den ganzen Raum des verschwundenen Knochens ausgefüllt, dabei aber genau dessen Form eingenommen. Allein am Gewicht kann man also schon feststellen, ob man einen Knochen aus der jüngeren Zeit oder ein Fossil in der Hand hat.

Vollständige Tierkörper bleiben nur selten erhalten. Ein Insekt kann von Baumharz eingeschlossen werden, das später zu Bernstein wird. Tiere können in Asphalt versinken wie der Säbelzahntiger in den Asphaltsümpfen von La Brea bei Los Angeles (USA).

Auch Fußspuren können als Versteinerungen erhalten bleiben. Das Foto zeigt eine 3,75 Millionen Jahre alte Fußspur von *Australopithecus*. Vermutlich ging hier eine Mutter mit ihrem Kind über den mit Asche bedeckten Boden.

Vor vielen Millionen Jahren sank dieser Fischsaurier tot auf den Meeresboden. Raubfische und Aasfresser ernährten sich von seinem Fleisch. Was sie zurückließen, wurde von Pilzen und Bakterien zerstört, bis nur noch die Knochen übrigblieben.

Unter günstigen Umständen – z.B. wenn das Tier in einer Bucht mit stillem Wasser zu Tode kam – versank das Skelett des Fischsauriers im Meeresboden und wurde allmählich unter immer neuen Schichten von Schlamm und Sand begraben.

Im Verlauf von Millionen Jahren lagerten sich große Erdmassen über dem Skelett ab. Unter dem zunehmenden Druck wurde der Sand zu Sandstein verfestigt, und die Knochen wurden durch auskristallisierende Mineralien ersetzt.

Jahrmillionen später wurde der Meeresboden so weit angehoben, daß Wind und Regen die Gesteinsschichten verwittern ließen. Allmählich traten die Fossilien des Fischsauriers hervor; so konnten sie von einem Forscher entdeckt werden.

Besonders eindrucksvoll sind die Körper vom Mammut, die in Kanada und Sibirien im ewigen Eis eingefroren sind. Nach 20 000 Jahren waren ihre Körper noch so frisch, daß die Schlittenhunde das Fleisch fraßen. Nicht nur Hartteile und Körperumrisse vorzeitlicher Tiere können als Versteinerungen gefunden werden, sondern auch Kriechgänge von Würmern, Trittspuren von Dinosauriern und Vormenschen, Eier von Reptilien und Kot verschiedener Tiere.

Der Stammbaum der Lebewesen

Die Wissenschaftler wissen heute, daß die Erde etwa 4,6 Milliarden Jahre alt ist und daß es seit vielen 100 Millionen Jahren Lebewesen auf dieser Erde gibt (siehe die Seiten 10 - 11). Sie sind sich seit den hervorragenden Arbeiten von Charles Darwin darüber einig, daß die Lebewesen sich im Verlauf dieser Zeit zu immer komplizierteren Formen entwickelt haben und daß Lebewesen nur von anderen Lebewesen abstammen. Das bedeutet aber, daß alle heute existierenden Pflanzen und Tiere sowie alle ihre vorzeitlichen Ahnen in unterschiedlichem Maße miteinander verwandt sind und von gemeinsamen Vorfahren abstammen. Wenn man diese Vorstellung zeichnerisch darstellen will, so kann man das am besten in einem Stammbaum tun. Aus einer gemeinsamen Wurzel

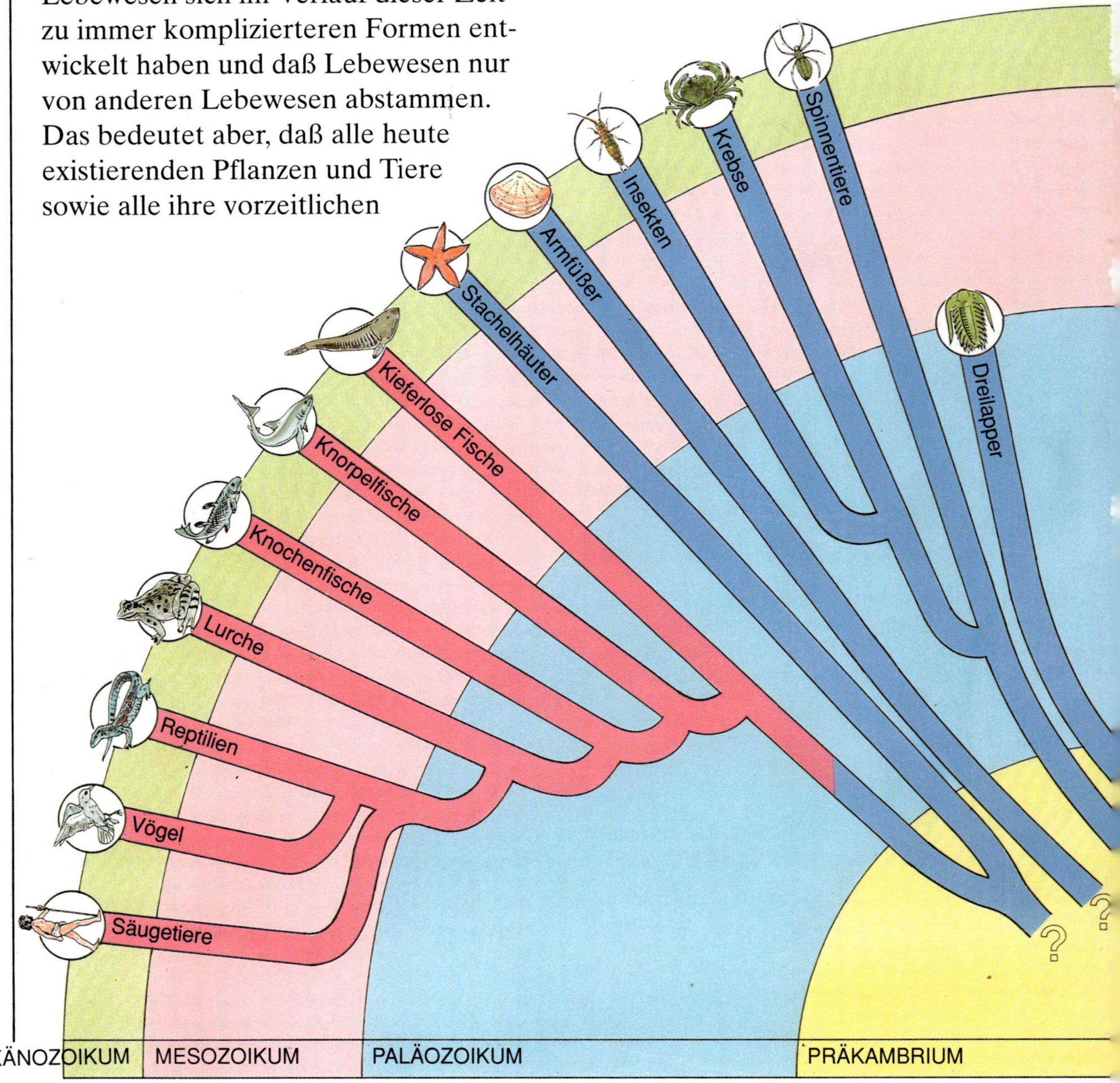

erwachsen mehrere Stämme, die sich verzweigen und nach oben hin immer feiner verästeln. Die Wurzeln zeigen dabei die ältesten und »einfachsten« Lebewesen an, die feineren Zweige die heute lebenden und »kompliziertesten« Arten. Auf diese Weise umfaßt der Stammbaum alle Lebewesen, die es jemals auf der Erde gab.

Wenn man sich bewußt ist, daß ein solcher Stammbaum immer lückenhaft bleiben muß und durch fast jeden Neufund verbessert werden kann, so ist er als Modell doch sehr hilfreich. Unser Stammbaum zeigt die größten Verwandtschaftskreise der Pflanzen und Tiere, die sich in den letzten 600 Millionen Jahren entwickelt haben. Ihre Herkunft aus gemeinsamen Vorfahren liegt aber auch heute noch im dunkeln.

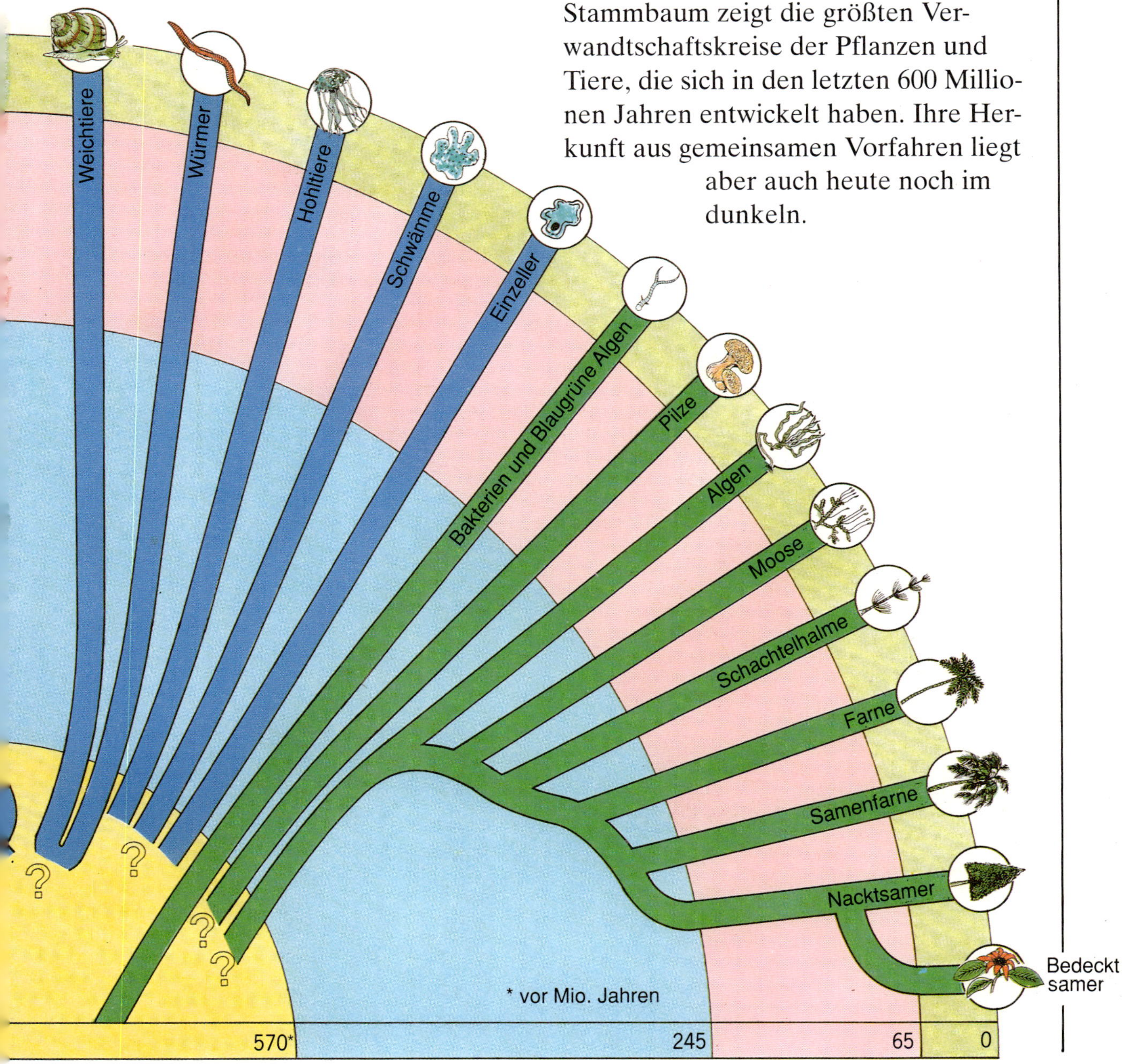

Die Beschreibung der Tiere

Nur für wenige vorzeitliche Tiere gibt es einen deutschen Namen, z.B. Säbelzahntiger, Riesenhirsch, Maasechse oder Urpferdchen. Deshalb sind die Tiere in diesem Buch nach ihrem wissenschaftlichen Namen in alphabetischer Reihenfolge angeordnet. Die Namen stammen im allgemeinen von lateinischen oder griechischen Wörtern ab. Sie werden so ausgesprochen, wie sie geschrieben und nach den Regeln der deutschen Silbentrennung getrennt werden, z.B. *Or-ni-tho-su-chus* oder *Me-ryc-hip-pus*.
In der Kopfleiste wird für jedes Tier angegeben, zu welcher Klasse und zu welcher Ordnung es im System der Wirbeltiere gehört. Hinter dem Doktorhut wird der Wissenschaftler genannt, der dem Fossil den Namen gegeben hat, und wann das geschah.
In der nächsten Zeile ist zu erfahren, wo die Fossilien gefunden worden sind; manchmal handelt es sich um ein einziges Land, zuweilen auch um mehrere Kontinente.
Schließlich wird in der Kopfleiste noch angegeben, in welcher geologischen Zeit das Tier lebte. In dem daneben stehenden Band der Zeitalter ist dieses geologische Alter noch einmal gekennzeichnet. Im Schattenriß ist die Körperlänge des Tieres (seltener die Körperhöhe) und das Größenverhältnis zu einem Menschen angegeben. Die Farbe des Schattenrisses gibt an, zu welcher Tierklasse die einzelne Gattung im System der Wirbeltiere gehört.

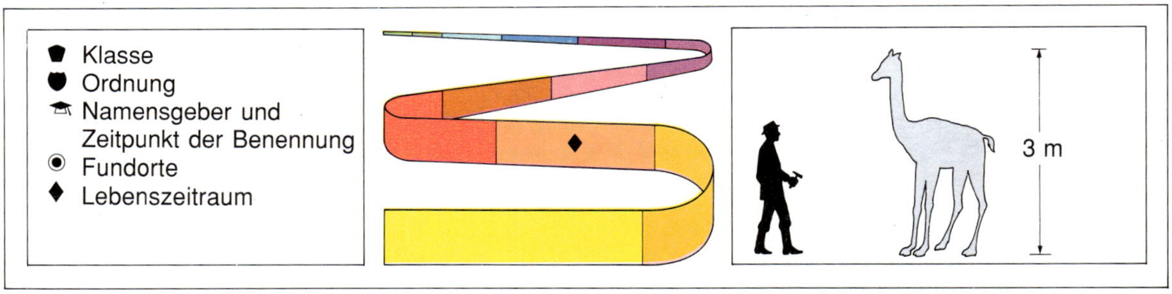

* vor Mio. Jahren

	Devon	408*		Paläozän	66
	Karbon	360		Eozän	55
	Perm	286		Oligozän	37
	Trias	245		Miozän	25
	Jura	208		Pliozän	5
	Kreide	144		Pleistozän	2

Der Mensch im System der Tiere

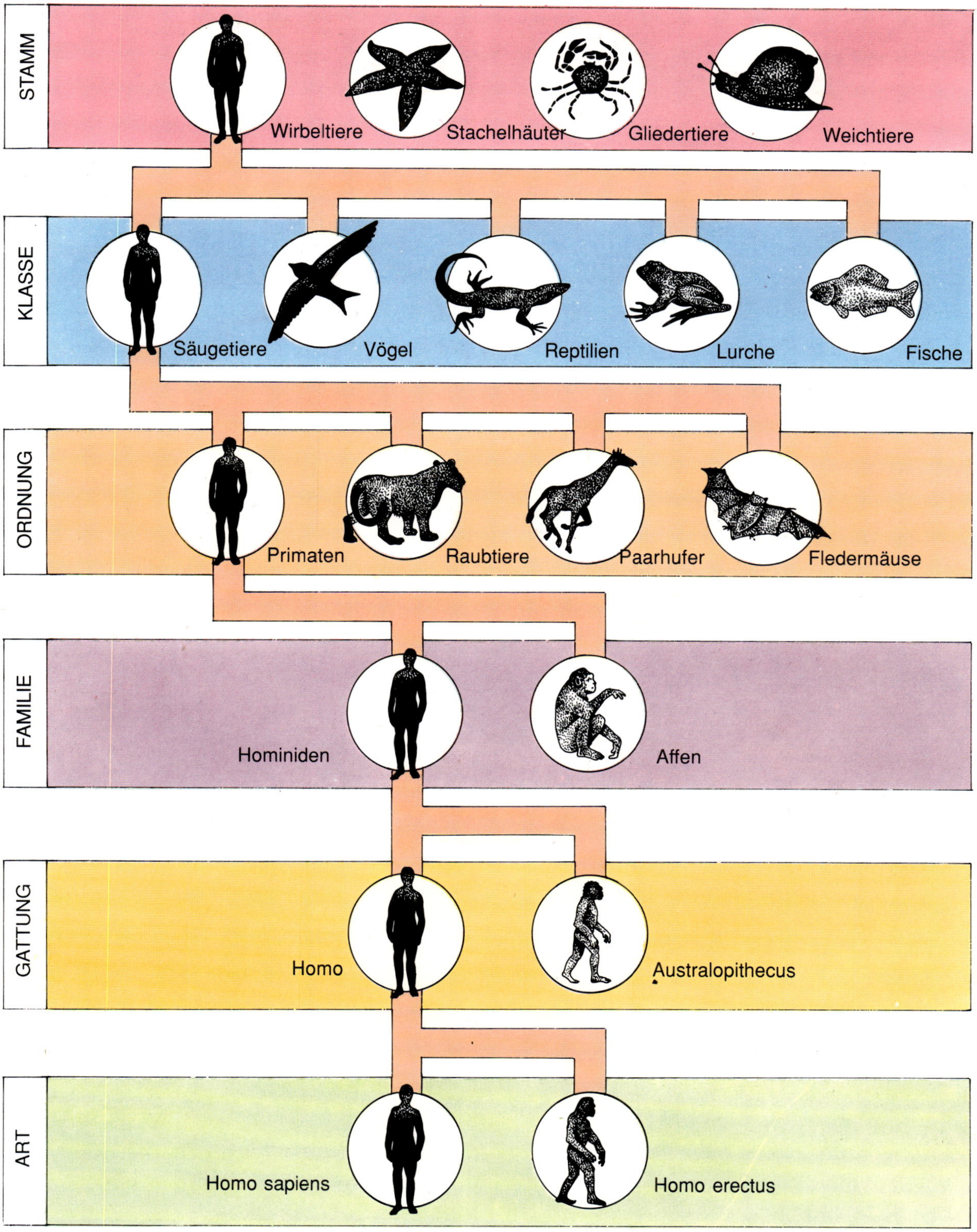

Aegyptopithecus

- Säugetiere
- Primaten
- E. L. Simons (1965)
- Ägypten
- Oligozän

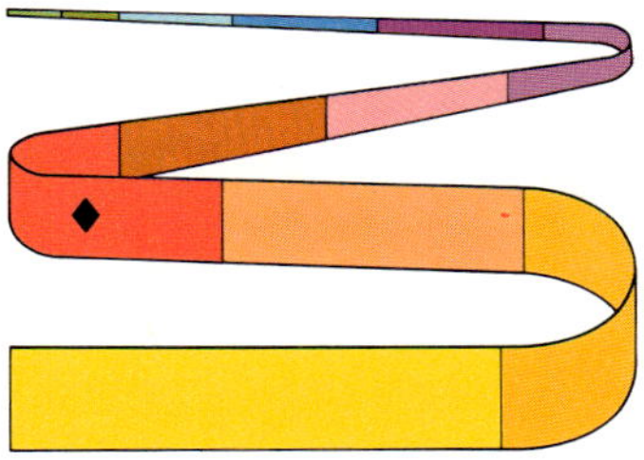

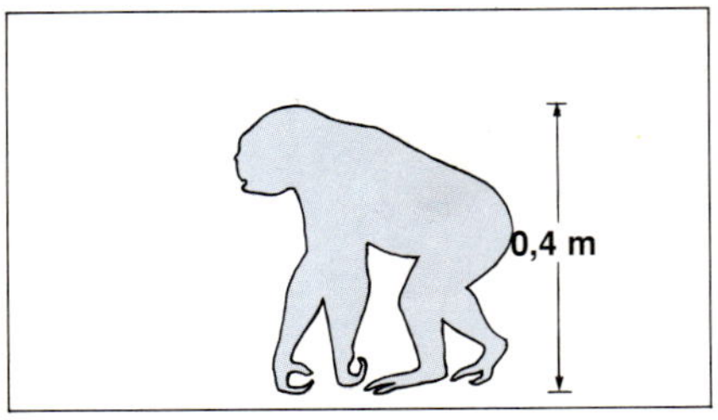

Es wird heute nicht mehr bezweifelt, daß sich die Menschenaffen und die Menschen aus den Altweltaffen entwickelt haben. Wann und aus welchen Sippen das im einzelnen geschah, ist bisher weitgehend unbekannt und wird seit Jahrzehnten intensiv erforscht. Zu den ursprünglichen Formen der Menschenaffen zählt man *Aegyptopithecus*, von dem allerdings nur Zähne und Kieferknochen bekannt sind. Man nimmt an, daß *Aegyptopithecus* die Gestalt der heute lebenden Menschenaffen hatte, allerdings viel kleiner war. Sein Schädel hatte eine runde Form und viel Raum für das Gehirn; die Schnauze war kurz. Die Zähne zeigen eine größere Ähnlichkeit mit denen der Menschenaffen als mit denen eines Affen.

Allodesmus

- Säugetiere
- Raubtiere
- R. Kellog (1922)
- USA (Kalifornien, Oregon), Japan
- Miozän

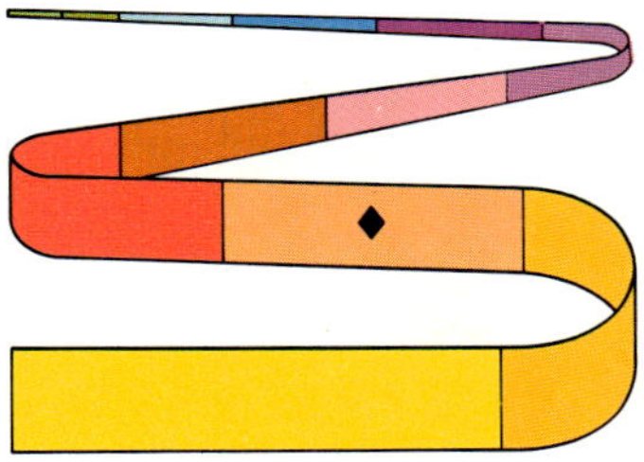

Allodesmus gehört zu den Wasserraubtieren und innerhalb dieser Gruppe zur Familie Ohrenrobben. Die im Meer lebenden Säugetiere waren ganz an ihren Lebensraum angepaßt und machten Jagd auf Fische. Sie sind aus landbewohnenden Säugetieren entstanden, aber es ist unklar, welche ihre nächsten Verwandten sind. *Allodesmus* hatte große Augen, mit denen er unter Wasser ebenfalls gut sehen konnte. Seine Ohren waren so gebaut, daß er die Schallwellen auch im Wasser wahrnahm. Alle Beine waren bei diesem guten Schwimmer zu Paddeln umgebildet.

Alticamelus

- Säugetiere
- Paarhufer
- W. D. Matthew (1924)
- USA (Kalifornien, Nebraska, Texas)
- Miozän

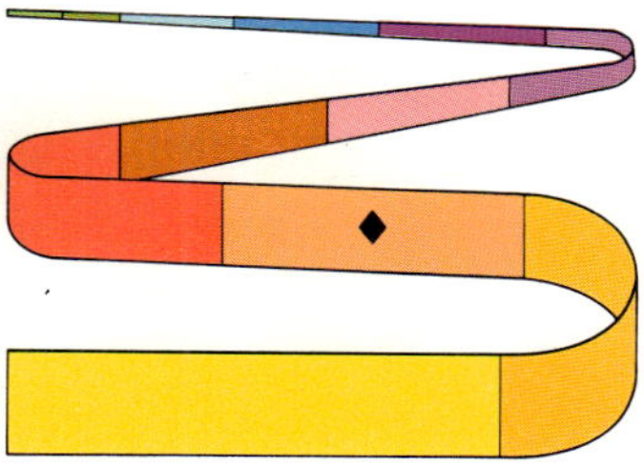

Die einzige Familie der Schwielensohler (einer Unterordnung der Paarhufer), die es heute gibt, bilden die Kamele. Sie entstanden vor etwa 40 Millionen Jahren in Nordamerika und wanderten erst vor 5 Millionen Jahren in Eurasien und Afrika ein – zur gleichen Zeit, als die Lamas Südamerika erreichten. *Alticamelus* gehört zu den giraffenähnlichen Kamelen, die einen langen Hals und lange, schlanke Beine mit je zwei kleinen Hufen hatten. Sie lebten in den großen nordamerikanischen Prärien und ernährten sich von jungen Blättern aus den Baumkronen.

Amphibien - die Entwicklung der Lurche

Die ersten Wirbeltiere, die vor etwa 380 Millionen Jahren im Devon das Wasser verließen und auf das Festland gelangten, waren Lurche. Sie kamen in einen Lebensraum, in dem sie keinerlei Konkurrenz fanden. Erst 40 Millionen Jahre vorher hatten die Pflanzen den entscheidenden Schritt von Wasserbewohnern zu Landbesiedlern getan, und kurze Zeit danach waren ihnen die Insekten und andere Wirbellose Tiere gefolgt. In den landbewohnenden Pflanzen fanden die Wirbellosen ihre Nahrung, und erst in den Wirbellosen erhielten die Lurche ihre neue Nahrungsquelle auf dem Lande.

Bis zu dieser Zeit war das ganze Festland ohne alle Lebewesen geblieben. Die Entwicklung des Lebens fand viele Millionen Jahre lang ausschließlich im Wasser statt. Hier waren bereits verschiedene Verwandtschaftskreise der Fische entstanden. Kieferlose Fische, Knorpelfische, Panzerfische und Knochenfische waren mit Gattungen vertreten, und eine besondere Gruppe, die Quastenflosser, besiedelte viele Lebensräume. Sie lebten auch in Tümpeln und Teichen, die zeitweise austrockneten. Und hier konnten nur die Quastenflosser und Lungenfische überleben. Sie atmeteten Luft und bewegten sich mit ihren starken Flossen über das Land, bis sie ein anderes Gewässer fanden.

Aus den Quastenflossern entstanden die ersten Lurche wie *Ichthyostega*, die man heute zur Ordnung Fischschädellurche stellt. Die Urtümlichen Lurche gehören zur Unterklasse Labyrinthzähner – ihre kegelförmigen Zähne zeigen eine starke Faltung der Schmelzschicht. Zu ihr zählen außerdem die Schnittwirbler (z.B. *Eryops* und *Gerrothorax*), die Vorreptilien (*Seymouria* und *Eogyrinus*) und die Vorfrösche (*Triadobatra-*

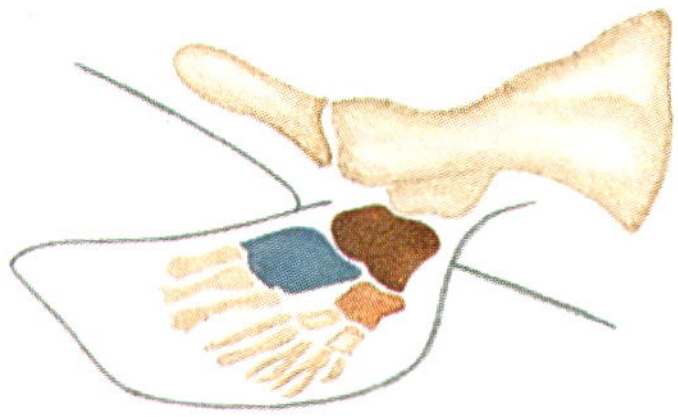

Aus den Flossen der Quastenflosser entwickelten sich die Beine der Lurche. Die einander entsprechenden Knochen haben in den Zeichnungen die gleiche Farbe (siehe S. 23 rechts unten).

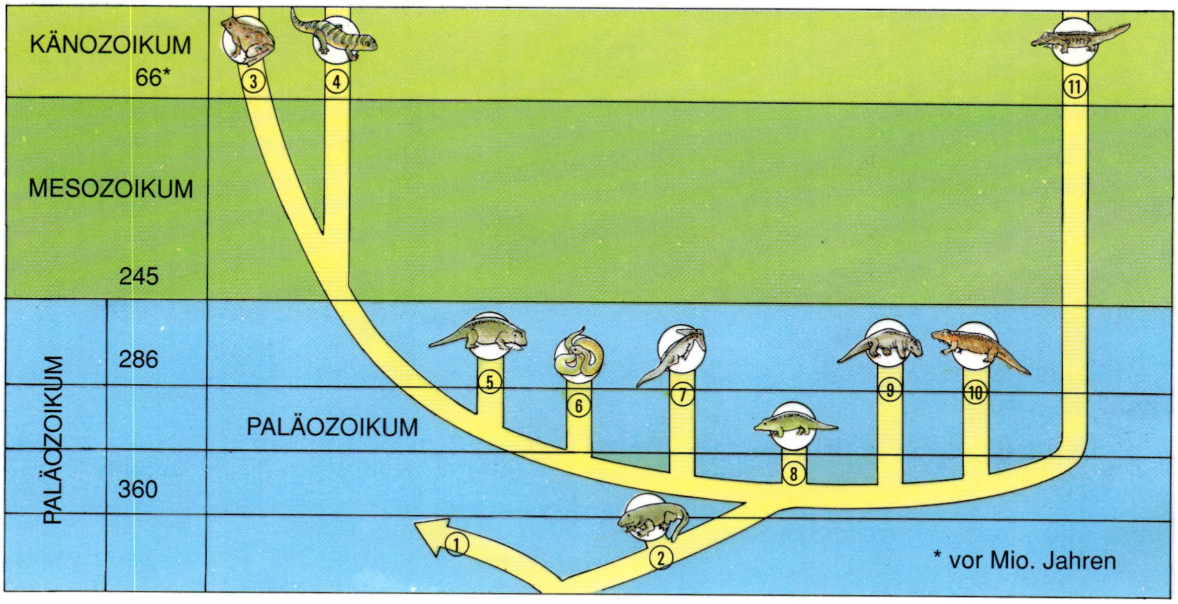

chus). Zur gleichen Zeit lebten auch viel kleinere, insektenfressende Lurche, die zur Unterklasse Hülsenwirbler gehören. Bei ihnen unterscheidet man die Ordnungen Schlangenlurche (*Ophiderpeton*), Breitschädellurche (*Diplocaulus*) und Kleinsaurier (*Pantylus*). Aus den Lurchen entwickelten sich bereits zu dieser Zeit die Reptilien.

Schlüssel zu den Tiergruppen

1 Fische
2 Ichthyostega
3 Frösche
4 Salamander
5 Eryops
6 Ophiderpeton
7 Diplocaulus
8 Megalocephalus
9 Seymouria
10 Diadectes
11 Reptilien

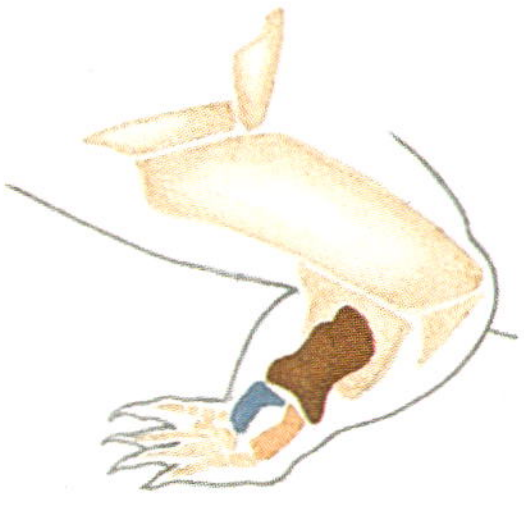

Die Beine von *Ichthyostega* waren bereits so kräftig, daß sie den Körper des Tieres vom Boden abhoben. Auf diese Weise konnte es sich viel besser auf dem Festland bewegen.

Andrewsarchus

- Säugetiere
- Stammhuftiere
- H. F. Osborn (1924)
- Mongolei
- Eozän, Oligozän

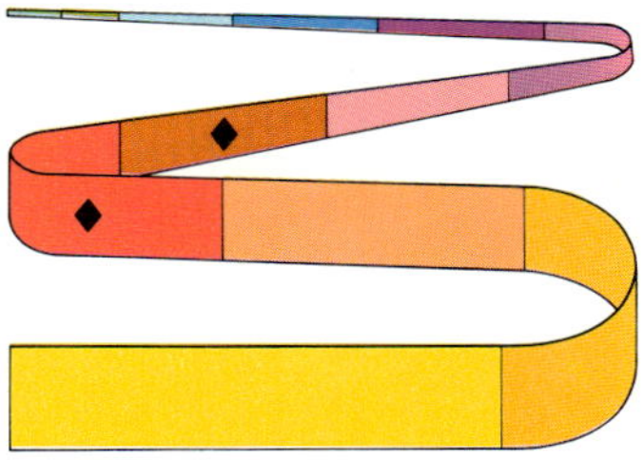

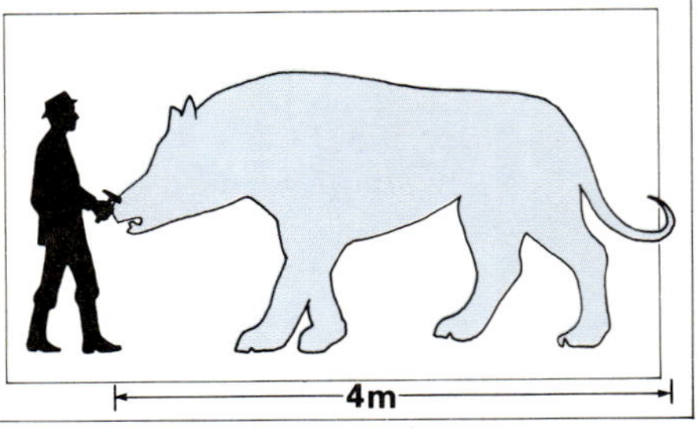

Im Mittelpaläozän vor etwa 60 Millionen Jahren entstand bei den urtümlichen Huftieren ein neuer Verwandtschaftskreis: Diese Tiere ernährten sich nicht mehr von Pflanzen, sondern vom Fleisch ihrer Beutetiere. Zu ihnen gehören neben *Andrewsarchus* auch *Arctocyon* und *Mesonyx*. *Andrewsarchus* gilt als das größte Raubtier, das es zu seiner Zeit auf dem Festland gab.

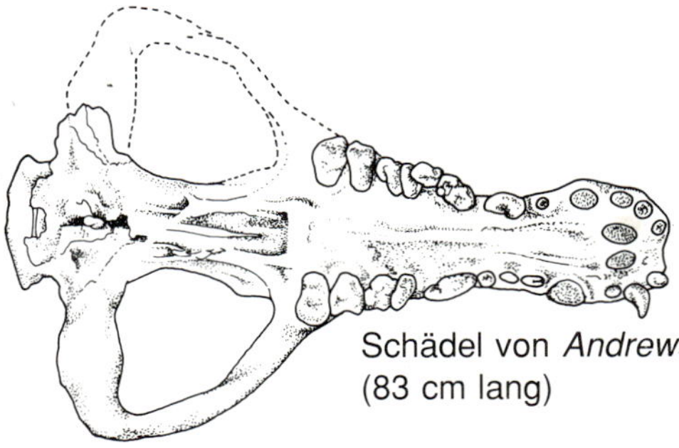

Schädel von *Andrewsarchus* (83 cm lang)

Der Kopf hatte eine Länge von fast 1 m; die Kiefer trugen lange spitze Zähne, ähnlich wie bei manchen Urwalen.

Anthracotherium

- Säugetiere
- Paarhufer
- F. Cuvier (1822)
- Frankreich, Asien
- Eozän, Oligozän, Miozän

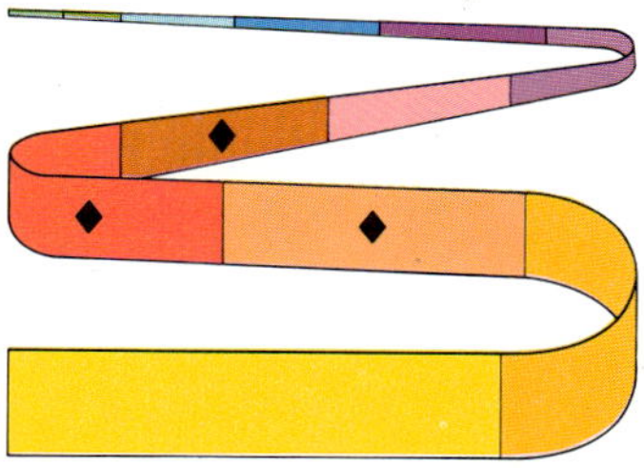

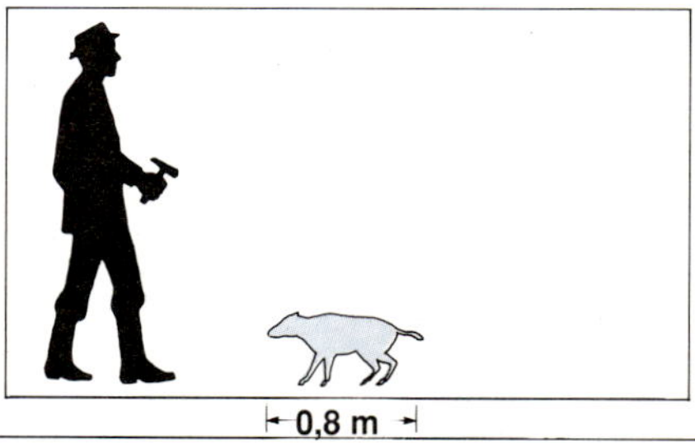

Anthracotherium gehört zu den Paarhufern, die nicht wiederkäuen. Es ist trotz seiner geringen Größe weitläufig mit den Flußpferden verwandt. Sein engerer Verwandtschaftskreis ist längst ausgestorben, war aber vom Eozän bis zum Pleistozän mit vielen Gattungen in Asien und Nordamerika vertreten. *Anthracotherium* hatte einen langgestreckten Körper und kurze Beine. Das Gebiß zeigte lange Eckzähne, mit denen Pflanzen ausgegraben wurden, und breite Schneidezähne, mit denen das Tier im Schlamm wühlte. Man nimmt an, daß es am Rande von Sümpfen oder vorwiegend im Wasser lebte und sich ausschließlich von Pflanzen ernährte.

Archaeopteryx

- Vögel
- Altvögel
- R. Owen (1864)
- Deutschland (Bayern)
- Jura

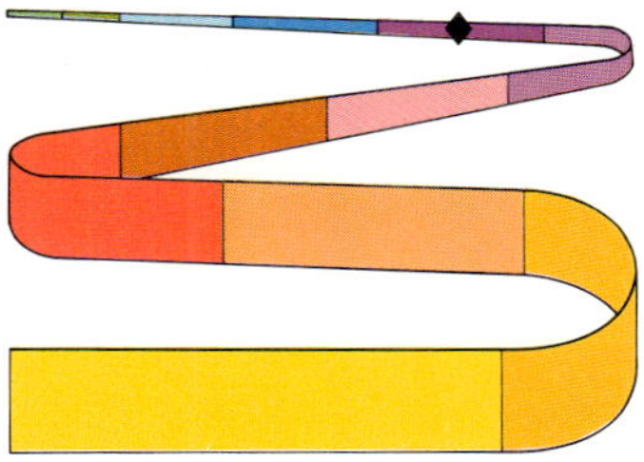

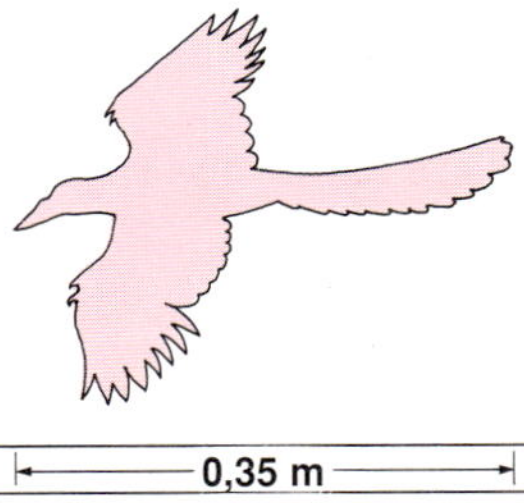

Als 1861 im Plattenkalk von Solnhofen (Altmühltal) die Versteinerung eines kleinen Dinosauriers gefunden wurde, war die Sensation perfekt: Er hatte Federn! In dem sehr feinkörnigen Kalk, aus dem man lange Zeit Druckplatten herstellte, waren die kleinsten Feinheiten der Vogelfedern zu erkennen. Wie ein zweibeinig laufender, kleiner Fleischfressender Dinosaurier hatte das taubengroße Tier einen schmalen Kopf und viele Zähne in den langen Kiefern. Aber das Gabelbein – aus der Verschmelzung zweier Schlüsselbeine entstanden – und die Federn zeigten, daß es sich eindeutig um einen Vogel handelte. *Archaeopteryx*, der Urvogel, hatte an den Händen drei Finger, mit denen er sich an Baumästen festhalten konnte. Vielleicht kletterte er auf die Bäume und segelte zum Beutefang weit über den Boden. Die langen Laufbeine zeigen aber, daß er auch schnell laufen konnte, um Insekten zu jagen.

Der Urvogel beweist, daß die Entstehung der Vögel mehr als 150 Millionen Jahre zurückliegt und daß sie aus einer bestimmten Gruppe der Reptilien entstanden, den Dinosauriern mit einem Echsenbecken.

Archaeotherium

- Säugetier
- Paarhufer
- J. Leidy (1850)
- USA (Süd-Dakota, Nebraska), Asien
- Eozän, Oligozän, Miozän

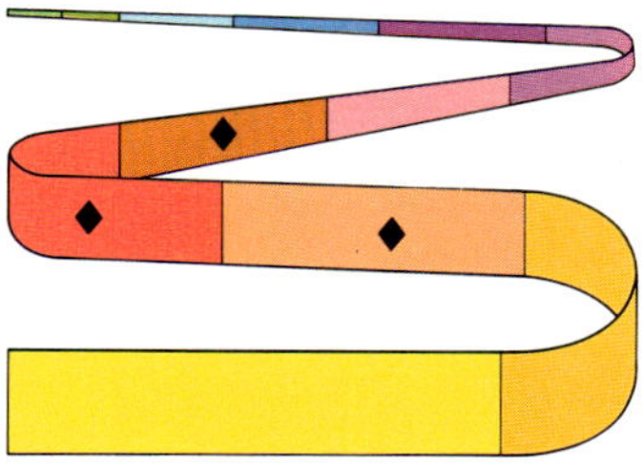

Bei den Paarhufern sitzen an jedem Bein zwei bzw. vier Zehen, die in einem Halbkreis angeordnet sind. Der Abdruck eines solchen Fußes zeigt dadurch das Bild eines gespaltenen Hufes, den wir von Schweinen, Rindern und Hirschen kennen. So unterscheiden sie sich von ihren weitläufigen Verwandten, den Unpaarhufern, bei denen eine bzw. drei Zehen jedes Fußes das ganze Körpergewicht tragen. Die Paarhufer sind im Eozän vor etwa 50 Millionen Jahren entstanden und waren bereits 15 Millionen Jahre später mit allen heute bekannten Gruppen vertreten. Drei große Verwandtschaftskreise werden unterschieden: die Schweineartigen, die Schwielensohler und die Wiederkäuer. Zu den ersten gehören die heute lebenden Schweine, Nabelschweine und Flußpferde. Von den vorzeitlichen Gattungen werden in diesem Buch *Archaeotherium*, *Anthracotherium* und *Diacodexis* beschrieben.

Archaeotherium sah einem Warzenschwein ähnlich, hatte einen langgestreckten Kopf, jedoch ein kleines Gehirn und unter den Augen sowie am Unterkiefer auffallende Knochenhöcker. Den Zähnen nach war er ein Allesfresser, grub Wurzeln aus, fraß Blätter und Früchte, verschmähte aber auch Aas nicht. Mit den gut ausgebildeten Riechlappen konnte das Tier seine Nahrung wohl am Geruch finden.

Archaeothyris

- Reptilien
- Urraubsaurier
- R. R. Reisz (1972)
- Nordamerika
- Perm, Karbon

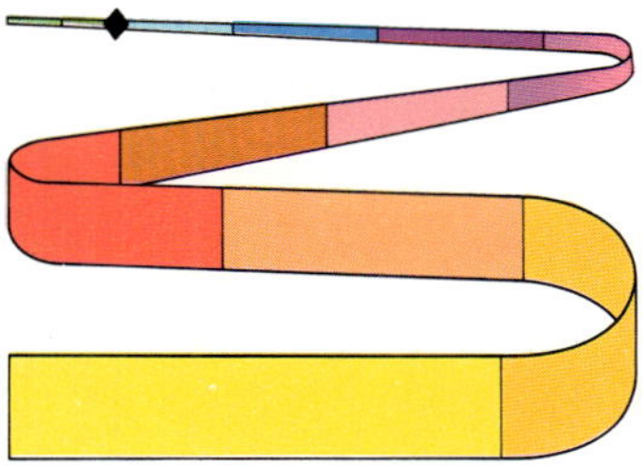

Skelett von *Archaeothyris* (verkürzt)

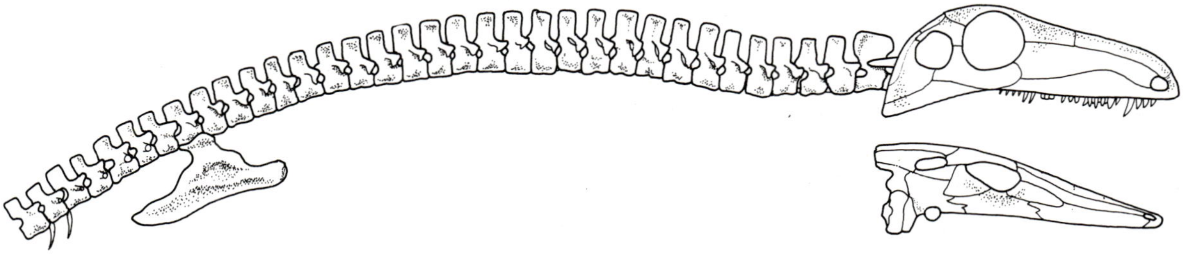

Archaeothyris gehört zu derjenigen Gruppe der Reptilien, die hinter jeder Augenöffnung nur ein Schläfenfenster hatte. In etwas umgebildeter Form findet sich diese Ausbildung auch bei den Säugetieren. Deshalb sind die urtümlichen Säugetiere dieser Reptiliengruppe nicht nur ähnlich, sondern sie stammen sogar von ihr ab.

Vor 320 bis 225 Millionen Jahren waren diese Reptilien in vielen verschiedenen Verwandtschaftskreisen weit verbreitet. Durch das große Schläfenfenster hinter der Augenöffnung war die Entwicklung starker und langer Kiefermuskeln möglich. Die Tiere konnten das Maul weit öffnen und kräftig zubeißen. Die ältesten Vertreter dieser Reptilien waren denn auch Fleischfresser, und man faßt sie unter dem Namen Urraubsaurier zusammen.

Archaeothyris ist der älteste bisher bekannte Urraubsaurier und lebte im Oberkarbon. Entdeckt wurde er am gleichen Fundort wie *Hylonomus*, der möglicherweise zu seinen Beutetieren gehörte.

Zu dieser Zeit herrschte ein warmes, feuchtes Klima; das Festland war von hohen Bärlappen, Farnen und Nadelbäumen bedeckt. Insekten, Würmer und andere Wirbellose sowie urtümliche Reptilien fanden reiche Nahrung und wurden ihrerseits von *Archaeothyris* und seinen Verwandten gejagt.

Archaeothyris hatte lange Kiefer mit zahlreichen Zähnen, die alle die gleiche Form hatten, aber verschieden lang waren. Auffallend sind die großen Eckzähne im vorderen Teil des Oberkiefers. Das Skelett von *Archaeothyris* ist bisher nicht vollständig gefunden worden, aber es ist anzunehmen, daß die Tiere einen langen Schwanz hatten.

Archelon

- Reptilien
- Schildkröten
- G. R. Wieland (1896)
- USA (Kansas, Süd-Dakota, Wyoming)
- Kreide

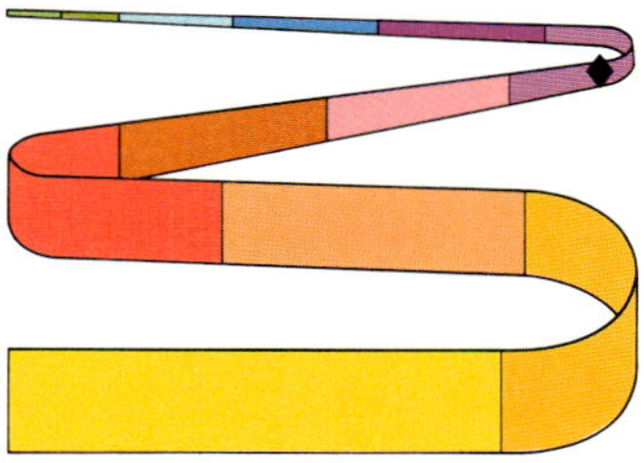

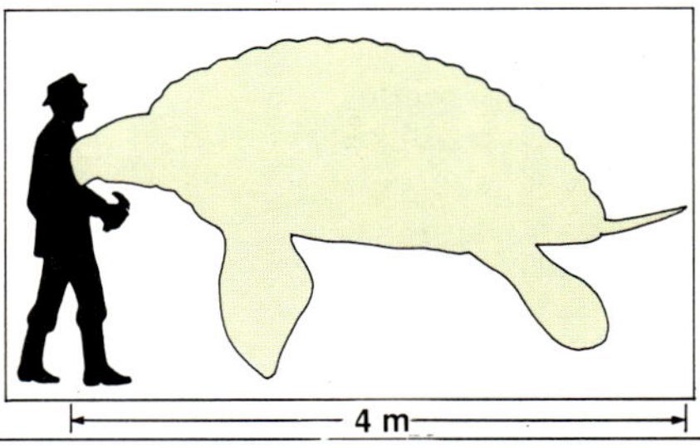

Archelon gehört zu den riesigen Meeresschildkröten, die während der Kreidezeit lebten und am Ende der Kreide ausstarben. Allein schon seiner Größe wegen war das Tier vor Räubern sicher und brauchte keinen dicken Knochenpanzer, wie ihn die Landschildkröten und ihre im Süßwasser lebenden Verwandten hatten. Der Rückenpanzer von *Archelon* bestand lediglich aus quer verlaufenden Knochenbändern, die den Rippen entsprangen. Wahrscheinlich waren sie nur von einer dicken Lederhaut überzogen, wie sie heute bei der Lederschildkröte ausgebildet wird.

Dieses Gehäuse war verhältnismäßig leicht, und *Archelon* war deshalb ein geschickter Schwimmer. Den Antrieb besorgten die kräftigen Paddel, zu denen die Beine umgewandelt waren. Besonders lang waren die Vorderflossen, von denen jede beim Schwimmen eine 8 beschrieb. *Archelon* ernährte sich wahrscheinlich von Quallen, die von dem zahnlosen Hornschnabel zerrissen werden konnten.

Arctocyon

- Säugetiere
- Stammhuftiere
- H. D. de Blainville (1841)
- Deutschland, Frankreich, Nordamerika
- Paläozän

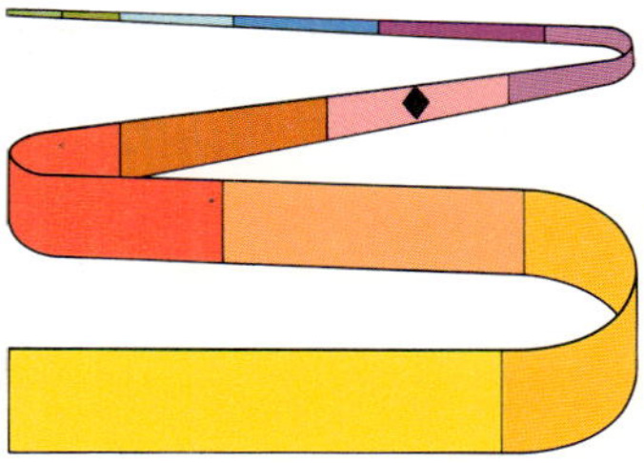

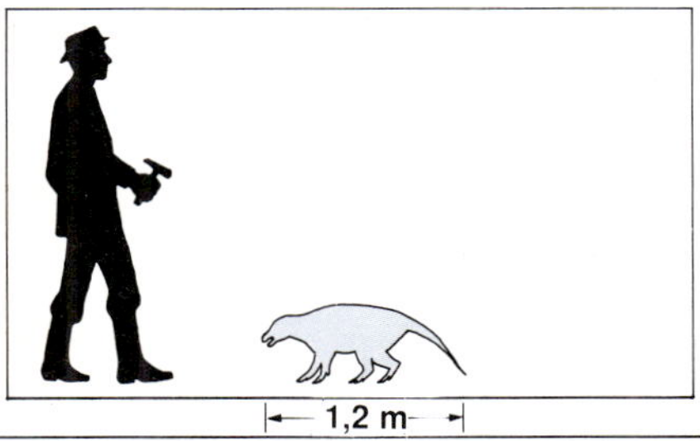

Arctocyon gehört zu den urtümlichen Huftieren, aus denen sich vermutlich die Paarhufer entwickelt haben. Manche dieser Stammhuftiere hatten das Gebiß eines Fleischfressers und wurden deshalb früher zu den Urraubtieren gerechnet. Bei *Arctocyon* deuten die Backenzähne aber auf einen Allesfresser hin.

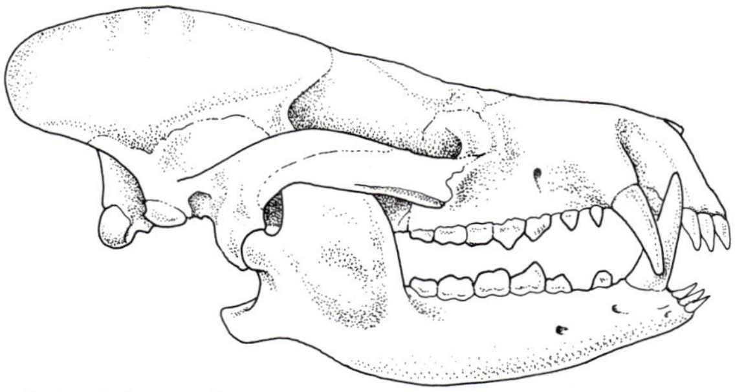

Schädel von *Arctocyon*

Ardeosaurus

- Reptilien
- Schuppenkriechtiere
- H. von Meyer (1860)
- Deutschland
- Jura

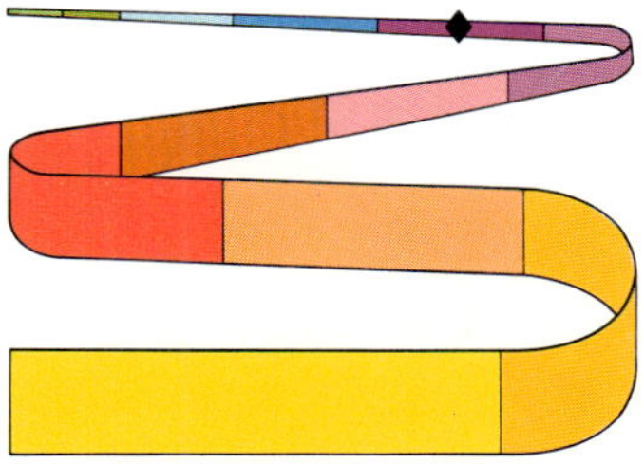

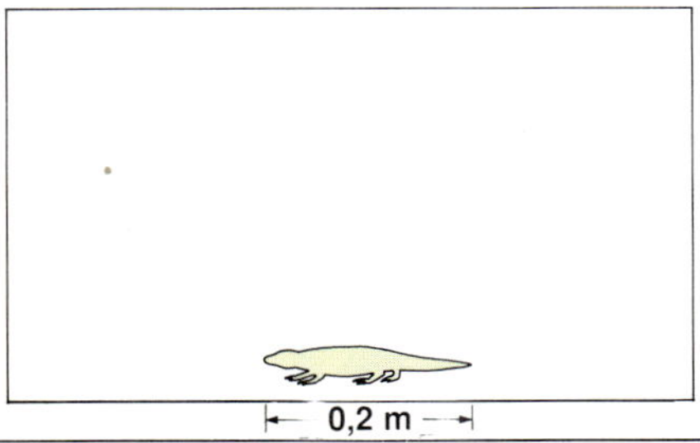

Ardeosaurus gehört innerhalb der Echsen zu den urtümlichen Geckos, die vor 170 Millionen Jahren entstanden. Damit zählt er zu den ältesten Echsen, die überhaupt bisher entdeckt worden sind. *Ardeosaurus* ist durch mehrere fast vollständige Skelette bekannt und ähnelt seinen heute lebenden Verwandten in vieler Beziehung. Er hatte einen breiten, aber flachen Kopf mit großen Augen und jagte wahrscheinlich nachts kleine Insekten, Spinnen und andere Wirbellose. Ob *Ardeosaurus* auch schon Haftscheiben wie die heutigen Geckos an den Füßen hatte, kann niemand sagen – obwohl in dem feinen Schiefer, in dem er eingebettet war, viele Einzelheiten zu erkennen sind.

Argyrolagus

- Säugetiere
- Beuteltiere
- F. Ameghino (1904)
- Argentinien
- Pliozän

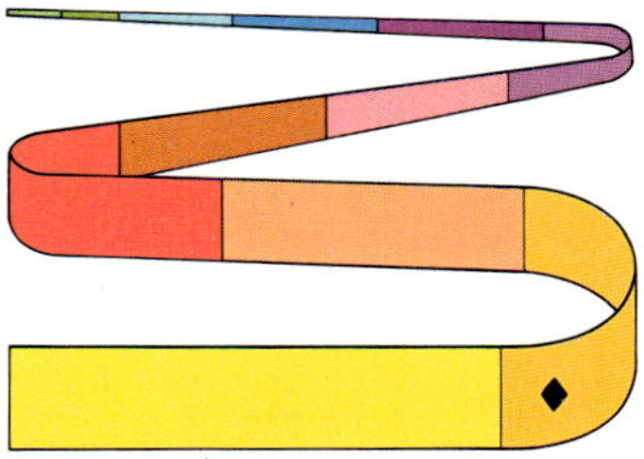

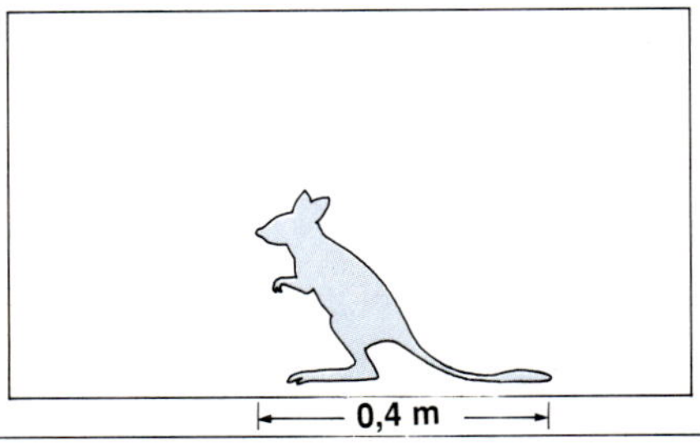

Lange waren in Nord- und Südamerika die Beuteltiere die vorherrschenden Säugetiere. Hier sind sie wahrscheinlich vor etwa 65 bis 100 Millionen Jahren entstanden und haben sich über den Kontinent Antarktika nach Australien ausgebreitet. Von Nordamerika aus sind sie nach Europa und Nordafrika gekommen, aber hier bereits im Tertiär wieder ausgestorben. Die Beuteltiere traten in vielen verschiedenen Gestalten auf; manche Formen finden sich bei den modernen Säugetieren wieder: den Plazentatieren.

Argyrolagus sah einer heute lebenden Taschenspringmaus ähnlich. Er hüpfte auf seinen langen, kräftigen Hinterbeinen und hielt dabei mit dem langen Schwanz das Gleichgewicht. *Argyrolagus* war wahrscheinlich nachts aktiv und ernährte sich von Pflanzen.

Arsinoitherium

- Säugetiere
- Embrithopoden
- H. J. L. Beadnell (1920)
- Ägypten
- Oligozän

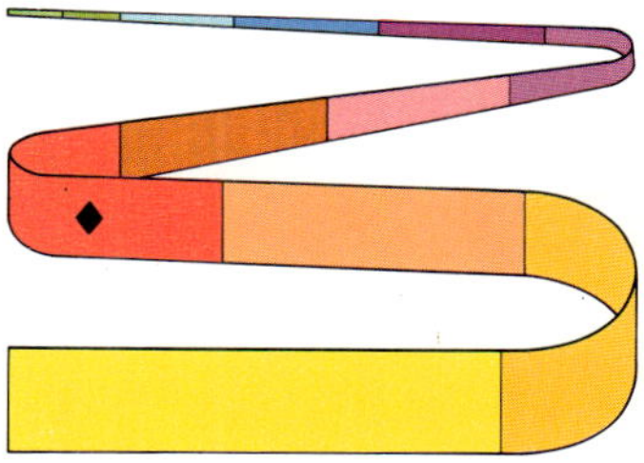

Auf den ersten Blick erscheint die Gestalt des Tieres vertraut, erinnert sie doch stark an ein Nashorn. Aber mit dieser Tiergruppe hat *Arsinoitherium* überhaupt nichts zu tun. Es ist sogar so weit von allen bisher bekannten Säugetieren verschieden, daß über seine Verwandtschaft nichts gesagt werden kann und die Familie in eine eigene Ordnung gestellt werden muß.
Bei *Arsinoitherium* hatten beide Geschlechter auf dem Schädel zwei riesige, kegelförmige, hohle Hörner, die von Haut überzogen waren. Die Abdrücke der Blutgefäße lassen sich auf deren Außenseite deutlich erkennen. Hinter diesen Hörnern standen zwei weitere Knochenhöcker, die aber viel kleiner waren. Im Ober- und im Unterkiefer standen je 22 wenig spezialisierte Zähne, die zeigen, daß sich *Arsinoitherium* von Pflanzen ernährte.

Askeptosaurus

- Reptilien
- Thalattosaurier
- F. Nopsca (1925)
- Schweiz
- Trias

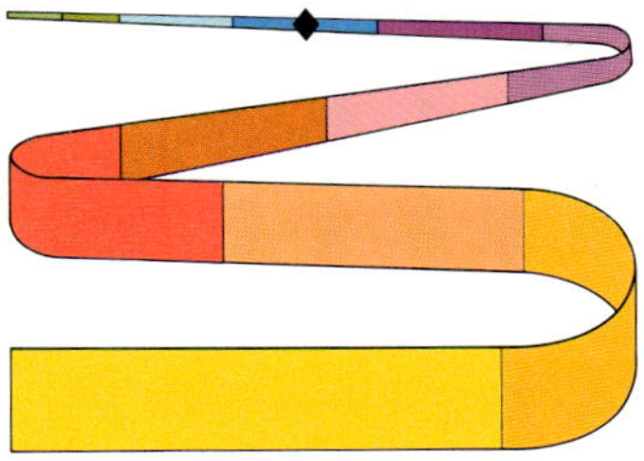

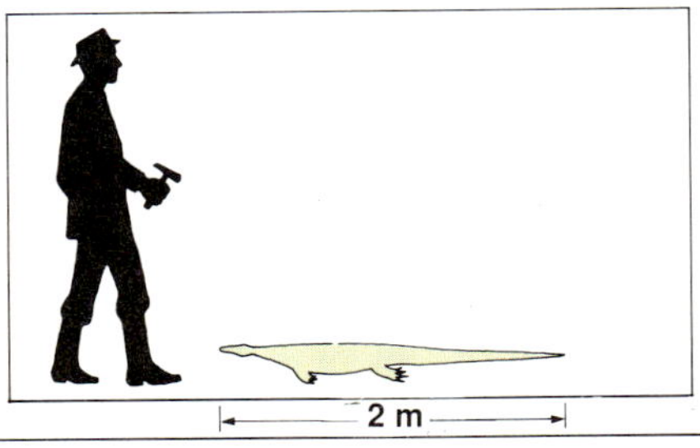

Askeptosaurus gehört zu den urtümlichen Reptilien mit zwei Schläfenöffnungen hinter jedem Auge und lebte vor 205 bis 200 Millionen Jahren. Wie bei vielen im Wasser lebenden Tieren war der Körper stromlinienförmig, und Kopf und Hals waren stark verlängert.

Der Schwanz machte die Hälfte der Körperlänge aus und wurde im Wasser seitlich schlängelnd bewegt. Auch die Füße dienten dem Antrieb, sie hatten zwischen den Zehen Schwimmhäute. Die Ernährung von *Askeptosaurus* bestand aus Fischen.

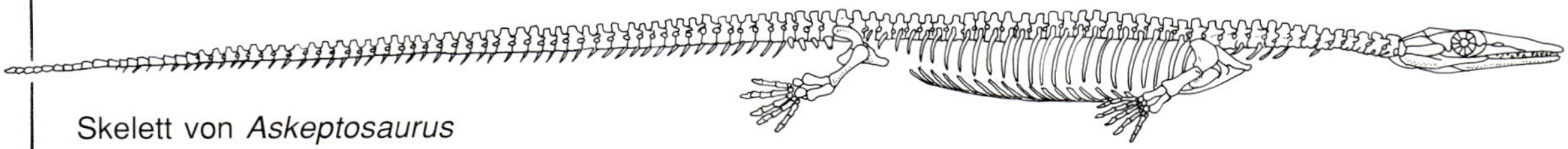

Skelett von *Askeptosaurus*

Astrapotherium

- Säugetiere
- Sternfußtiere
- H. Burmeister (1879)
- Argentinien
- Oligozän, Miozän

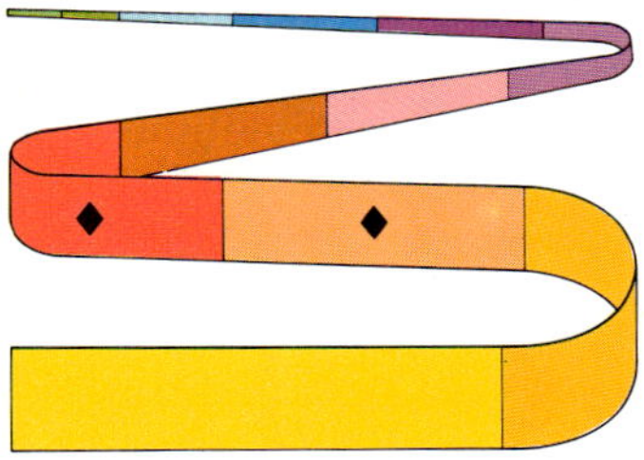

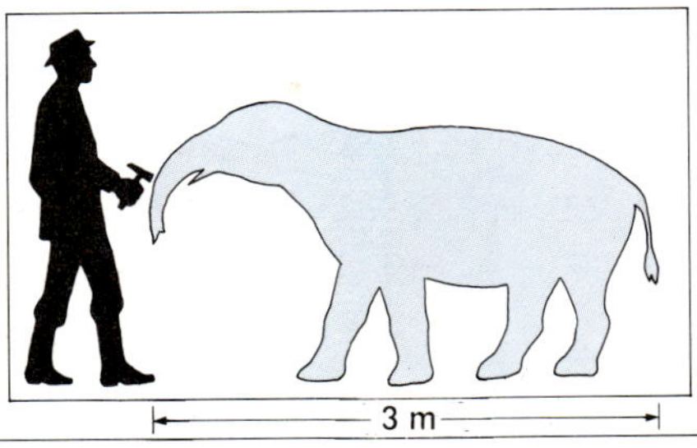

Zu den urtümlichen Pflanzenfressenden Huftieren, die sich im Alttertiär in Südamerika entwickelten, gehört auch die kleine, aber gut bekannte Gruppe der Sternfußtiere.

Astrapotherium hatte die Gestalt eines Nashorns. Sein Schädel war kurz und aufgewölbt, die vier Eckzähne wuchsen zeitlebens weiter und bildeten mächtige Hauer. Die Nasenöffnungen lagen kurz vor den Augen, was vermuten läßt, daß *Astrapotherium* einen Rüssel hatte.

Der schwere Körper ruhte auf kurzen Beinen, und das Tier lief auf den Sohlen. Bei seinem großen Gewicht ist anzunehmen, daß es sich vorwiegend im Wasser aufhielt.

Australopithecus

- Säugetiere
- Primaten
- R. Dart (1925)
- Kenia
- Pliozän, Pleistozän

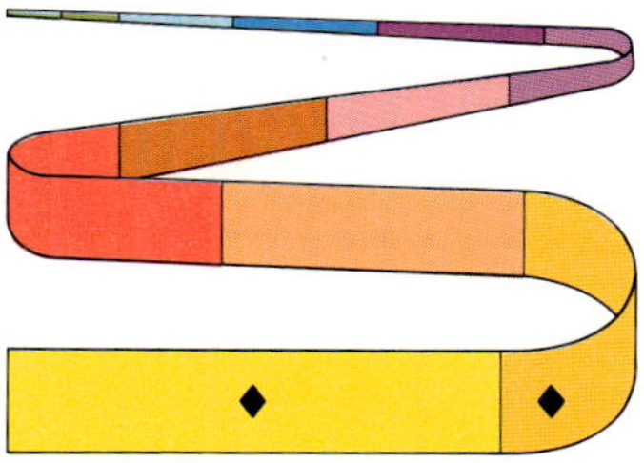

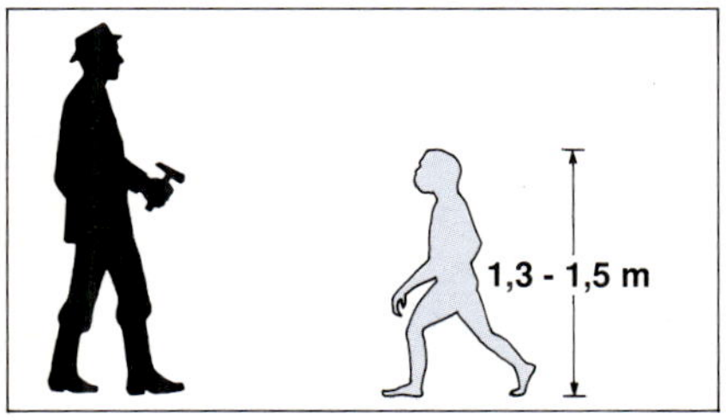

Alle bisher gefundenen Fossilien von Menschen rechnet man heute zu zwei Gattungen: *Australopithecus* (den Vormenschen) und *Homo* (den Menschen). *Australopithecus afarensis* ist mit etwa 3,5 Millionen Jahren der älteste, aber auch der bekannteste Vertreter dieser Gattung. Als 1974 Skelette von ihm in Afar (Äthiopien) gefunden wurden, bezeichnete man das erste scherzhaft mit dem Namen Lucy – nach einem Lied der Beatles.

Lucy ging aufrecht, war aber nicht größer als ein 6-8 Jahre altes Kind, und das Gehirn maß nur etwa 400 cm^3. Gesichtsform und Schädel kann man mit denen eines Schimpansen vergleichen. Eine andere, größere Art wurde in Kenia gefunden und *Australopithecus africanus* benannt.

Barbourofelis

- Säugetiere
- Raubtiere
- E. H. Barbour und G. H. Cook (1914)
- USA (Texas)
- Miozän

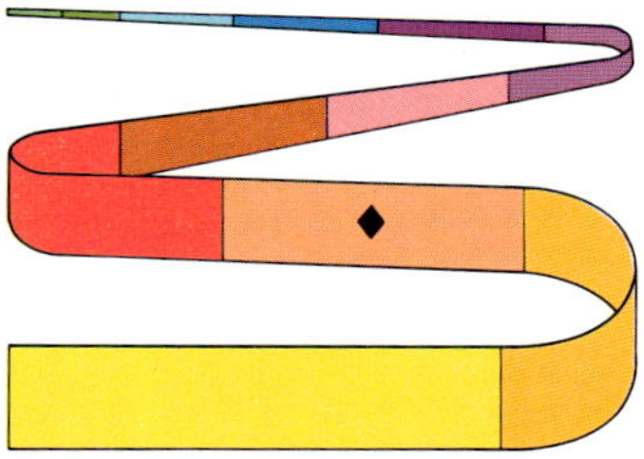

Die größten Vertreter der Familie der Katzen sind heute der Löwe und der Tiger. Sie töten ihre Beutetiere, indem sie ihnen durch einen kräftigen Biß mit den Eckzähnen das Genick brechen. Die Säbelzahntiger, zu denen *Barbourofelis* gehört, konnten das nicht. Sie mußten ihren Rachen sehr weit öffnen und rissen mit den riesigen Eckzähnen tiefe Wunden in den Körper der Beutetiere, so daß sie verbluteten.

Smilodon und *Barbourofelis* hatten beide lange Reißzähne, waren aber sicherlich nicht näher miteinander verwandt. Mit den heute lebenden Tigern haben sie schon gar nichts zu tun. Deshalb vermeiden viele Wissenschaftler die Bezeichnung Säbelzahntiger und bevorzugen den Namen Säbelzahnkatzen.

Basilosaurus

- Säugetiere
- Wale
- R. Harlan (1834)
- Nordamerika, Nordafrika
- Eozän

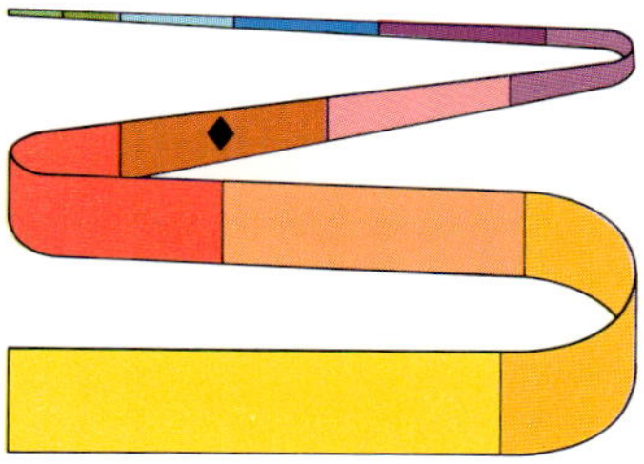

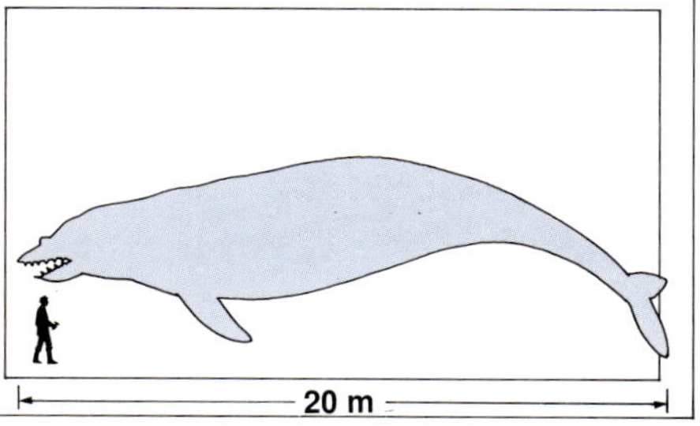

Wale sind meeresbewohnende Säugetiere, die zum Atmen immer wieder an die Oberfläche kommen. Die Muttertiere gebären ihre Jungen im Wasser und stoßen sie dann an die Oberfläche, damit sich ihre Lungen mit Luft füllen. Wale sind hervorragend an das Leben im Meer angepaßt, aber sie stammen von Landbewohnern ab. Aus welcher Gruppe sie sich entwickelt haben, war lange Zeit unklar, denn *Basilosaurus*, der einzige damals bekannte fossile Wal, gab darauf keinen Hinweis. Erst seit der Entdeckung von *Pakicetus* weiß man darüber mehr (siehe S. 114). *Basilosaurus* war fast so groß wie der heute lebende Blauwal, aber im Gegensatz zu diesem hatte er nur einen kleinen, etwa 1,5 m langen Kopf. Seine Vorderzähne waren kegelförmig, die Backenzähne dagegen hatten eingekerbte Schneiden, mit denen Tintenfische und Fische zerschnitten werden konnten. *Basilosaurus* kam wahrscheinlich durch schlängelnde Bewegungen seines dünnen Körpers vorwärts.

Die Entwicklung der Vögel

Vor mehr als 150 Millionen Jahren lebte *Archaeopteryx*, der Urvogel, an den Seen, die zu dieser Zeit Süddeutschland bedeckten. Und hier, in Solnhofen, wurde die erste Versteinerung dieses Vogels 1861 in einem Steinbruch entdeckt. Seinem Körperbau nach war *Archaeopteryx* in vielen Ausbildungen einem kleinen Fleischfressenden Dinosaurier ähnlich; den Federn, dem Gabelbein und den hohlen Knochen nach war er eindeutig ein Vogel.
Als der Urvogel entdeckt wurde, war gerade das Buch von Charles Darwin »Über die Entstehung der Arten« erschienen; so war den Wissenschaftlern wohl bewußt, welches wichtige Dokument für die Entstehungsgeschichte der Vögel vor ihnen lag: Mit *Archaeopteryx* war das Bindeglied zwischen den Reptilien und den Vögeln gefunden.
Zwischen *Archaeopteryx* und den Zahnvögeln, die in der Unterkreide auftraten und in der Oberkreide bereits wieder ausstarben, liegt eine große zeitliche Lücke, aus der nur wenige Funde von einzelnen Vogelknochen bekannt sind. *Hesperornis* und *Ichthyornis*, die zu der genannten Gruppe gehören, hatten zwar noch Zähne, waren aber in ihrer Lebensweise hoch spezialisierte Vögel.

Im Plattenkalk von Solnhofen wurden mehrere Versteinerungen des Urvogels entdeckt, die hervorragend erhalten sind.

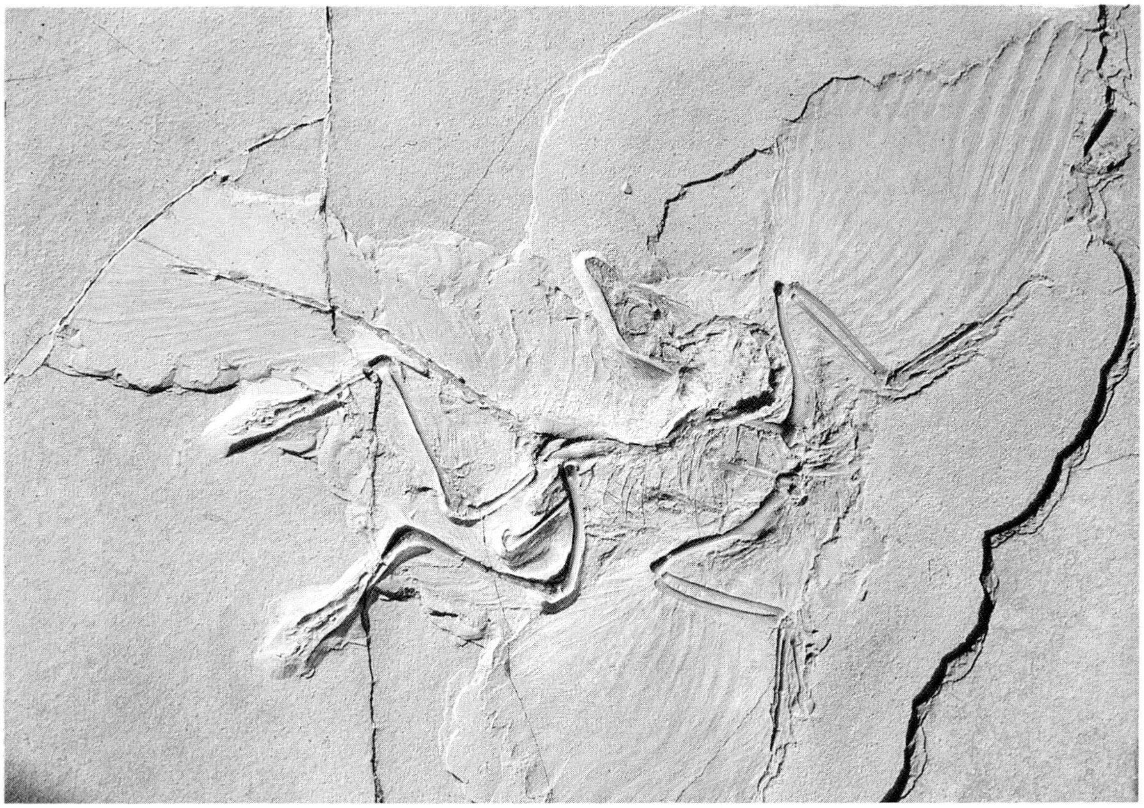

Von der Mittleren Kreide an entstand in »kurzer Zeit« eine Fülle von Verwandtschaftskreisen; davon sind die meisten bis auf den heutigen Tag vertreten. Die Anfänge und die Entwicklung dieser verschiedenen Vogelordnungen liegt weitgehend im dunkeln, denn auch aus dieser Zeit sind Versteinerungen von Vögeln selten. Alle Vögel besitzen Federn sowie Flügel und laufen auf zwei Beinen. Aber nicht wenige haben ihr Flugvermögen wieder aufgegeben; sie leben meist auf dem Lande, wenige auch im Meer. Zu der ersten Gruppe gehören die Elefantenvögel, die Strauße und die Moas, zu der zweiten die Pinguine. Die meisten Vögel können aber hervorragend fliegen. Ihr eigentlicher Lebensraum ist die Luft, wenn sie auch zum Schlafen und Brüten immer wieder auf den festen Boden zurückkehren müssen.

Schlüssel zu den Tiergruppen

1 Fleischfressende Dinosaurier
2 *Archaeopteryx*
3 *Hesperornis*
4 *Ichthyornis*
5 Laufvögel
6 Gänsevögel
7 Watvögel
8 Pinguine
9 Sperlingsvögel

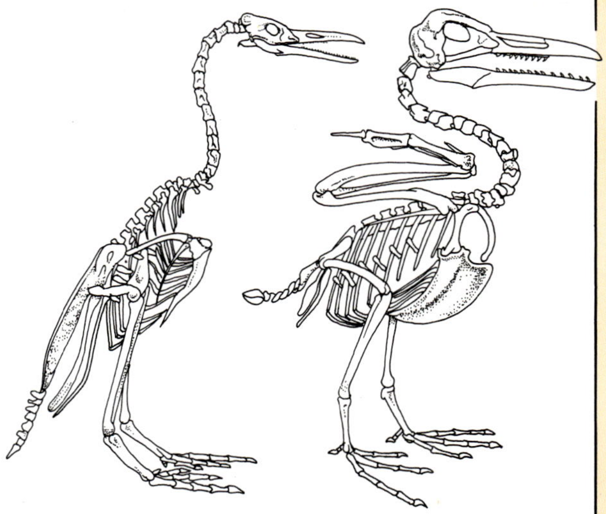

Skelette kreidezeitlicher Vögel (Unterklasse Zahnvögel): *Hesperornis* (links), *Ichthyornis* (rechts)

Borhyaena

- Säugetiere
- Beuteltiere
- F. Ameghino (1887)
- Argentinien
- Oligozän, Miozän

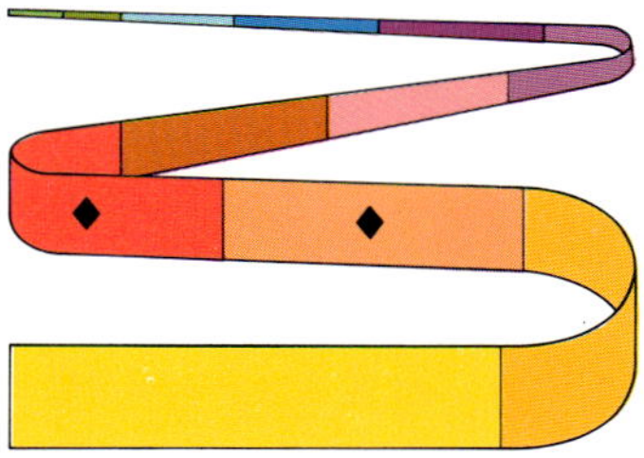

Die Beuteltiere konnten sich in Südamerika in großer Vielfalt entwickeln. Vor den nordamerikanischen Raubtieren, die zu den modernen Säugern gehören (den Plazentatieren), waren sie sicher, denn die beiden Landmassen waren durch ein Meer getrennt. Erst als die beiden Kontinente durch eine Landbrücke einige Zeit lang miteinander verbunden waren und die nordamerikanischen Raubtiere nach Süden vordrangen, war es dort mit den Beuteltieren fast vorbei. Das soll nicht bedeuten, daß es in Südamerika überhaupt keine Raubtiere gab, aber sie waren ebenfalls Beuteltiere. *Borhyaena* gehört zu ihnen und sah einem kleinen Bären ähnlich. Das kurzbeinige Tier lauerte seinen Beutetieren auf und zerriß sie mit seinen kräftigen Zähnen.

Branchiosaurus

- Lurche
- Labyrinthzähner
- A. Fritsch (1875)
- Tschechoslowakei, USA (Pennsylvania)
- Karbon, Perm

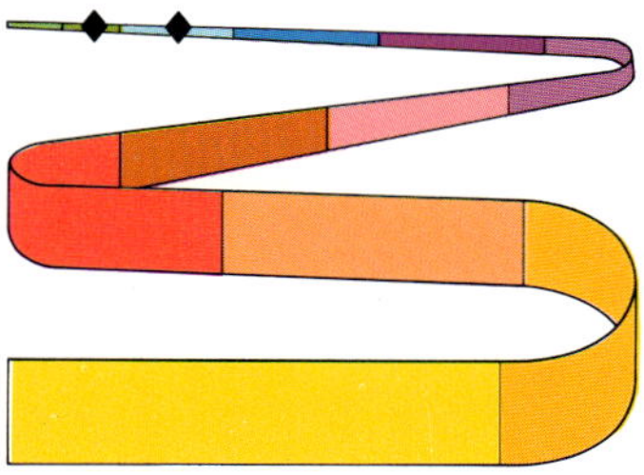

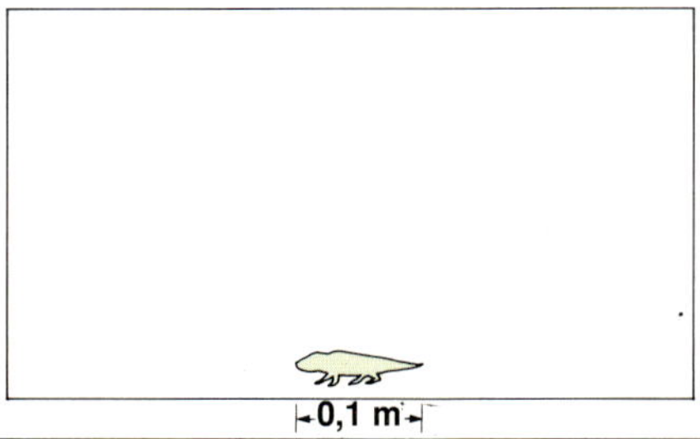

Aus den Sümpfen der Steinkohlenzeit gibt es eine Reihe von Versteinerungen von urtümlichen Lurchen, die einer Kaulquappe ähneln. Alle hatten einen kurzen, sehr breiten Kopf, an dem seitlich je drei Kiemen standen. Die Beine waren kurz, während der Schwanz einen Flossensaum trug. Bei ihnen handelt es sich zum Teil um Larven, z.B. von *Eryops* oder *Eogyrinus*, zum Teil um erwachsene Tiere, deren Entwicklung in diesem Stadium abgeschlossen war.

Brontotherium

- Säugetiere
- Unpaarhufer
- W. B. Scott und H. F. Osborne (1887)
- USA (Süd-Dakota)
- Oligozän

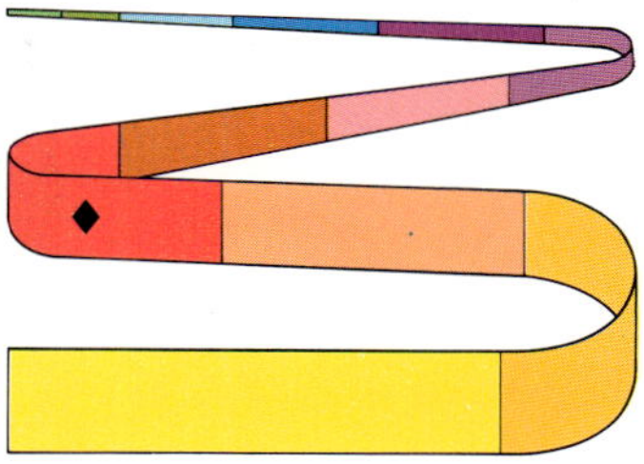

Brontotherium und seine Verwandten bilden eine eigene Familie in der Unterordnung Pferdeverwandte. Die Tiere hatten alle eine ähnliche Gestalt und glichen einem heute lebenden Nashorn. Sie entwickelten sich im Eozän vor etwa 50 Millionen Jahren in Asien und Nordamerika aus kleinen Vertretern, die einem urtümlichen Pferd ähnelten. *Brontotherium* gehört jedoch zu den später auftretenden Formen, die größer waren als ein Nashorn.

Brontotherium, das »Donnertier«, hatte auf der Nase ein großes Y-förmiges Horn (einen Knochenzapfen), das bei den Männchen größer war als bei den Weibchen. Wahrscheinlich wurde es als Waffe verwendet, wenn Machtkämpfe zwischen den Männchen ausgetragen wurden. Der schwere Kopf wurde von mächtigen Muskeln getragen, die über der Schulter ansetzten. *Brontotherium* ernährte sich von Blättern und Zweigen der Bäume.

Captorhinus

- Reptilien
- Stammreptilien
- E. D. Cope (1895)
- USA (Kansas)
- Perm

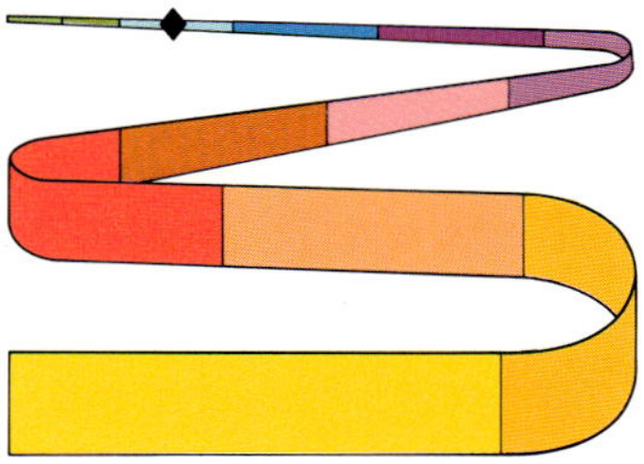

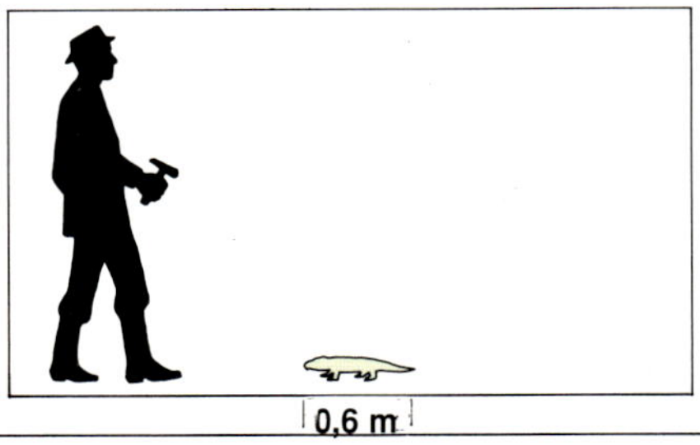

Captorhinus und die mit ihm verwandten Gattungen *Hylonomus*, *Scutosaurus* und *Procolophon* gehören zu den ältesten urtümlichen Reptilien. Sie entwickelten sich im Oberkarbon aus den Lurchen und waren im Perm sowohl in Nordamerika als auch in Asien und Afrika verbreitet.
Captorhinus war nur etwa 60 cm groß und sah einer heute lebenden Eidechse ähnlich. Das zierliche Tier konnte schnell über den Boden huschen und sich vor den großen fleischfressenden Reptilien seiner Zeit in Sicherheit bringen. Seine Kiefer waren mit mehreren Reihen von scharfen Zähnen besetzt, an denen man gut erkennen kann, daß *Captorhinus* ein Pflanzenfresser war.

Casea

- Reptilien
- Urraubsaurier
- S. W. Williston (1910)
- USA (Texas)
- Perm

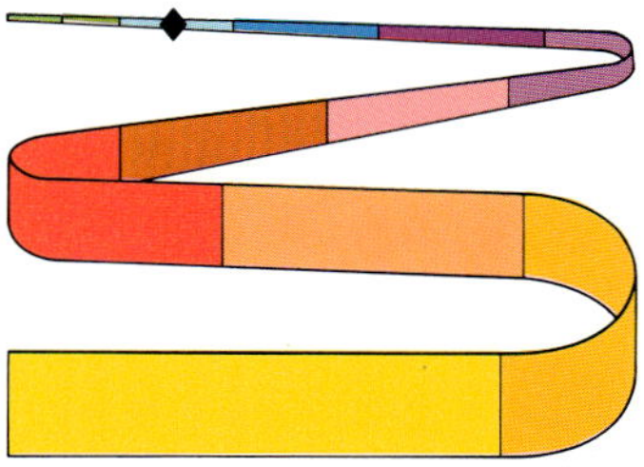

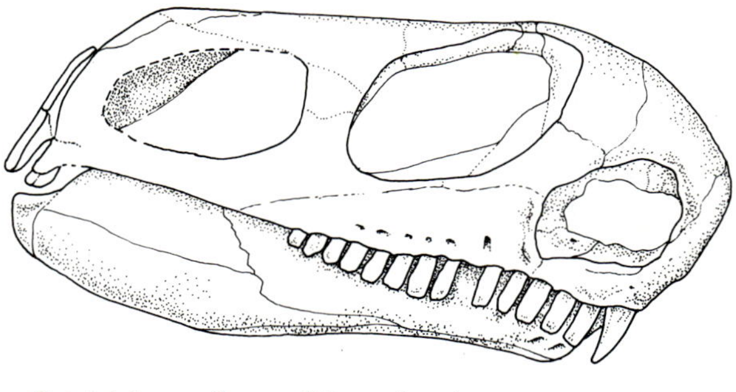

Schädel von *Casea* (11 cm lang)

Zu den Reptilien mit nur einem Schläfenfenster hinter der Augenöffnung gehört auch *Casea*. Aber im Gegensatz zu seinen Verwandten war dieses kleine, echsenartige Tier ein Pflanzenfresser. Im Oberkiefer standen dicke, stumpfe Zähne, während der Unterkiefer zahnlos war. Die Nasenöffnungen waren auffallend groß.

Chalicotherium

- Säugetiere
- Unpaarhufer
- J. J. Kaup (1833)
- Spanien, Türkei, Kenia
- Miozän

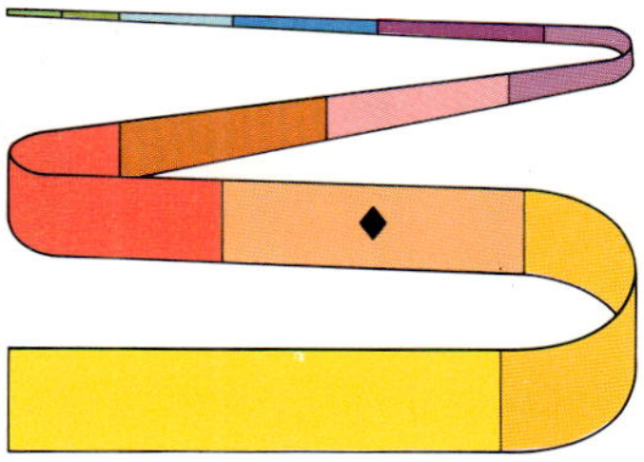

Chalicotherium und sein naher Verwandter *Moropus* gehören zu den merkwürdigsten Vertretern der Huftiere. Sie hatten keine Hufe, sondern an den Zehen gut ausgebildete Krallen, mit denen sie möglicherweise Wurzeln aus dem Boden gruben oder Zweige von den Bäumen rissen. In der Gestalt ähnelt *Chalicotherium* eher einem Bären als einem Pferd, mit dem es weitläufig verwandt ist. Seine Hinterbeine waren sehr kräftig ausgebildet, so daß sich das Tier sehr wohl auf ihnen aufrichten konnte. Die Vorderbeine waren schlanker, aber nicht sehr beweglich. Wie *Moropus* lebte *Chalicotherium* in Wäldern und breitete sich im Verlauf vieler Millionen Jahre über Europa, Nordamerika, Asien und Afrika aus, bevor es vor etwa 2 Millionen Jahren ausstarb.

Champsosaurus

- Reptilien
- Gavialschnabelechsen
- E. D. Cope (1877)
- Frankreich, Belgien, Kanada (Alberta)
- Kreide, Paläozän, Eozän

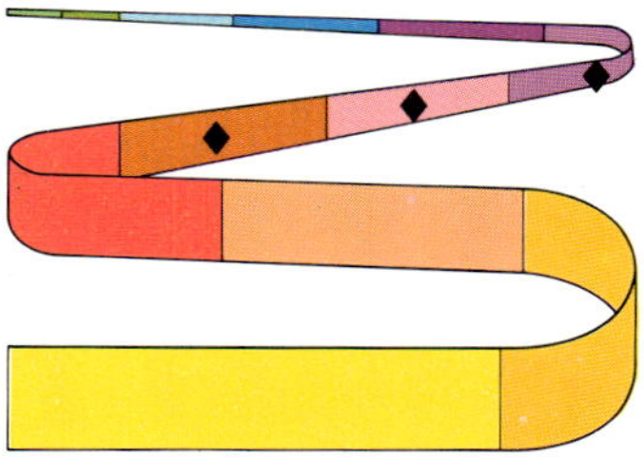

Innerhalb der Gruppe der Reptilien mit zwei Schläfenöffnungen hinter jeder Augenöffnung traten in der Kreide vor etwa 140 Millionen Jahren Tiere auf, die einem Krokodil ähnlich waren. Etwa 90 Millionen Jahre lang bewohnten sie die Erde, bis sie im Eozän (vor etwa 50 Millionen Jahren) ausstarben. Zu ihnen gehört *Champsosaurus*, der in Nordamerika und Europa verbreitet war und in größeren Gewässern des Festlandes lebte.

Sein langgestreckter, schmaler Schädel mit den kleinen, spitzen Zähnen erinnert an einen heute in Indien lebenden Gavial, dem der ganze Verwandtschaftskreis auch seinen Namen verdankt. Eine Verwandtschaft besteht indes nicht, vielmehr ist die Ähnlichkeit auf eine gleiche Lebensweise in einem ähnlichen Lebensraum zurückzuführen. *Champsosaurus* schwamm durch seitliche Bewegungen seines Schwanzes, wobei die Beine dem Körper anlagen. Er ernährte sich hauptsächlich von Fischen, die er mit seinen spitzen Zähnen festhielt und mit den kräftigen Kiefern zerriß.

Champsosaurus

Claudiosaurus

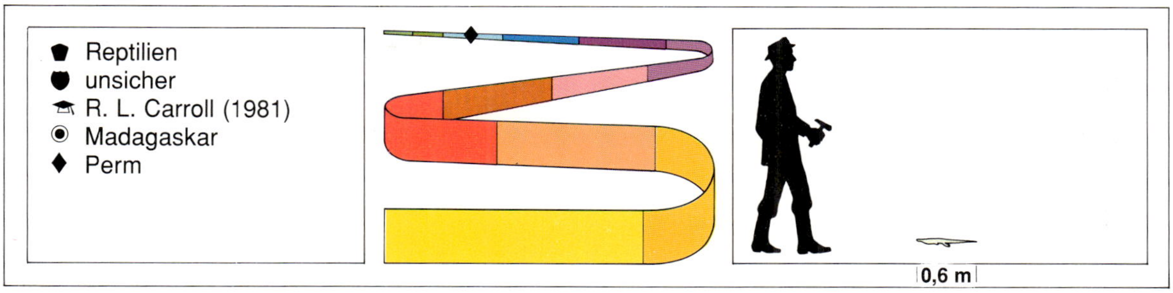

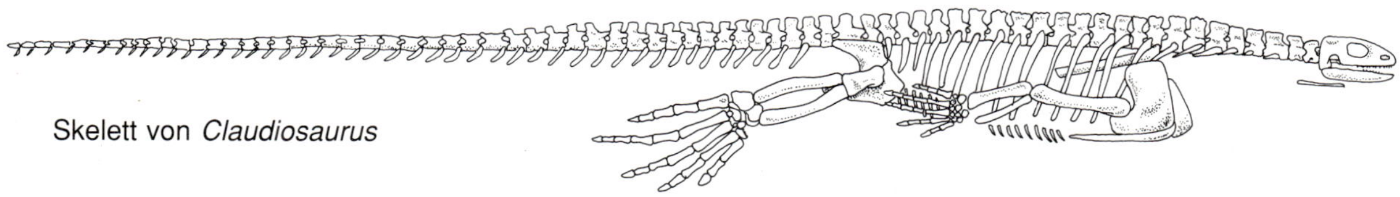

Skelett von *Claudiosaurus*

Claudiosaurus hatte den langen Hals und kleinen Kopf mancher Schwanenhalsechsen (z.B. *Cryptocleidus* oder *Plesiosaurus*), aber es fehlten ihm die für diese Gruppe typischen langen Paddel. Auffallend ist dagegen der lange Schwanz, der einen großen Teil der Körperlänge einnahm. Auch wenn manche Wissenschaftler *Claudiosaurus* für einen Vorfahren der Schlangenhalsechsen halten, weil einige Ausbildungen des Schulter- und Beckengürtels darauf hinweisen – bewiesen ist das bisher nicht. Möglicherweise handelt es sich nur um eine Ähnlichkeit im Körperbau, die sich durch eine gleiche Lebensweise ergeben hat.

Claudiosaurus lebte im Meer und fraß wahrscheinlich kleine Tiere, die sich an der Küste zwischen Algen aufhielten. Mit den kurzen Beinen konnte sich das Tier auch auf dem Lande bewegen. Es saß vielleicht während des Tages lange Zeit auf Felsen, um sich zu sonnen. Daß es ein guter Schwimmer war, muß bezweifelt werden, denn die kurzen Rippen waren nicht mit einem knöchernen Brustbein verbunden, und die Muskeln können im Bereich der Vorderbeine nur schwach ausgebildet gewesen sein. Vielleicht besorgten die Hinterbeine den Antrieb, und *Claudiosaurus* schwamm wie ein Frosch im Wasser.

Clevosaurus

- Reptilien
- Schnabelköpfe
- W. E. Swinton (1939)
- GB (England, Wales)
- Trias

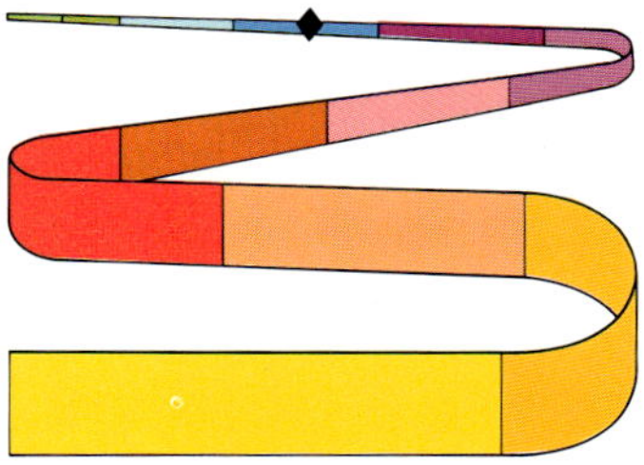

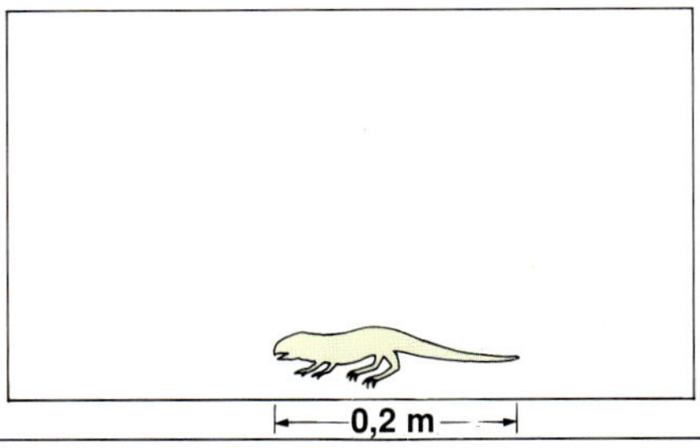

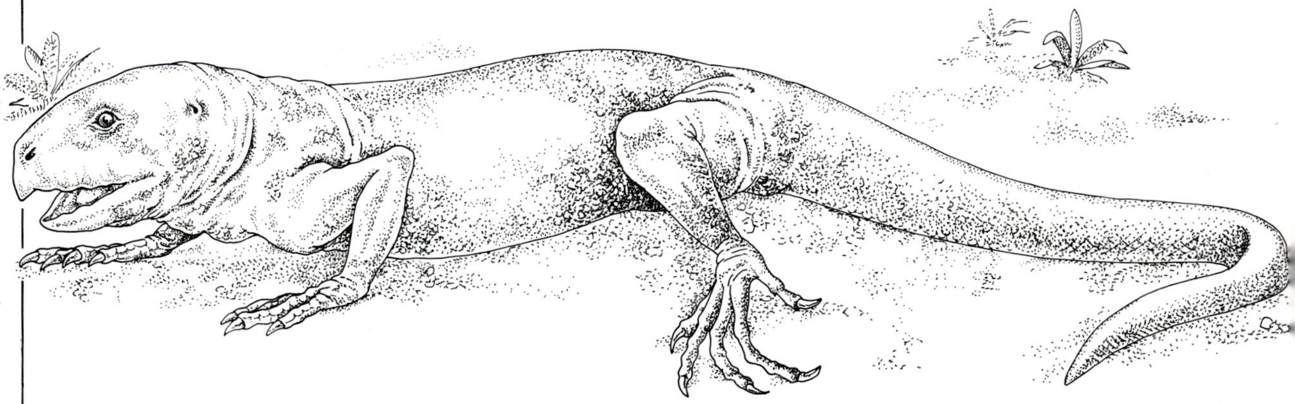

Eines der merkwürdigsten Reptilien, die heute die Erde bewohnen, ist die Brückenechse oder Tuatara (*Sphenodon punctatus*), die es nur auf einigen kleinen Inseln Neuseelands gibt. Sie ernährt sich von Insekten und kleinen Wirbellosen, die sie vor allem während der Nacht erbeutet. Die Tiere können sehr alt werden, wachsen langsam heran und sind erst im Alter von etwa 20 Jahren geschlechtsreif.
Man nennt die Brückenechse »lebendes Fossil«, denn sie hat nicht nur mehr als 200 Millionen Jahre überlebt, sondern ihr Aussehen während dieser ungeheuer langen Zeit fast überhaupt nicht verändert. Die Brückenechsen, die vor etwa 220 Millionen Jahren die Erde in großer Zahl bevölkerten, wurden von den modernen Kriechtieren (den Schlangen und Echsen) verdrängt. Nur auf den unzugänglichen Inseln bei Neuseeland blieben sie erhalten.
Clevosaurus, eine Brückenechse aus der Trias, war deutlich kleiner als Tuatara und hatte andere Zähne. Wahrscheinlich ernährte sie sich nicht nur von Insekten, sondern auch von Pflanzen. Von *Clevosaurus* wurden in Südengland und Wales mehrere gut erhaltene Versteinerungen von Skeletten gefunden, die sich in Höhlen befanden. Wahrscheinlich sind die Tiere darin abgestürzt, konnten sich nicht mehr befreien und wurden unter Schlamm und Sand zu Stein. Mit ihnen zusammen wurden dort auch urtümliche Säugetiere wie *Morganucodon* entdeckt.

Crassigyrinus

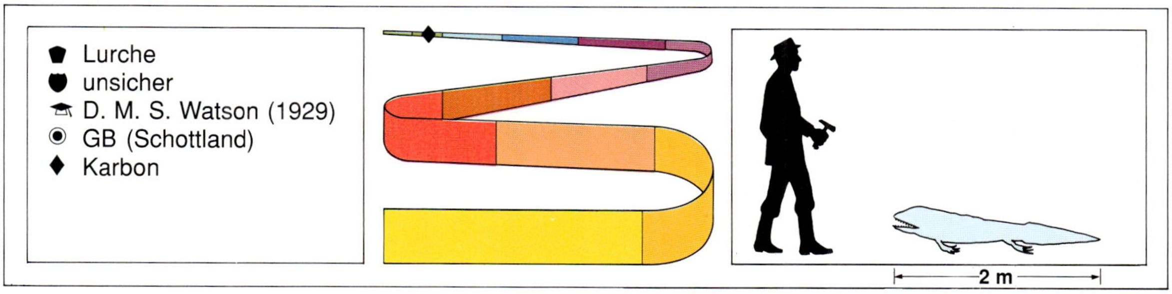

Die Entwicklung der Lurche gibt manches Rätsel auf, denn sie verlief keineswegs nur in der Richtung von im Wasser lebenden Tieren zum Landtier. *Ichthyostega*, der älteste bisher bekannte Lurch, lebte vor etwa 370 Millionen Jahren und konnte sich mit seinen vier Beinen auf dem Lande fortbewegen. *Crassigyrinus*, der etwa 40 Millionen Jahre später auftrat, war wieder in das Wasser zurückgekehrt.

An seinem fischförmigen Körper saßen nur kleine, verkümmerte Gliedmaßen, und das Tier bewegte sich schlängelnd wie ein Aal im Wasser fort. Der große Kopf hatte Kiefer, die mit spitzen Zähnen besetzt waren; die riesigen Augen saßen dicht nebeneinander. Vielleicht lebte das Tier im dunklen, schlammigen Wasser und jagte Fische, die sich über den Grund bewegten. Vollständige Skelette von *Crassigyrinus* sind 1985 in Schottland entdeckt worden, dennoch lassen sich die Tiere bisher keinem Verwandtschaftskreis der Lurche sicher zuordnen.

Cryptocleidus

- Reptilien
- Schwanenhalsechsen
- H. G. Seeley (1892)
- GB (England)
- Jura

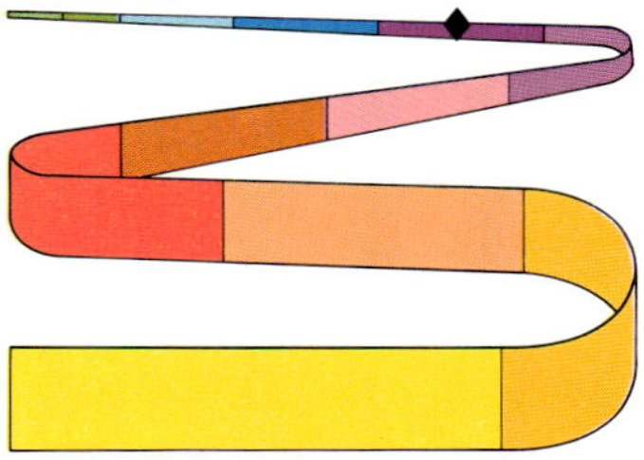

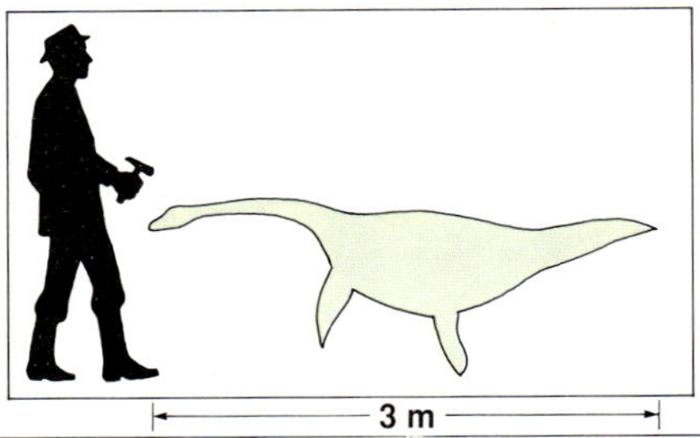

Cryptocleidus ist mit *Plesiosaurus* und *Elasmosaurus* verwandt und gehört zu den Schwanenhalsechsen, die im Jura und in der Kreide die Meere bevölkerten. Bei diesen Tieren waren die Gliedmaßen zu Paddeln umgebildet, mit denen sie sich langsam durch das Wasser bewegten. *Cryptocleidus* hatte einen langen Hals, der aus etwa 35 Wirbeln bestand – bei anderen Reptilien sind es nur 7 bis 8! Die Kiefer waren mit zahlreichen gekrümmten, spitzen Zähnen besetzt, die bei geschlossenem Maul ein Sieb bildeten. *Cryptocleidus* filterte damit kleinere Krebse, Fische und schwebende Tiere aus dem Wasser und verschluckte sie unzerkaut.

Cynognathus

- Reptilien
- Säugetierähnliche Reptilien
- H. G. Seeley (1896)
- Argentinien, Südafrika
- Trias

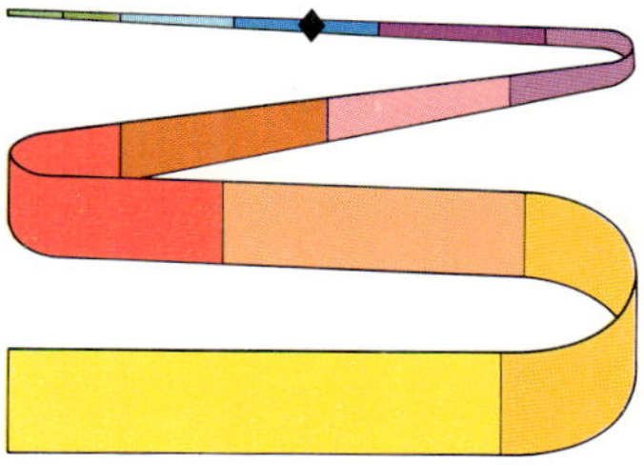

Die Säugetierähnlichen Reptilien der Trias, die vor 245 – 208 Millionen Jahren die Erde bevölkerten, waren den Säugetieren nicht nur ähnlich, sondern müssen sogar als die Vorfahren der Säuger angesehen werden. Besonders die Unterordnung *Cynodontia*, die Hundszähner, weist auf diese Entwicklung hin. Zu ihr gehörten neben *Procynosuchus* auch *Thrinaxodon* und *Probainognathus* sowie *Cynognathus*.
Mit einer Länge von etwa 1 m war *Cynognathus* ungefähr so groß wie eine Dogge, und er hatte auch ein ähnliches Gebiß: Schneidezähne, lange Eckzähne und scharfe Backenzähne. Der Unterkiefer bestand nur aus einem Knochen und war über ein Gelenk mit dem Schädel verbunden. *Cynognathus* konnte das Maul weit öffnen und kräftig zubeißen. Diese Ausbildungen sowie die langen und kräftigen Beine zeigen, daß er ein Fleischfresser war.
Cynognathus war sehr wahrscheinlich behaart – das kann man an den Versteinerungen eines Skelettes erkennen. Eine Katze z.B. hat lange Tasthaare, von denen jedes mit einem kleinen Blutgefäß und einem Nervenstrang verbunden ist. Diese Stränge verlaufen durch Knochenöffnungen zum Gehirn. Und genau diese Kanäle und Rinnen fanden sich auch bei *Cynognathus*. Tasthaare sind aber nur eine besondere Form von Körperhaaren, deshalb ist anzunehmen, daß die Tiere überall behaart waren.

Deinogalerix

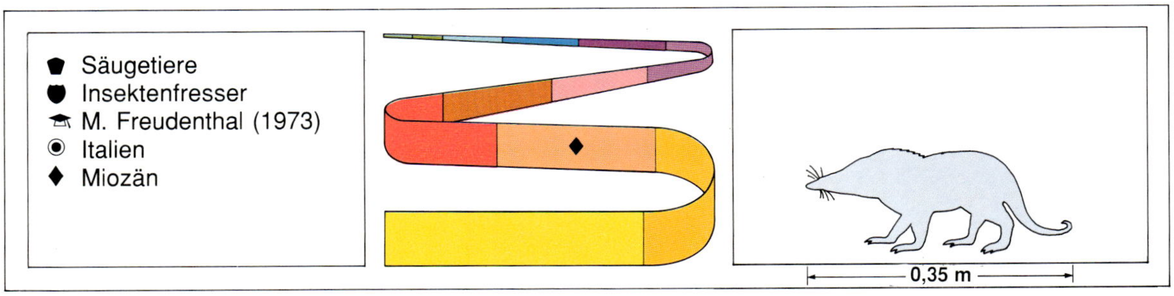

Die Insektenfresser sind die urtümlichste Gruppe der Höheren Säugetiere (Plazentatiere). Zu ihnen gehören die heute lebenden Spitzmäuse und Goldmulle, aber auch die Tanreks und Igel. Und wie ein Igel sieht auch *Deinogalerix* aus, der in Süditalien in einer Höhle gefunden wurde.
Das Tier war viel größer als seine heute lebenden Verwandten, allein sein Kopf war länger als der ganze Körper eines Europäischen Igels. Der Körper war von einem dichten Fell bedeckt, wie es auch bei dem südostasiatischen Rattenigel der Fall ist. Die etwa 10 cm langen Kiefer von *Deinogalerix* waren mit langen, spitzen Zähnen besetzt. Wahrscheinlich ernährte sich das Tier eher von Insekten, Reptilien und Kleinsäugern als von Würmern und Schnecken, der Hauptnahrung unseres Igels. Anscheinend hat *Deinogalerix* zu seiner Zeit auf den Inseln im Mittelmeer als Raubtier keine Nahrungskonkurrenz gehabt. Das könnte der Grund für seine außergewöhnliche Größe sein.

Deinotherium

- Säugetiere
- Rüsseltiere
- J. J. Kaup (1829)
- Europa, Asien, Afrika
- Miozän, Pliozän, Pleistozän

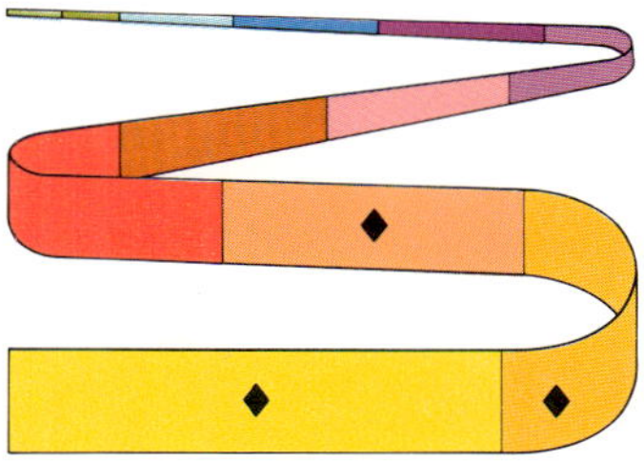

Die Rüsseltiere waren einst eine sehr erfolgreiche Tiergruppe und hatten sich an ihren Lebensraum hervorragend angepaßt. Das läßt sich an den beiden Arten, die bis auf den heutigen Tag überlebt haben, kaum erkennen. Der Afrikanische und der Indische Elefant sind die größten lebenden Landtiere, beide sind vom Aussterben bedroht. Die Rüsseltiere entstanden wahrscheinlich während des Eozäns in Indien. Ihre Ahnen waren urtümliche Huftiere, aus denen sich auch die Schliefer und die Seekühe entwickelt haben. Im Verlauf von etwa 50 Millionen Jahren entstanden aus kleinen, etwa schweinsgroßen Tieren riesige Landtiere mit immer längerem Rüssel und längeren Stoßzähnen. Bei *Deinotherium* saßen die beiden Stoßzähne im Unterkiefer und waren rechtwinklig nach hinten gebogen. Wahrscheinlich schälten die Tiere damit Rinde von den Bäumen oder gruben Wurzeln aus dem Boden, um sie zu verzehren. Im übrigen glich dieser riesige Elefant seinen heute lebenden Verwandten. *Deinotherium* war in Afrika, Asien und Europa verbreitet und starb vor etwa 2 Millionen Jahren aus.

Deltatheridium

- Säugetiere
- unsicher
- W. K. Gregory und G. G. Simpson (1928)
- Mongolei, China
- Kreide

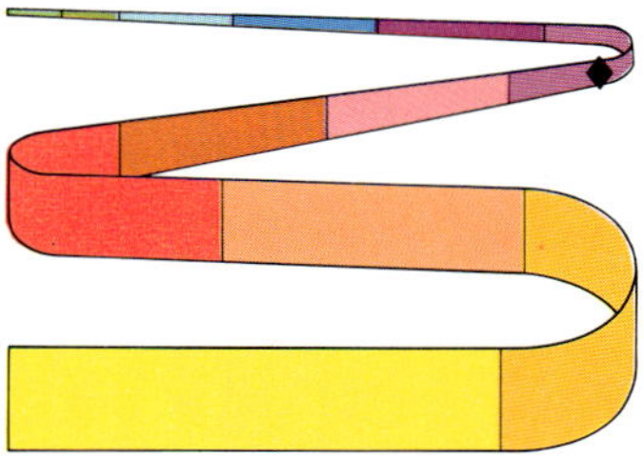

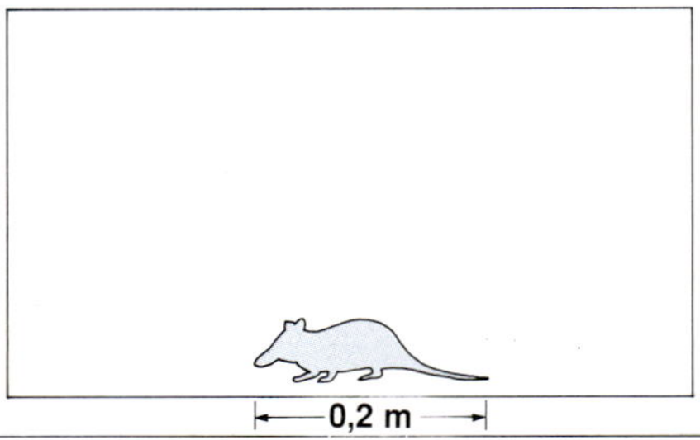

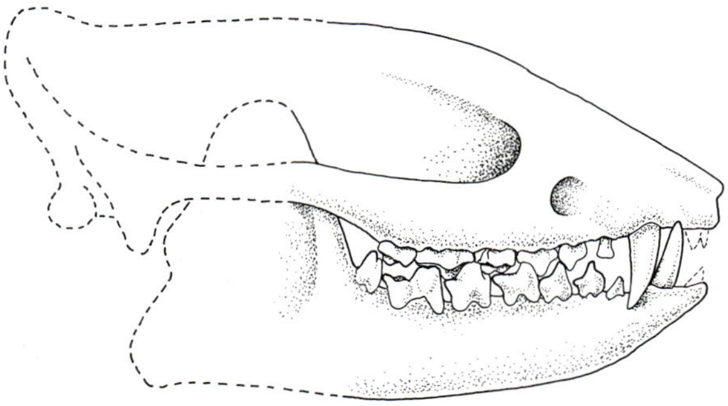

Schädel von *Deltatheridium*

In der Oberkreide vor etwa 100 Millionen Jahren gab es primitive Säugetiere, aus denen sich die beiden Gruppen entwickelten, die heute das Bild auf der Erde bestimmen: die Beuteltiere und die Höheren Säugetiere (Plazentatiere). Beuteltiere gibt es jetzt in vielen verschiedenen Gestalten und in zahlreichen Gattungen in Australien; aber auch in Südamerika finden sich noch heute mehrere Arten von Beuteltieren. Die Plazentatiere sind dagegen weltweit verbreitet und haben alle möglichen Lebensräume eingenommen, von der Wüste bis zum ewigen Eis, vom Gebirge bis zum Meer, vom Wasser bis in die Luft.

Die Beuteltiere tauchten vor rund 90 Millionen Jahren auf – etwa gleichzeitig mit den Plazentatieren, von denen es auch Versteinerungen gibt, die mehrere Millionen Jahre älter sind. Zu dieser Zeit lebten die Vorfahren dieser beiden Gruppen ebenfalls noch, und zu diesen Ahnen gehört *Deltatheridium*. Von ihm wurden aus oberkreidezeitlichen Schichten in der Mongolei Teile des Schädels und des Unterkiefers entdeckt. Zähne und Gaumen sind so ausgebildet, wie wir es weder bei den Beuteltieren noch bei den Plazentatieren finden. *Deltatheridium* war nach den Schädelmaßen größer als die meisten Säugetiere seiner Zeit und ähnelte mehr einem Eichhörnchen als einer Maus. Wahrscheinlich ernährte es sich von Insekten und kleinen Reptilien.
Mehr läßt sich über seine Lebensweise anhand der spärlichen Versteinerungen nicht sagen. Ob es einen Beutel hatte, in dem das weitgehend unfertig geborene Junge seine weitere Entwicklung durchlief, ist nicht festzustellen. Auch wenn man das ganze Skelett gefunden hätte: Der Abdruck dieser Hauttasche wäre sicher nicht erhalten geblieben.

Diacodexis

- Säugetiere
- Paarhufer
- E. D. Cope (1881)
- Europa, Nordamerika
- Eozän

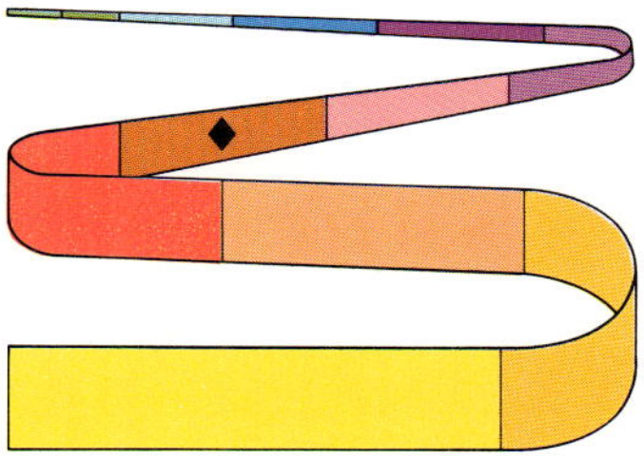

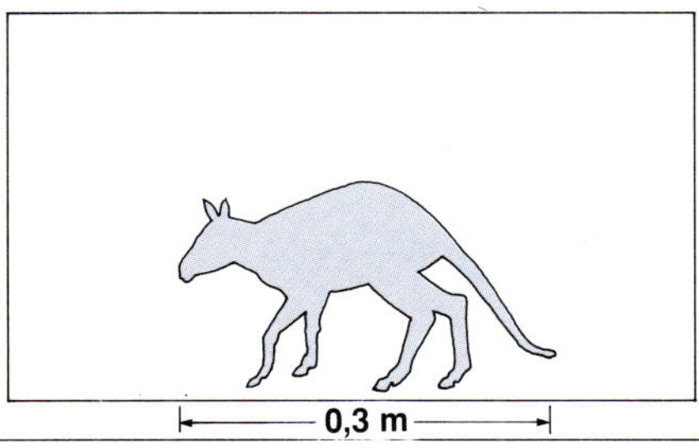

Diacodexis gehört zu den nicht wiederkäuenden Paarhufern, den Schweineartigen. Wahrscheinlich ähnelte das Tier aber eher einem Hasen als einem heute lebenden Schwein oder Flußpferd.
Es gehört zu einer ganz urtümlichen Gruppe der Paarhufer, aus der sich die übrigen Familien entwickelt haben. *Diacodexis* hatte noch fünf Zehen an den etwa gleichlangen Vorder- und Hinterbeinen, aber die dritte und vierte Zehe waren deutlich länger als die übrigen und hatten vielleicht je einen kleinen Huf. Auffallend sind auch seine kurzen Ohren und der lange Schwanz. *Diacodexis* lebte sehr wahrscheinlich in Wäldern und ernährte sich von Blättern.

Diadectes

- Lurche
- unsicher
- E. D. Cope
- USA (West-Virginia, Ohio, Texas, Pennsylvania)
- Karbon, Perm

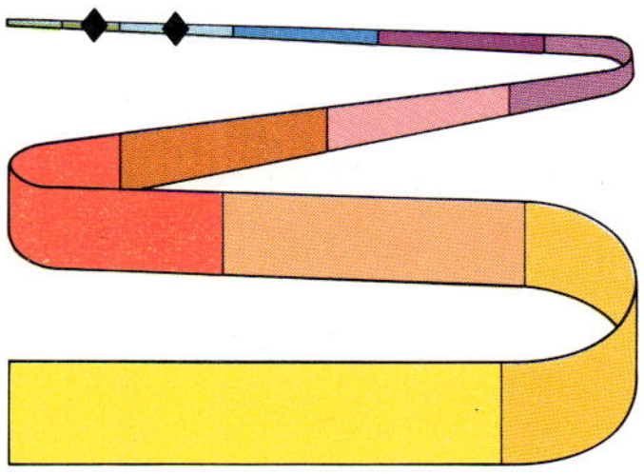

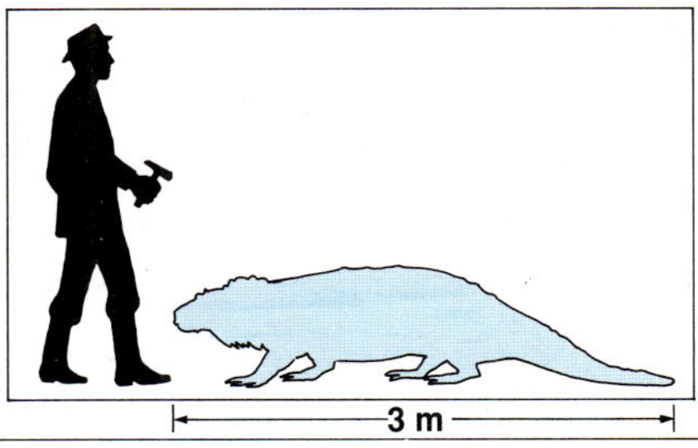

Bei *Diadectes* weiß man bisher nicht, ob es sich um einen Lurch oder ein Reptil handelt. Der Körperbau weist auf ein Reptil hin, die Ausbildung des Schädels auf einen Lurch. *Diadectes* hatte Mahlzähne und ernährte sich vielleicht von Muscheln – oder von Pflanzen.

Diademodon

- Reptilien
- Säugetierähnliche Reptilien
- H. G. Seeley (1895)
- Südafrika
- Trias

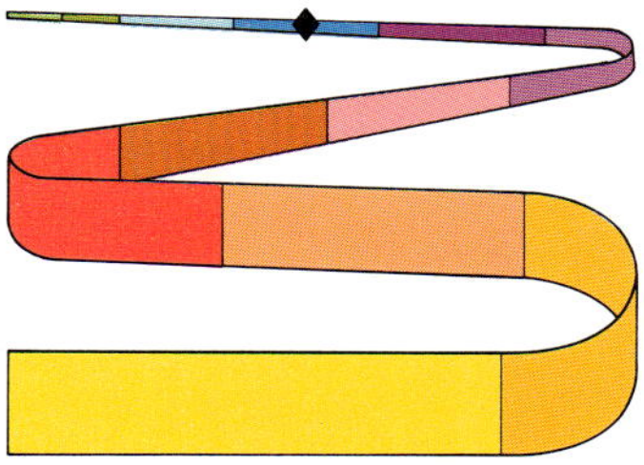

Im Stammbaum der Säugetierähnlichen Reptilien gehört *Diademodon* zwar in die Nähe von *Cynognathus*, aber die Gattung bildet einen eigenen Seitenzweig. Im Gegensatz zu *Cynognathus* und seinen engsten Verwandten war *Diademodon* jedoch kein Raubtier, sondern ein Pflanzenfresser mit einem hochspezialisierten Gebiß.

In der äußeren Form ähnelt der Schädel zwar dem von *Cynognathus*, aber ein Blick auf die Zähne des Oberkiefers zeigt erhebliche Unterschiede. Die Backenzähne bei *Diademodon* sind kurz und breit und haben eine kompliziert ausgebildete Krone, die sich bei erwachsenen Tieren weitgehend abgeschliffen hat, aber bei Jungtieren noch gut zu erkennen ist. Hier hat der Zahn eine Anzahl von schmalen Wülsten an den Kanten, die innerhalb kurzer Zeit verschwinden, was bei der harten und zähen Pflanzennahrung nicht verwundern kann. Übrig bleibt bei ausgewachsenen Tieren ein Hohlzylinder aus festem Material, der den Kern des weicheren Zahnschmelzes umgibt.

Bemerkenswert ist, daß *Diademodon* richtig kauen konnte, wobei die Zähne des Unterkiefers genau auf die des Oberkiefers paßten. Das ist bei den Säugetieren im allgemeinen der Fall, aber bei den Reptilien die Ausnahme. Sie verschlingen ihre Nahrung im ganzen. Die Schnauze war bei *Diademodon* langgestreckt und schmal; der Schädel war breit und hatte auf beiden Seiten Platz für die starken Kaumuskeln.

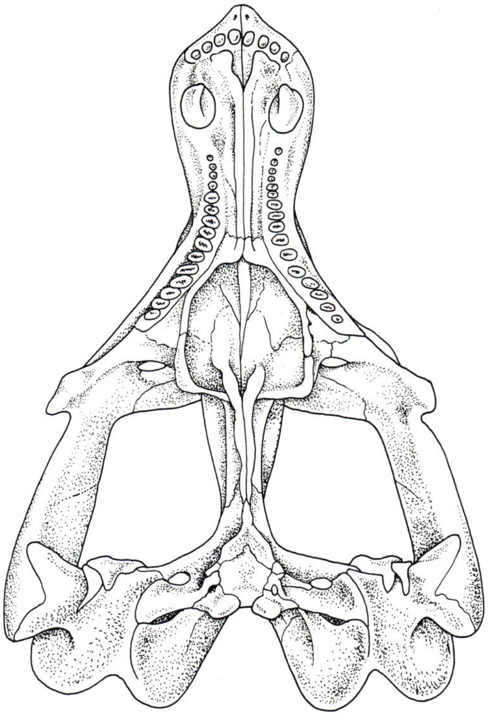

Schädel und Gaumen von *Diademodon*

Diatryma

- Vögel
- Kranichvögel
- W. D. Matthew und W. Granger
- Europa, Nordamerika
- Paläozän, Eozän

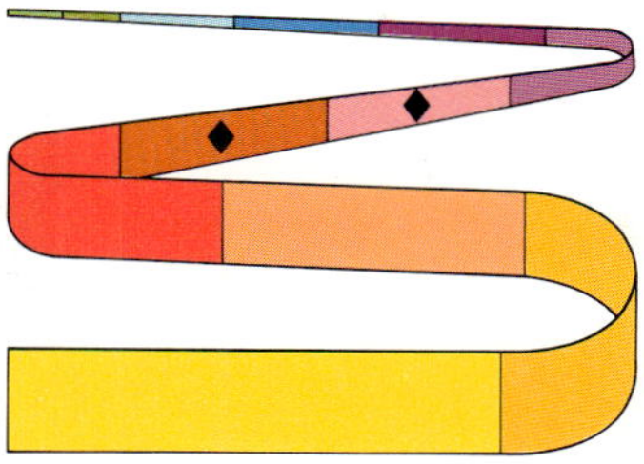

Die Kranichvögel entwickelten sich bereits in der Oberkreide vor etwa 90 Millionen Jahren. Aber *Diatryma* lebte erst im Tertiär, im Untereozän, und gehört innerhalb dieser Ordnung zu einer sehr spezialisierten Gruppe. Der riesige, flugunfähige Vogel hatte nur winzige Flügel, aber kräftige, mit starken Krallen besetzte Beine. Sein Kopf war so groß wie der eines Pferdes und hatte einen hakenförmigen Schnabel. Ob *Diatryma* ein Raubvogel war oder ob er sich von Pflanzen ernährte, ist bisher unbekannt.

Dicynodon

- Reptilien
- Säugetierähnliche Reptilien
- R. Owen (1845)
- Südafrika
- Perm, Trias

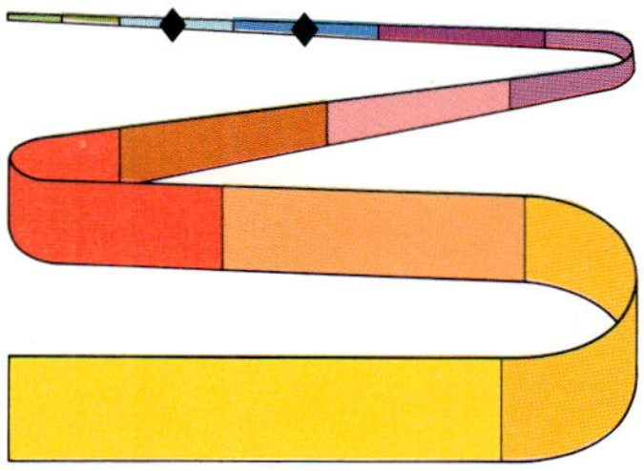

Bei den Säugetierähnlichen Reptilien gab es sowohl Raubtiere als auch Pflanzenfresser. *Dicynodon*, der »Zweizahnsaurier«, gehört zu den letzteren. Er hatte einen plumpen Körper und zerbiß die Pflanzen mit den scharfen Hornkanten seiner Kiefer. Auffallend sind die beiden langen Eckzähne im Oberkiefer.

Didus = Raphus

- Vögel
- Taubenvögel
- C. von Linné (1765)
- Mauritius
- Heutzeit

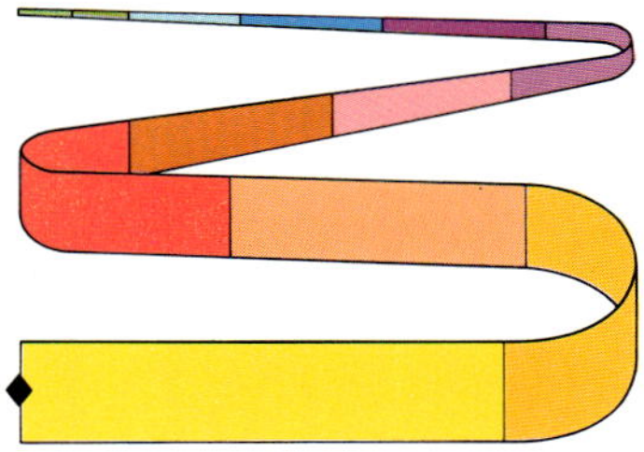

Raphus, die Dronte, ist auch unter dem Namen *Didus* bekannt. Sie ist zwar schon durch Fossilien belegt, wurde aber erst durch den Menschen ausgerottet. Im Jahre 1598 wurde die Dronte von holländischen Seefahrern auf der Insel Mauritius (östlich von Madagaskar) entdeckt. Obwohl sie sich mit dem kräftigen Schnabel wehrhaft verteidigten, wurden die Vögel den Seeleuten zur leichten Beute, denn sie konnten nicht fliegen. Und für die Matrosen, die auf See für lange Zeit Frischfleisch entbehren mußten, war die Dronte ein willkommener Braten.

Etwa 100 Jahre nach ihrer Entdeckung wurden einige Vögel nach Europa gebracht und zur Schau gestellt. Sie gingen aber bald ein, und kaum ein Knochen ist von ihnen in den Museen erhalten geblieben. In der Mitte des 17. Jahrhunderts war die Dronte auf der Insel Mauritius vom Menschen ausgerottet. Was die Seeleute nicht abgeschlachtet hatten, vernichteten die eingeführten Hunde und Schweine.

Die Dronte war eine flugunfähige Taube, aber so groß wie ein Truthahn und bis zu 23 kg schwer. Der plumpe Körper war – bis auf das Gesicht – von weichen Daunen besetzt. Die Dronte ernährte sich von Pflanzenteilen und konnte mit ihrem stark gekrümmten, kräftigen Schnabel hartschalige Früchte und Samen zerknacken. Hunderttausende von Jahren lebte sie auf einer einsamen Insel – doch das größte Raubtier dieser Welt, den Menschen, überlebte sie nicht.

Dimetrodon

- Reptilien
- Urraubsaurier
- E. D. Cope (1878)
- USA (Texas, Oklahoma)
- Perm

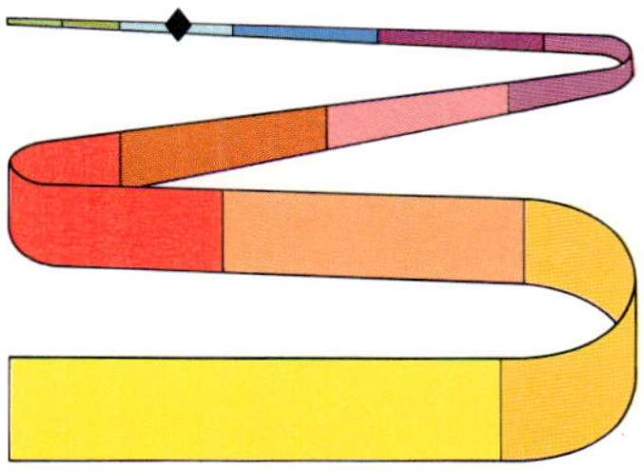

Zu den Vorläufern der Säugetiere, die vor 280 bis 260 Millionen Jahren auf der Erde lebten, gehört auch *Dimetrodon*. Dieses große Tier mit seinem plumpen Körper, seinem langen Schwanz und den kräftigen, unter dem Körper stehenden Beinen fällt vor allem durch das große Rückensegel auf. Seine Rückenwirbel hatten lange Fortsätze, die von einer gut durchbluteten Haut überzogen waren. Morgens stellte sich das Tier so auf, daß die Sonnenstrahlen senkrecht auf dieses Hautsegel fielen und den Körper schnell erwärmten. Mittags ging es in den Schatten und kühlte sich im Wind ab. *Dimetrodon* hatte stark entwickelte Reißzähne, mit denen die Beute zerrissen werden konnte.

Dimetrodon

Dimorphodon

- Reptilien
- Flugsaurier
- R. Owen (1859)
- GB (England)
- Jura

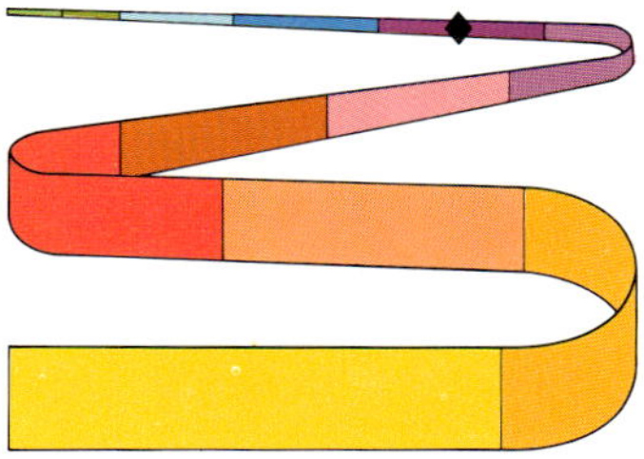

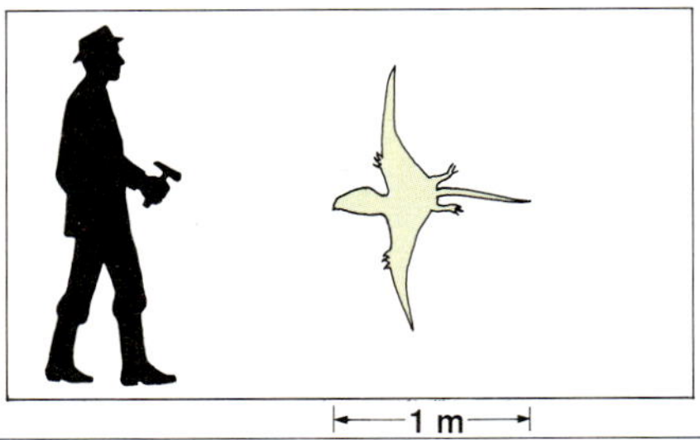

Etwa 70 Millionen Jahre vor den Vögeln gab es bereits eine andere Gruppe von Wirbeltieren, die durch die Luft segelten: die Flugsaurier. Sie hatten keine Federn, sondern auf jeder Seite ihres Körpers eine Flughaut, die jeweils zwischen dem vierten Finger der Hand und dem Oberschenkel ausgebreitet war.
Für die riesigen Flügelspannweiten war dieser Finger sehr stark verlängert, wie das am Skelett von *Dimorphodon* gut zu erkennen ist.
In den letzten 150 Jahren wurden an der Küste Südenglands viele Skelette von *Dimorphodon* gefunden, so daß sein Körperbau und seine Lebensweise recht gut bekannt sind. Bei einer Flügelspannweite von 1,2 m segelte das Tier über das flache Meer und ernährte sich von Fischen und Weichtieren. Der lange Schwanz diente beim Flug als Steuerruder und nahm den größten Teil der Körperlänge ein. Auffallend ist der riesige Kopf, dessen Kiefer mit kurzen Zähnen besetzt waren, und der lange Hals. Bisher ist unklar, wie sich *Dimorphodon* auf dem Lande bewegte. Manche Forscher nehmen an, daß er geschickt laufen konnte und sich beim Stehen mit dem kräftigen Schwanz abstützte. Andere vermuten, daß er sich schwerfällig watschelnd fortbewegte, weil die Oberschenkel seitlich aus dem Körper traten.

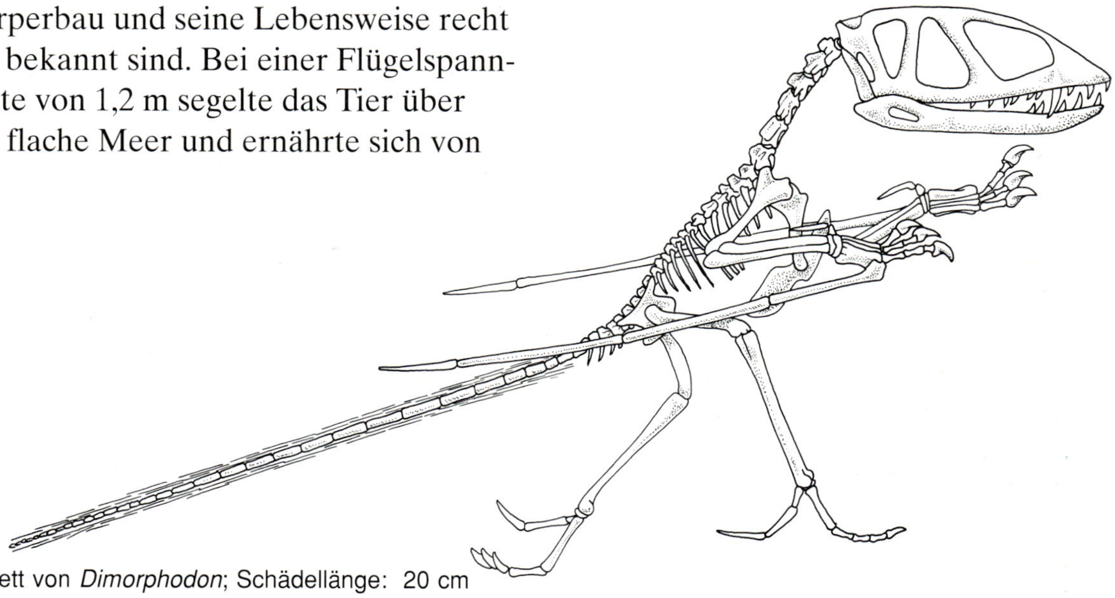

Skelett von *Dimorphodon*; Schädellänge: 20 cm

Dinilysia

- Reptilien
- Schuppenkriechtiere
- A. S. Woodward (1901)
- Südamerika
- Kreide

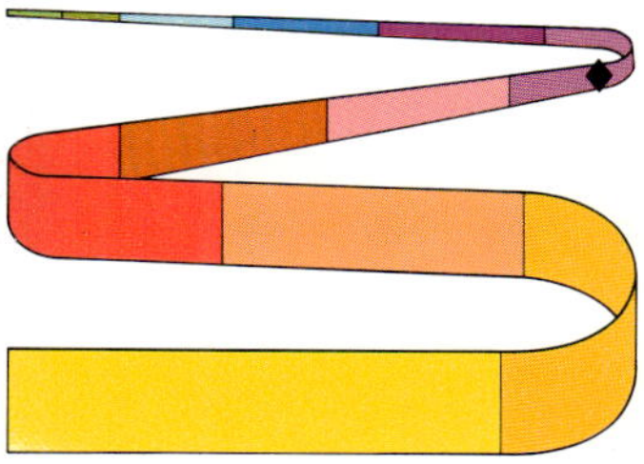

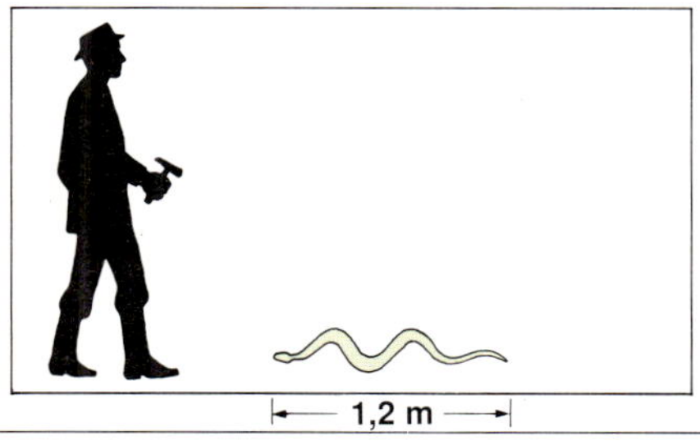

Dinilysia gehört zu den ältesten bisher entdeckten Schlangen und lebte vor etwa 80 Millionen Jahren in Südamerika. Sie tötete ein Beutetier, indem sie es umschlang und erdrückte, wie Python und Königsschlange es auch heute tun. Das Maul konnte weit geöffnet werden, und das Beutetier wurde im ganzen verschlungen.

Schädel von *Dinilysia* (9 cm lang)

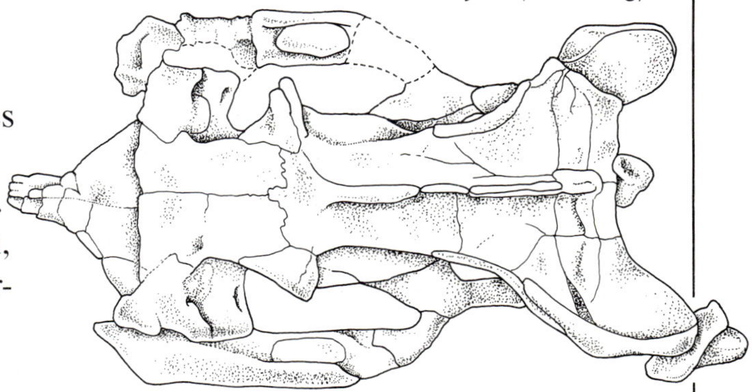

Dinoceras

- Säugetiere
- Dinoceraten
- O. C. Marsh (1871)
- USA (Utah), Mongolei
- Eozän

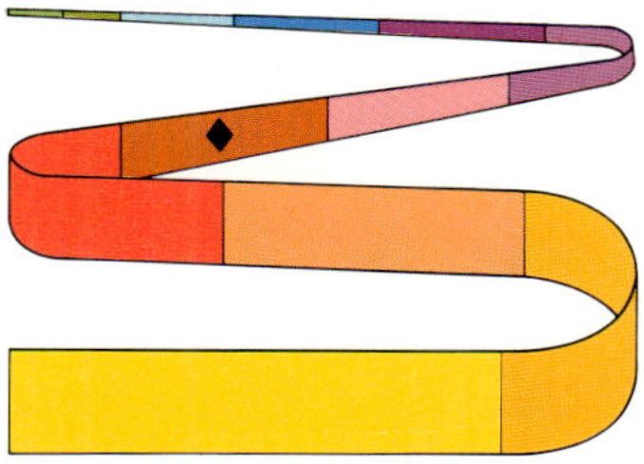

Dinoceras hat dieser ganzen Gruppe der Säugetiere den Namen gegeben – er bedeutet »Schreckenshörner«. Und damit ist auch das wesentliche Merkmal genannt: Die Tiere hatten sechs große Knochenhöcker auf dem Vorderschädel, ein Paar über den Nasenöffnungen, ein Paar vor den Augen und ein Paar über den Ohren. *Dinoceras* war so groß wie ein Nashorn und gehört zu den großen Pflanzenfressern, die lange Zeit die Erde bevölkerten, aber vor etwa 35 Millionen Jahren ausstarben. Bei den männlichen Tieren von *Dinoceras* waren die Eckzähne im Oberkiefer zu großen Hauern umgebildet, die wohl zur Paarungszeit als Waffe verwendet wurden.

Diplocaulus

- Lurche
- Breitschädellurche
- E. D. Cope (1877)
- USA (Texas)
- Perm

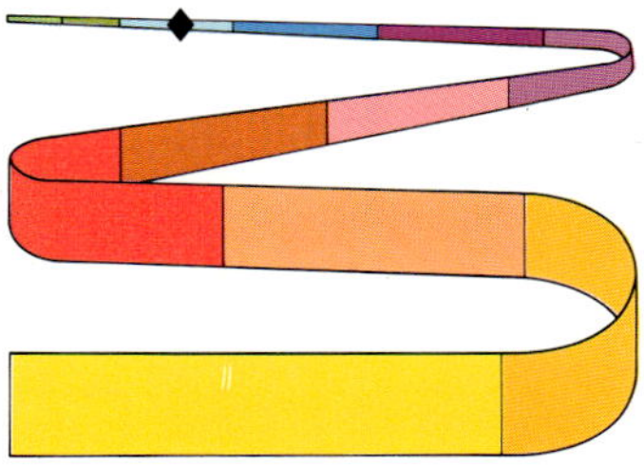

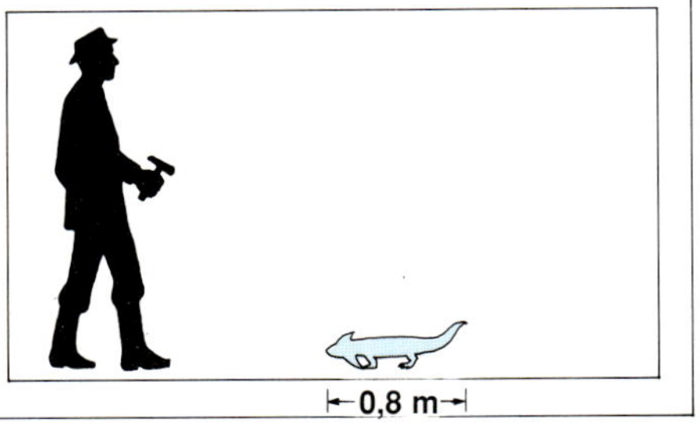

Sieht man von den dreieckigen Anhängen am Kopf ab, könnte man annehmen, einen Molch vor sich zu haben. Aber *Diplocaulus* und seine Verwandten lebten bereits vor mehr als 270 Millionen Jahren. Sie hatten gut entwickelte Beine, mit denen sie sich geschickt auf dem Festland bewegen konnten. Der seitlich abgeflachte Schwanz diente dagegen zum Antrieb im Wasser, wenn er hin und her bewegt wurde. Die auffälligste Ausbildung bei *Diplocaulus* ist der Kopf mit seinen Anhängen, der einem Bumerang ähnlich sieht. Die langen seitlichen Auswüchse wurden von einer Knochenspange am hinteren Rand des Schädels gehalten. Von *Diplocaulus* sind zahlreiche Versteinerungen gefunden worden, von gerade geschlüpften Jungtieren bis hin zu erwachsenen Tieren mit ihrem bis 20 cm breiten Schädel. Lange haben die Wissenschaftler gerätselt, wozu diese merkwürdige Kopfform gut war. Einige meinten, *Diplocaulus* hätte sich durch Auf- und Abwärtsbewegungen des Kopfes schwimmend fortbewegt, andere sind der Ansicht, daß es sich um einen Schutz vor dem Gefressenwerden handelte. Vielleicht bildete der Kopf eine Art Tragflügel, mit dem *Diplocaulus* auf dem Gewässerboden gegen den Strom schwimmen konnte, ohne nach oben getrieben zu werden.

Diprotodon

- Säugetiere
- Beuteltiere
- R. Owen (1870)
- Australien
- Pleistozän

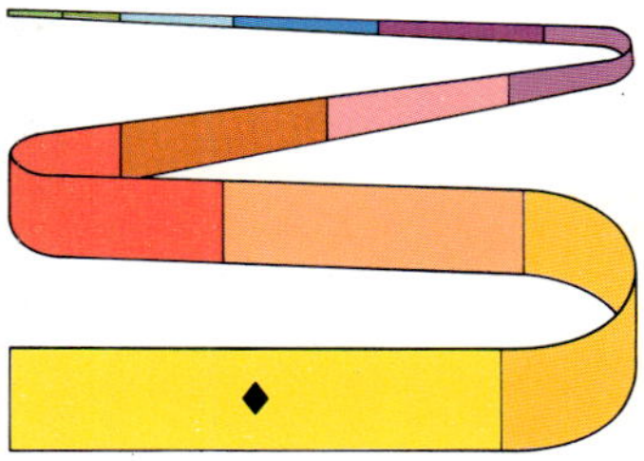

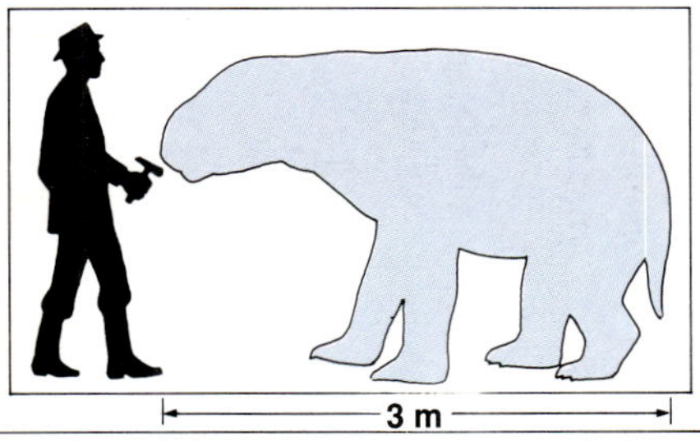

Während des Tertiärs breiteten sich die Beuteltiere in Australien aus, wohin sie über den Kontinent Antarktika aus Südamerika eingewandert waren. Unter den Pflanzenfressenden Beuteltieren gab es Riesenformen, zu denen auch *Diprotodon* gehört.
Äußerlich ähnelte das Tier einem heute lebenden Wombat, aber es hatte die Größe eines Nilpferdes! *Diprotodon* durchstreifte in ganzen Herden die südlichen und mittleren Teile Australiens und ernährte sich wahrscheinlich nur von den Blättern eines ganz bestimmten Strauches. Bei mehreren versteinerten Tieren hat man in der Magenhöhle Reste dieser Pflanze gefunden. Ähnlich verhält es sich mit dem heute lebenden Koala, der nur Blätter ganz bestimmter Eukalyptusarten frißt.
Diprotodon lief wie ein Bär auf den Sohlen und bewegte sich nur langsam.

Edaphosaurus

- Reptilien
- Urraubsaurier
- E. D. Cope (1883)
- Deutschland, CSFR, USA (Oklahoma, Texas)
- Karbon, Perm

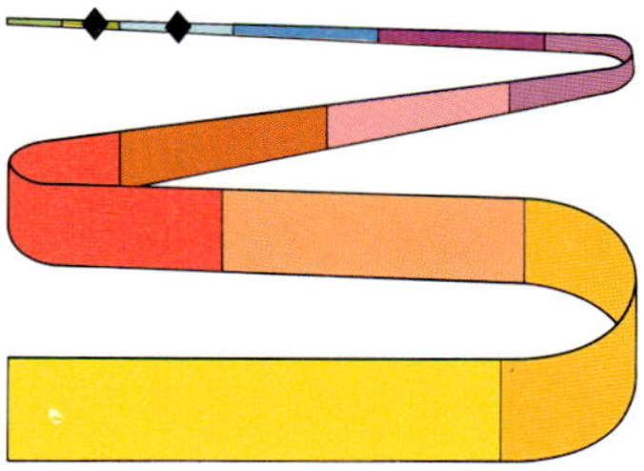

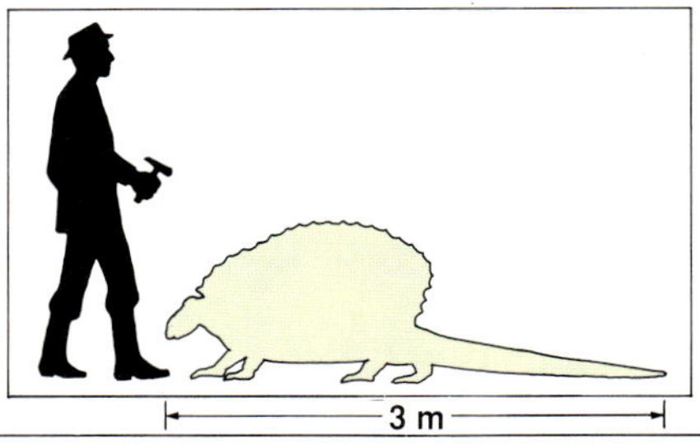

Zu den Reptilien, die nur ein Schläfenfenster hinter jeder Augenöffnung hatten, gehört auch *Edaphosaurus*. Im Gegensatz zu seinen meisten Verwandten war er Pflanzenfresser, wie auch *Casea*. Aber von diesem kleinen, einer Echse ähnlichen Tier unterscheidet er sich nicht nur durch die Größe, sondern auch durch das große Hautsegel auf seinem Rücken. Dieses Segel diente wahrscheinlich der Regulierung der Körpertemperatur, war vielleicht aber auch ein Signal bei der Balz. Der plumpe Körper wurde von kurzen Beinen getragen. Der Kopf war verhältnismäßig klein, die Kiefer waren mit vielen spitzen Zähnen besetzt. Da auch der Gaumen viele kleine Zähne trug, konnte *Edaphosaurus* Schachtelhalme und andere Pflanzen leicht zerbeißen.

Elasmosaurus

- Reptilien
- Schwanenhalsechsen
- E. D. Cope (1868)
- USA (Kansas), Japan
- Kreide

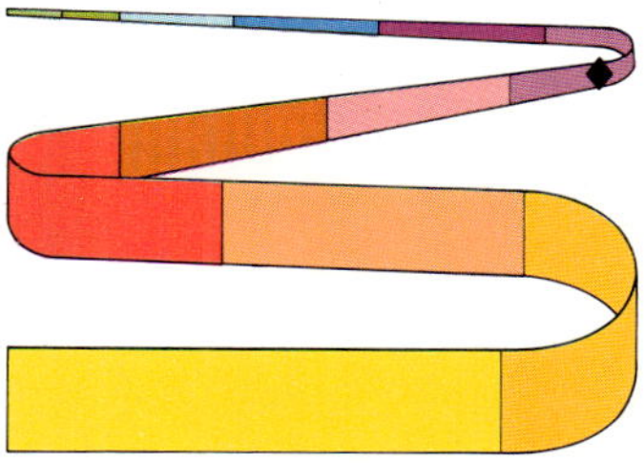

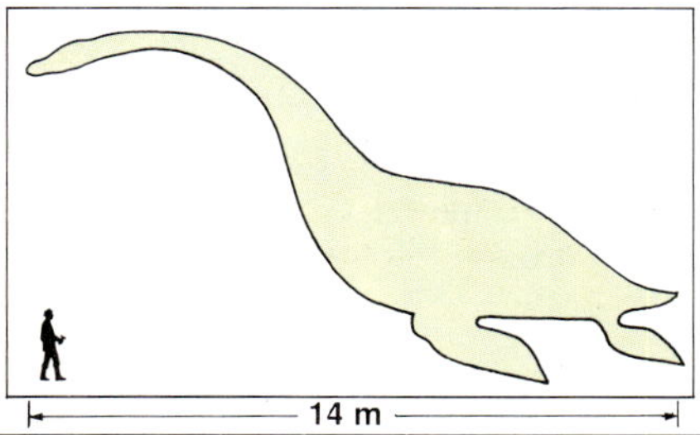

Die im Meer lebenden Schwanenhalsechsen wie *Plesiosaurus* und *Cryptocleidus* hatten einen langen Hals mit etwa 30 bis 35 Wirbeln. Aber *Elasmosaurus* stellt sie alle in den Schatten: Von der Körperlänge von 14 m entfielen 8 m auf den Hals, und dieser bestand aus 71 Wirbeln! Dadurch konnte das langsam durch das Wasser schwimmende Tier Fische erreichen, die sich innerhalb eines großen Halbkreises vor seinem Bug bewegten. Aber ob *Elasmosaurus* untergetaucht wirklich gut schwimmen konnte? Die Wissenschaftler haben Zweifel und nehmen an, daß der Körper dicht unter der Wasseroberfläche schwamm und Kopf und Hals weit aus dem Wasser ragten. Die riesigen Paddel wurden auf- und abbewegt wie bei einem Pinguin oder bei den Meeresschildkröten; damit war jedoch keine große Geschwindigkeit zu erreichen.

Eogyrinus

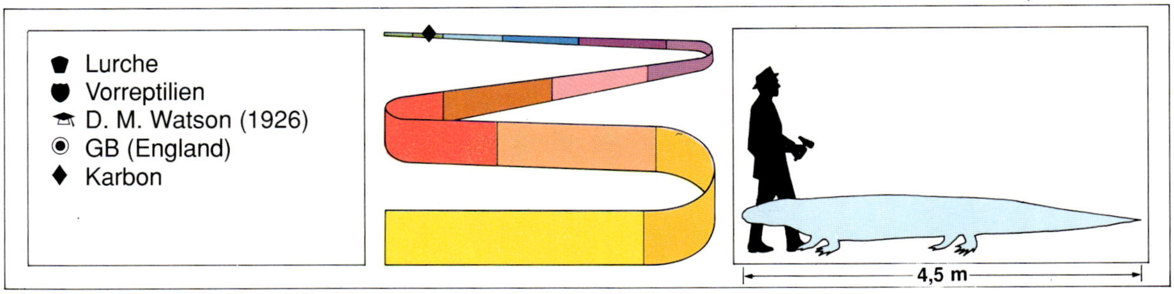

Mit den Lurchen entstanden im Oberdevon die ersten Landbewohner unter den Wirbeltieren. Aber von den vielen in späterer Zeit, im Karbon und Perm, lebenden Verwandtschaftskreisen waren keineswegs alle Bewohner des Festlandes. Manche Gruppen hatten ihre Lebensräume im Wasser nie aufgegeben, und andere waren wieder ins Wasser zurückgekehrt, als sich die ersten Reptilien auf dem Festland ausbreiteten und zu sehr erfolgreichen Konkurrenten wurden.
Eogyrinus war ein riesiger Vertreter dieser im Wasser lebenden Lurche. Mit den kurzen, schwachen Beinen konnte er auf dem Lande kaum den Körper vom Boden abstützen, aber im Wasser dienten sie als wirkungsvolle Steuerruder. Den Antrieb des langen, schlanken Körpers übernahm der lange Schwanz, der seitlich hin und her geschlagen wurde und mit einem breiten Flossensaum versehen war. Die Wirbelsäule bestand aus fast doppelt so vielen Wirbeln wie bei den heutigen Lurchen.
Von *Eogyrinus* wurden in den 70er Jahren des vorigen Jahrhunderts in einem Kohlebergwerk erste Skelette gefunden. Sie zeigen, daß das Tier bereits starke Kaumuskeln besaß.
Man nimmt an, daß *Eogyrinus* in der Lebensweise einem heutigen Krokodil ähnlich war.

Eomanis

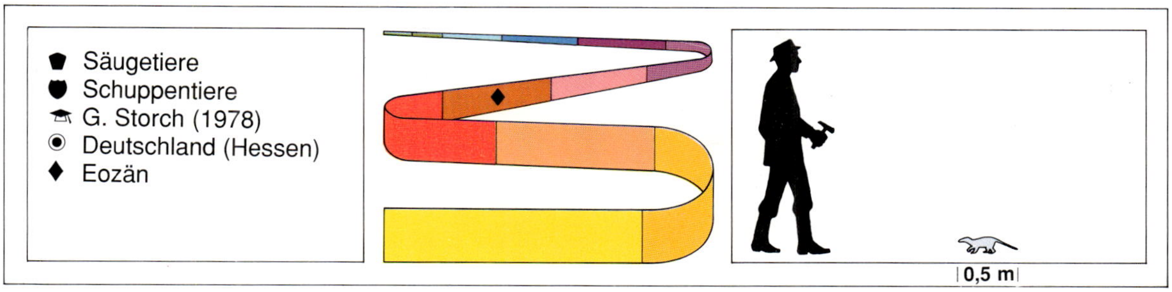

Ein sensationeller Fund wurde 1978 in der berühmten Grube Messel (bei Darmstadt) gemacht: das hervorragend erhaltene Skelett eines Schuppentieres. In dem feinkörnigen Ölschiefer ist die Struktur nicht nur der einzelnen Knochen, sondern sogar des Mageninhaltes erhalten geblieben. Das Überraschende an diesem Fund war nicht nur das Tier selbst, sondern der Ort, an dem es entdeckt wurde. Heute gibt es sieben Arten von Schuppentieren – alle kommen nur im tropischen Afrika und Südostasien vor; versteinerte Schuppentiere wurden bisher nur ganz selten entdeckt. *Eomanis* hatte einen langgestreckten Schädel mit einem kleinen Unterkiefer und besaß nicht einen einzigen Zahn. Wahrscheinlich leckte das Tier mit der langen Zunge Ameisen und Termiten auf, verschmähte dabei aber auch kleine Pflanzenteile nicht. Der Körper und ein Teil des Schwanzes waren mit festen, aus Horn bestehenden Schuppen bedeckt, die wie Dachziegel übereinander angeordnet waren. Mit den scharfen, gekrümmten Krallen wurden die Ameisenhaufen und Termitenhügel aufgebrochen und die Insekten schnell aufgeleckt.
Da die Unterseite des Körpers nicht geschützt war, konnte sich *Eomanis* zu einer gepanzerten Kugel zusammenrollen.

Epigaulus

- Säugetiere
- Nagetiere
- C. W. Hubbard und L. F. Phillis (1945)
- USA (Texas)
- Miozän

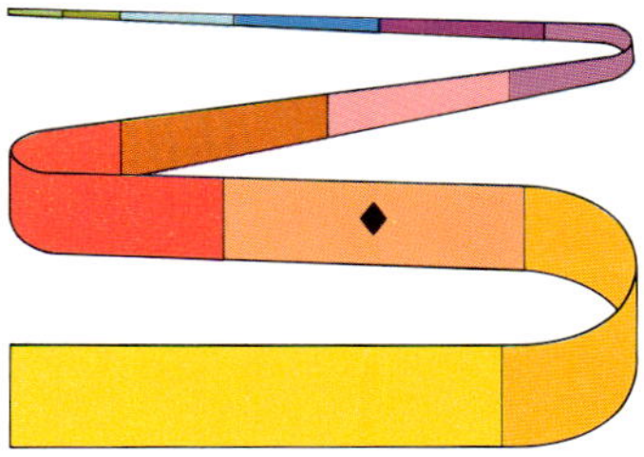

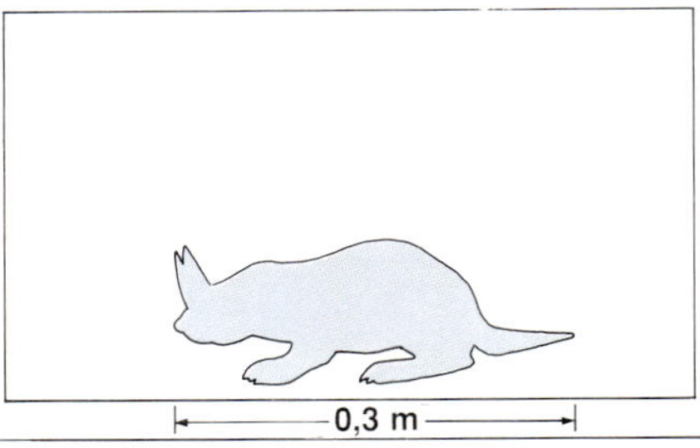

Die ältesten Nagetiere traten schon vor etwa 60 Millionen Jahren auf, und auch heute stellt diese Gruppe mit über 1 600 Arten die bei weitem größte der Ordnung der Säugetiere dar. Die kleinen, beweglichen und anpassungsfähigen, aber auch außerordentlich fruchtbaren Nagetiere nahmen im Laufe der Zeit alle Lebensräume auf dem Lande ein, und es gibt nur ein Tier, das den Menschen in dieser Beziehung errreicht: die Ratte. *Epigaulus* ähnelt in Gestalt und Lebensweise aber weniger einer Ratte als vielmehr einem heute lebenden Murmeltier. Allerdings gibt es auffallende Unterschiede: *Epigaulus* hatte zwei Hörner zwischen Nase und Augen, und seine Zehen waren mit langen, seitlich abgeflachten Krallen besetzt. Die Krallen wurden sicherlich zum Graben benutzt; wozu aber die Hörner gut waren, weiß kein Mensch – sie wurden bei keinem anderen Nagetier entdeckt.

Eryops

- Lurche
- Schnittwirbler
- E. D. Cope (1887)
- USA (Oklahoma, Texas)
- Karbon, Perm

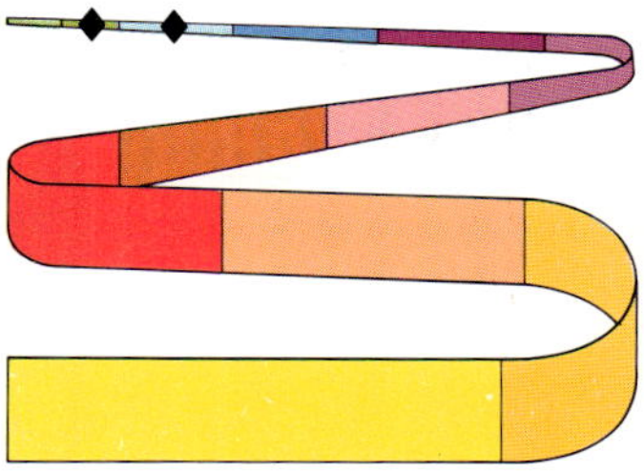

Eryops gehört mit *Gerrothorax* und *Greererpeton* zusammen zu einem Verwandtschaftskreis, der etwa 120 Millionen Jahre lang die Erde bewohnte. Während dieser Zeit entwickelten sich recht verschieden aussehende, große, landbewohnende Formen. Aber mit dem Auftreten der ausschließlich auf dem Lande lebenden Säugetierähnlichen Reptilien erhielten sie eine sehr erfolgreiche Konkurrenz. Sie wurden in feuchte und sumpfige Gebiete zurückgedrängt, bis sie schließlich im Unterjura ausstarben.

Eryops war ein etwa 2 m langes, schwerfälliges Tier, das mehr im Wasser als auf dem Lande lebte. Es hatte einen großen, abgeflachten Kopf, an dem kräftige Kaumuskeln kaum ansitzen konnten. Wahrscheinlich konnte *Eryops* sein Maul auf dem Lande überhaupt nicht öffnen und schließen, sondern ernährte sich im Wasser von langsam schwimmenden Fischen. Auf dem Lande kroch er schwerfällig umher. Zahlreiche Knochenplatten auf dem Rücken schützten seinen Körper.

Man nimmt heute an, daß sich die Vorfahren der Frösche und Kröten, der Salamander und Molche aus der Verwandtschaft von *Eryops* entwickelt haben. Zwar klafft zwischen *Eryops* und dem urtümlichen Frosch *Triadobatrachus* eine große zeitliche Lücke, aber es gibt viele Übereinstimmungen im Bau der Tiere.

Erythrosuchus

- Reptilien
- Urwurzelzähner
- R. Broom (1905)
- Südafrika
- Trias

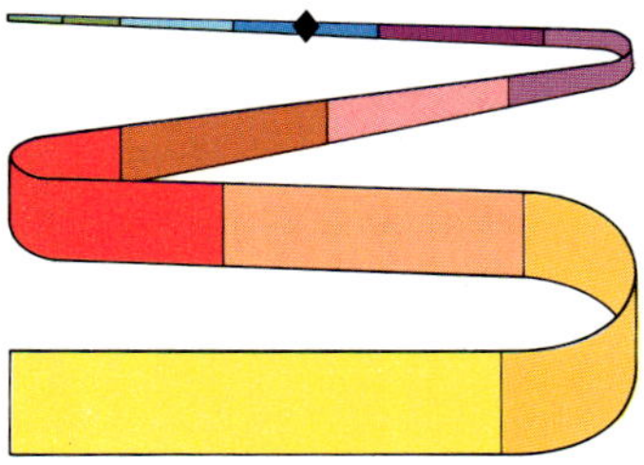

Die Vorfahren der Krokodile und Dinosaurier entstanden im Oberperm und waren in der Trias bereits mit einer großen Zahl verschiedener Formen vertreten. *Erythrosuchus* war in der Untertrias weit verbreitet und ist mit *Proterosuchus* verwandt. Beide waren sowohl im Wasser als auch auf dem Lande zu Hause und sahen äußerlich einem Krokodil ähnlich. *Erythrosuchus* war jedoch mehr als doppelt so groß wie *Proterosuchus* und zu seiner Zeit das größte fleischfressende Reptil. *Erythrosuchus* hatte einen großen, bis 1 m langen Kopf mit starken Kiefern und scharfen, kegelförmigen Zähnen.

Estemmenosuchus

- Reptilien
- Säugetierähnliche Reptilien
- P. K. Chudinov (1913)
- UdSSR (Rußland)
- Perm

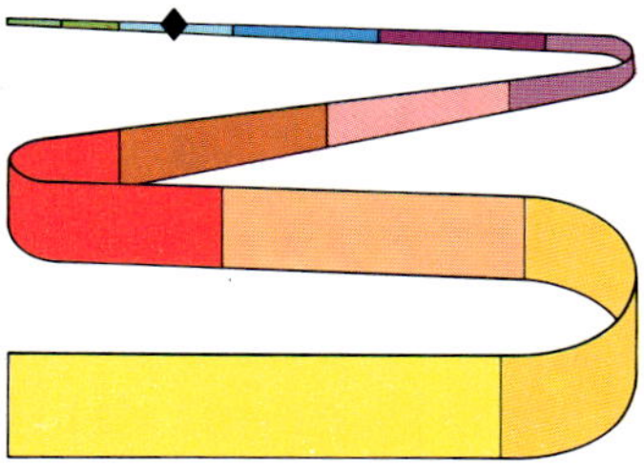

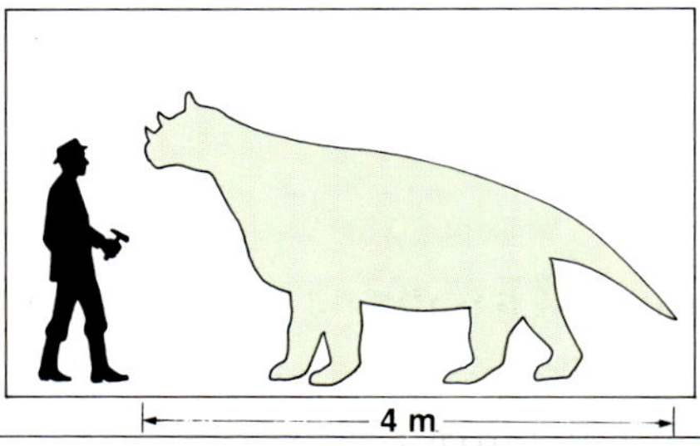

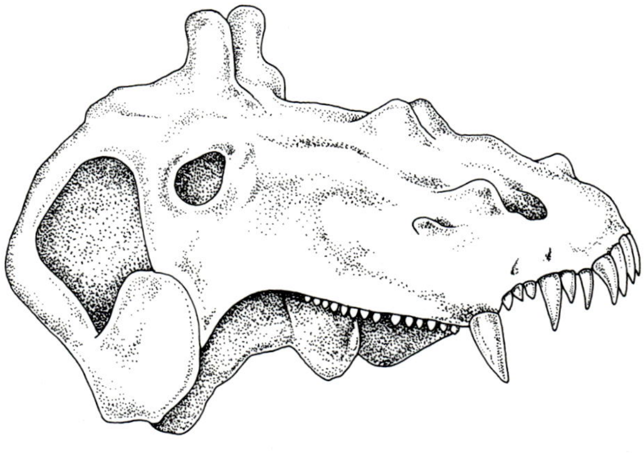

Schädel von *Estemmenosuchus* (80 cm lang)

Estemmenosuchus hatte einen starken Schädel mit großen Knochenhöckern auf der Schnauze und auf dem Kopf. Die Zähne des Oberkiefers bestanden aus langen, spitzen Vorderzähnen, je einem stark verlängerten Eckzahn sowie kleinen, breiten und flachen Backenzähnen. *Estemmenosuchus* war Pflanzenfresser, konnte sich aber mit den starken Reißzähnen wirkungsvoll verteidigen.

Euparkeria

- Reptilien
- Urwurzelzähner
- R. Broom (1913)
- Südafrika
- Trias

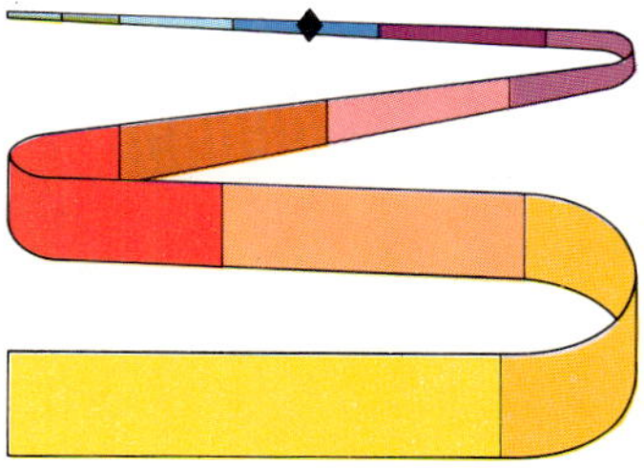

Aus der Gruppe der zweibeinig laufenden Urwurzelzähner sind in der Trias die Dinosaurier entstanden. Das macht diesen Verwandtschaftskreis besonders interessant, zu dem neben *Euparkeria* auch der bis 4 m lange *Ornithosuchus* und der nur 30 cm große *Lagosuchus* gehören. Auch die ältesten Dinosaurier liefen auf zwei Beinen und waren Fleischfresser, aber bei ihnen war die Zahl der Zehen bereits reduziert, später auch die der Finger.

Euparkeria war nur etwa 50 cm lang, zeigte aber die typische Körperhaltung seiner Verwandten. Er konnte zwar noch auf allen vieren gehen, erreichte aber seine größte Geschwindigkeit, wenn er zweibeinig lief und den starken Schwanz als Gegengewicht und Steuerruder verwendete.

Euparkeria hatte einen verhältnismäßig großen Kopf, dessen Kiefer mit vielen langen, spitzen und dolchförmig nach hinten gekrümmten Zähnen besetzt waren. Das Tier erbeutete Insekten und andere Wirbellose, vielleicht auch kleine Pflanzenfressende Reptilien wie *Procolophon*. Auf dem Rücken und Schwanz befand sich eine Art Panzer aus kleinen Knochenplatten.

Geosaurus

- Reptilien
- Krokodile
- F. Cuvier (1842)
- Deutschland (Bayern), Südafrika
- Jura, Kreide

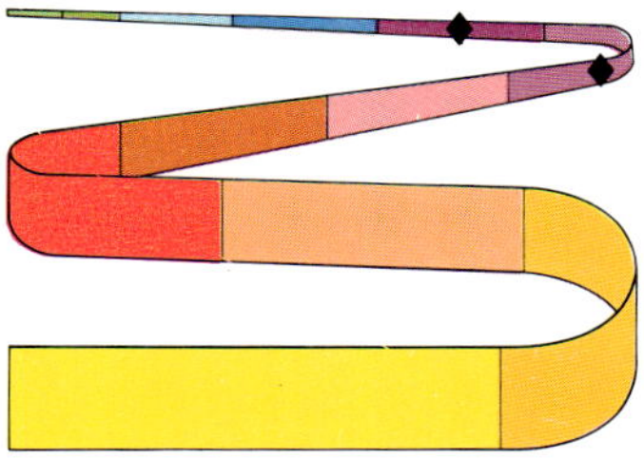

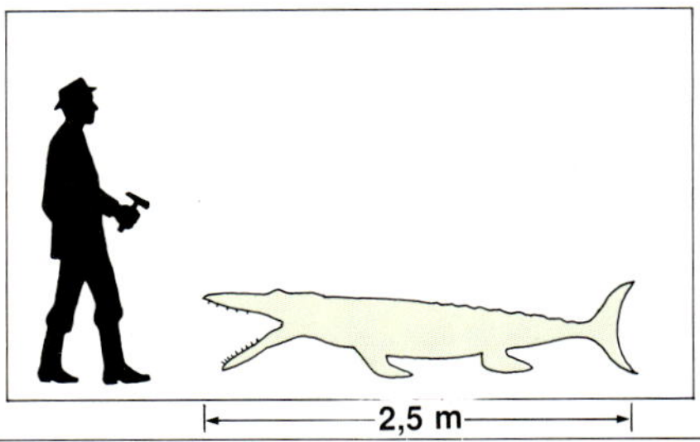

Die heute lebenden Krokodile sind hervorragende Schwimmer, aber sie können sich auch auf dem Lande fortbewegen. *Geosaurus* war dazu nicht imstande, denn seine Beine waren zu Paddeln umgebildet. Auch der zu einer mächtigen Flosse umgestaltete Schwanz zeigt, daß es sich um einen Vertreter der Meereskrokodile handelt.

Der Rücken war nicht – wie bei vielen Krokodilen – mit Knochenplatten bedeckt. Auch der ganze Körperbau erinnert eher an einen Fischsaurier, denn *Geosaurus* hatte einen so kurzen Hals, daß der Kopf scheinbar in den Körper überging.

Die langgestreckten Kiefer waren dicht mit spitzen Zähnen besetzt; das deutet darauf hin, daß sich *Geosaurus* von Fischen ernährte.

G

Gerrothorax

- Lurche
- Schnittwirbler
- T. Nilsson (1934)
- Norwegen (Spitzbergen)
- Trias

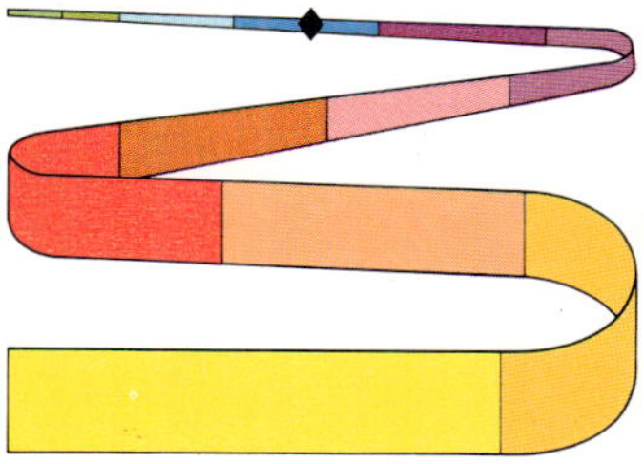

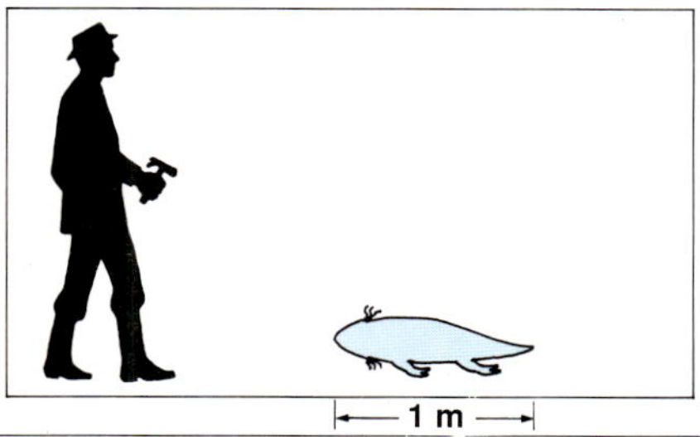

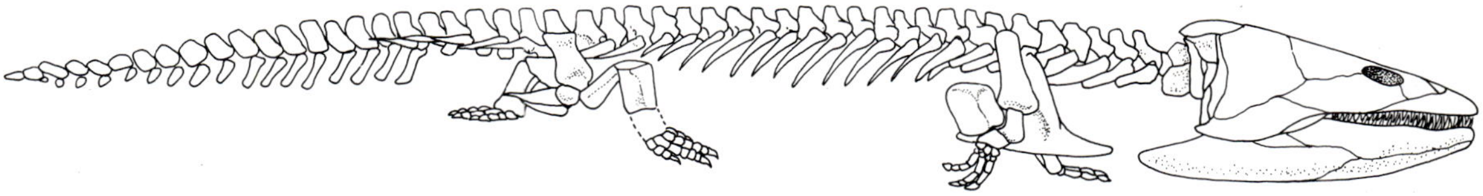

Skelett (oben) und Schädel (unten) von *Gerrothorax*

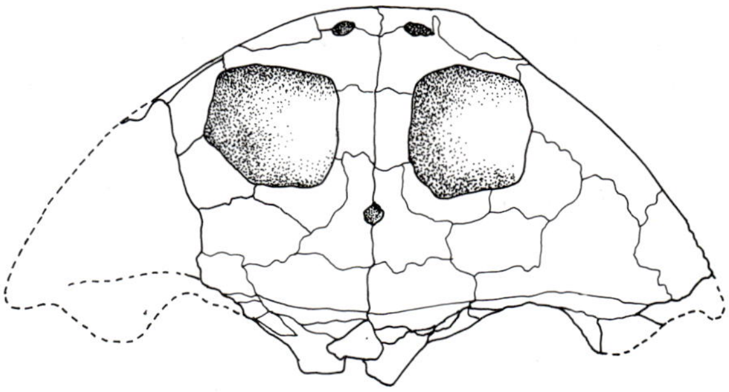

Gerrothorax trat erst in der Obertrias auf und ist in seinem Verwandtschaftskreis der jüngste Vertreter.
Greererpeton lebte bereits im Unterkarbon, während der ebenfalls eng mit *Gerrothorax* verwandte *Eryops* im Oberkarbon auftrat und bis zum Unterperm lebte. Alle diese Vertreter waren große, schwerfällige Tiere, die sich mehr im Wasser als auf dem Lande aufhielten. Aus dieser Gruppe entwickelten sich im Perm die urtümlichen Frösche und Kröten, Molche und Salamander.
Gerrothorax hatte einen sehr kurzen, aber auffallend breiten Schädel, an dem die beiden großen, dicht nebeneinander liegenden Augen nach oben gerichtet waren. Der breite, abgeflachte Körper war plump, die kurzen Beine standen seitlich vom Körper ab. Die Tiere konnten ständig im Wasser bleiben, weil sie auch noch im erwachsenen Zustand drei Kiemenpaare besaßen, die bereits im Larvenstadium angelegt worden waren. Man kann sie als riesige Kaulquappen ansehen, wie sie bei den heute lebenden Fröschen als Übergangsstadium noch ausgebildet werden.
Gerrothorax lag auf dem Boden der Gewässer und konnte die über ihm schwimmenden Beutetiere sehen und ergreifen. Im Wasser war er vor den Reptilien sicher, die es in der Trias schon in großer Zahl gab. Deshalb konnte er wohl länger überleben als seine Verwandten.

Glyptodon

- Säugetiere
- Zahnarme
- R. Owen (1839)
- Argentinien, Brasilien
- Pleistozän

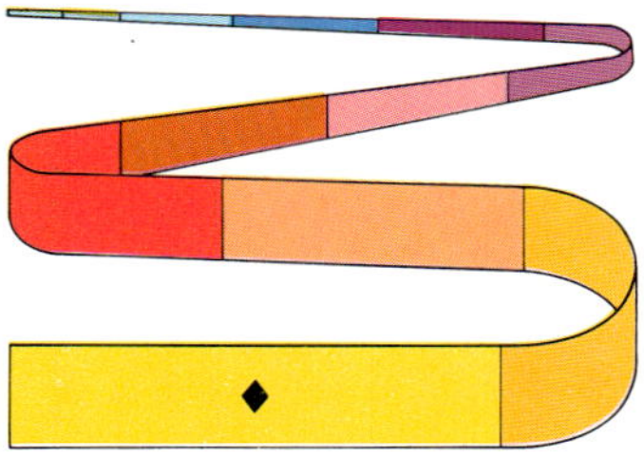

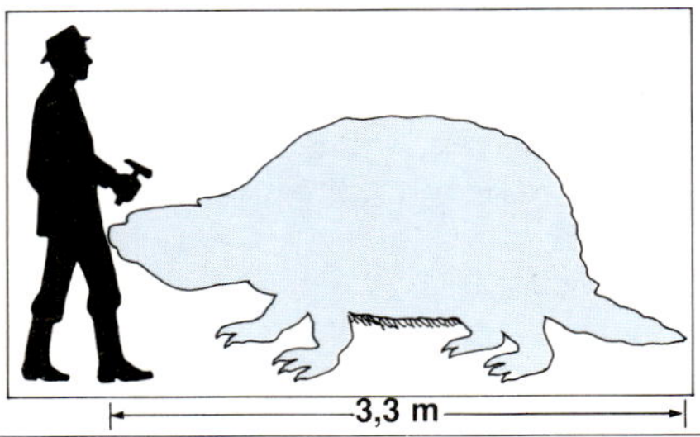

Vor ungefähr 20 Millionen Jahren entwickelten sich in Südamerika riesige, einem Gürteltier ähnliche Säugetiere. Sie bildeten mehr als 50 verschiedene Gattungen, von denen die letzten Exemplare erst vor wenigen tausend Jahren ausstarben.

Glyptodon ernährte sich – im Gegensatz zu den heutigen Gürteltieren, die Ameisen und Termiten fressen – ausschließlich von Pflanzen. Schneidezähne fehlten ihm, und die Backenzähne waren zu Mahlzähnen ausgebildet. Rücken und Kopf wurden von festen Knochenplatten bedeckt, die einen wirksamen Panzer bildeten. Auch der Schwanz war durch eng aneinanderliegende Knochenringe geschützt. Das Gewicht dieses Panzers nahm zwar fast ein Viertel des gesamten Körpergewichtes ein, doch die Tiere, die sich nur langsam über den Boden bewegen konnten, waren durch diesen Schutz vor den Raubtieren sicher.

Gomphotherium

- Säugetiere
- Rüsseltiere
- F. Cuvier (1806)
- Europa, Nordamerika, Asien, Afrika
- Miozän, Pliozän

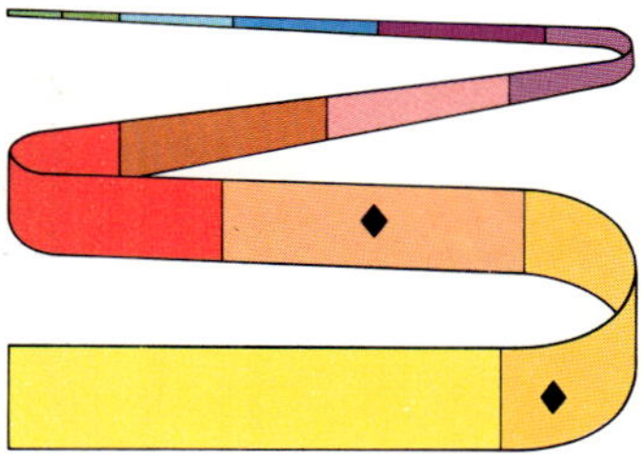

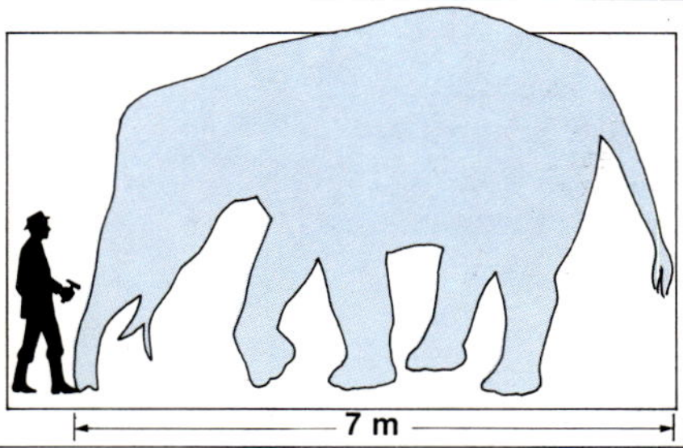

Das Miozän – die Zeit vor 25 bis 5 Millionen Jahren – war das Zeitalter der Elefanten. Zahlreiche Arten aus verschiedenen Verwandtschaftskreisen besiedelten weite Teile der Welt. Zu ihnen gehört auch die Gattung *Gomphotherium*, die in allen vier Kontinenten der Nordhalbkugel verbreitet war und von der viele Fossilien gefunden wurden. *Gomphotherium* hatte 4 lange Stoßzähne, von denen je zwei im Oberkiefer und dem langen Unterkiefer standen. Die unteren Stoßzähne waren sehr breit und wurden wahrscheinlich zum Ausgraben von Pflanzen benutzt, die von dem verhältnismäßig kurzen Rüssel erfaßt und ins Maul gestopft wurden. Die mächtigen Tiere brauchten riesige Mengen von Nahrung und hatten große Backenzähne mit gut ausgebildeten Reibflächen, mit denen die Pflanzenteile zerkleinert wurden.

Greererpeton

- Lurche
- Schnittwirbler
- A. S. Romer (1969)
- USA (West-Virginia)
- Karbon

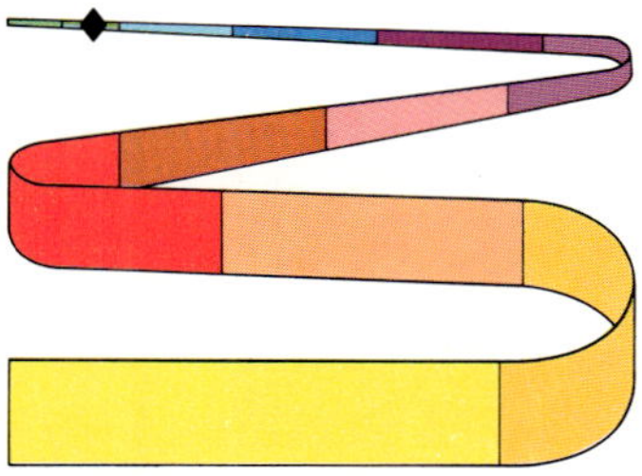

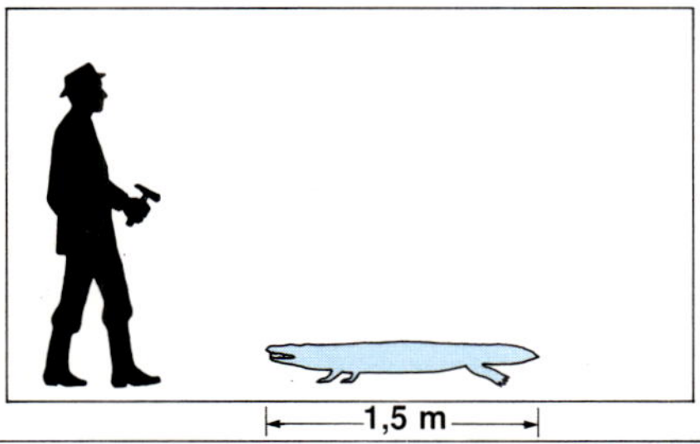

Greererpeton ist mit *Eryops* und *Gerrothorax* verwandt und lebte wie diese mehr im Wasser als auf dem Lande. Seine Arme und Beine waren kurz, daher bewegte sich der lange, schlanke Körper wie ein Aal im Wasser fort. Der Schwanz trug einen Flossensaum und diente dem Tier als Antrieb, während die Beine höchstens zum Steuern verwendet wurden. Der Kopf war etwa 18 cm lang und saß auf einem kurzen Hals.

Grippia

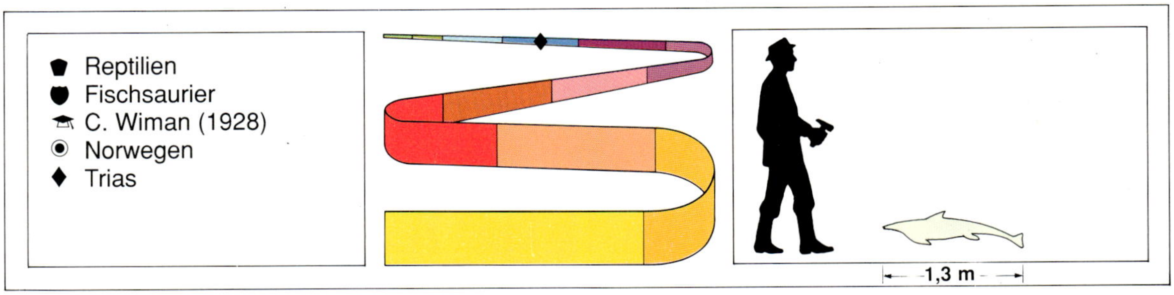

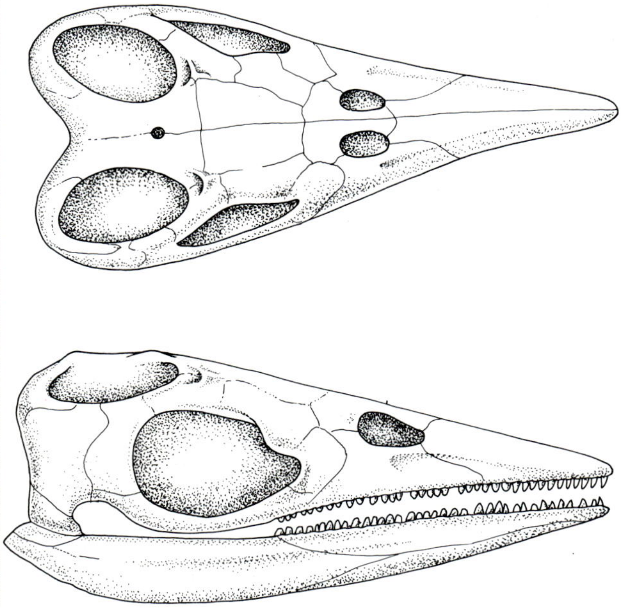

Der etwa 15 cm lange Schädel von *Grippia* in der Aufsicht (oben) und Seitenansicht (unten)

Eine der wichtigsten Begebenheiten im Mesozoikum ist die Entstehung der im Wasser lebenden Reptilien. Nicht weniger als vier Verwandtschaftskreise haben diese Entwicklung in der Trias vor 245 bis 208 Millionen Jahren durchlaufen: Fischsaurier, Bastardsaurier, Schwanenhalsechsen und Pflasterzahnechsen. Sie haben äußerlich ungefähr die gleiche Form, die dem Leben im Wasser am besten angepaßt ist: die eines Fisches. Aber sie sind nicht miteinander verwandt, sondern jede Gruppe ist aus anderen Reptilien hervorgegangen, die auf dem Festland lebten. Es fehlen aber alle verläßlichen Hinweise, um welche Landbewohner es sich dabei im einzelnen handelte.

Bei den Fischsauriern gehört *Grippia* wohl zu den ältesten und urtümlichsten Formen. Der gut erhaltene Schädel zeigt bereits die Ausbildungen, die von später auftretenden Fischsauriern wie *Ichthyosaurus* bekannt sind. Allerdings waren die Kiefer kürzer als bei diesem, und sie waren auch mit anders geformten Zähnen besetzt. Bei *Grippia* waren sie im Vorderkiefer lang und spitz, im hinteren Teil des Kiefers dagegen kurz und abgerundet wie bei der Pflasterzahnechse *Placodus*. Vielleicht zermalmte *Grippia* mit diesen Zähnen Muscheln und Schnecken. Die übrigen Teile des Skelettes sind nicht so gut erhalten, aber es ist zu vermuten, daß die Füße noch nicht zu Paddeln umgebildet waren wie bei den übrigen Fischsauriern. Sie waren allerdings kürzer und breiter als bei den Reptilien, die auf dem Festland lebten.

Hesperornis

- Vögel
- Zahnögel
- O. C. Marsh (1880)
- USA (Kansas)
- Kreide

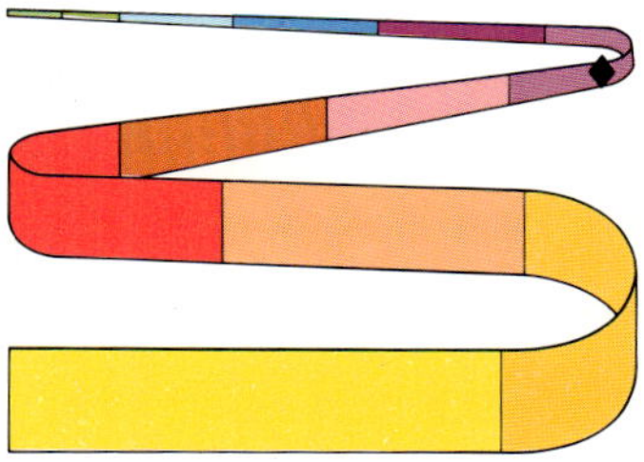

Versteinerungen von Vögeln werden selten gefunden, und deshalb ist ihre Entwicklung in geologischer Zeit nur unvollständig bekannt. Gerade zwischen *Archaeopteryx*, dem Urvogel, der vor etwa 150 Millionen Jahren lebte, und den Zahnvögeln der Kreidezeit klafft eine Lücke von mehr als 60 Millionen Jahren, aus der nur wenige Einzelknochen von Vögeln bekannt sind. Die in der Kreide auftretenden Verwandten von *Hesperornis* waren bereits eine hochspezialisierte Gruppe der Vögel: Sie hatten sich auf die Jagd von Meerestieren verlegt.
Hesperornis hatte zurückgebildete Flügel und konnte keinesfalls fliegen. Beim Tauchen nach Fischen und Tintenfischen wurde der Körper durch die starken Schwimmfüße angetrieben. Auf dem Land bewegte der Vogel sich dagegen ungeschickt. Die Beutetiere wurden mit dem langen Schnabel ergriffen, und die Zähne verhinderten, daß sie sich wieder befreien konnten. In seiner äußeren Form ist *Hesperornis* am ehesten einem Kormoran vergleichbar.

Homo - die Entwicklung der Menschen

Der Platz des Heutzeitlichen Menschen im System der Tiere steht unumstößlich fest, seit Carl von Linné ihn vor mehr als 230 Jahren beschrieben hat. Der Mensch in allen seinen Rassen bildet die Art *Homo sapiens*, zu der auch der längst ausgestorbene Neandertaler zu zählen ist. Mit dem Vormenschen (*Australopithecus*) zusammen gehört die Gattung *Homo* zur Familie der Hominiden. Und diese bildet mit den Menschenaffen und Gibbons zusammen die Gruppe der Menschenartigen, die zu den Affen gehören, einer artenreichen Gruppe der Primaten (oder Herrentiere).
Die Entwicklung von den frühesten Primaten (z.B. *Purgatorius*) bis zum Heutzeitlichen Menschen dauerte mehr als 70 Millionen Jahre und durchlief Tiere von sehr verschiedener Gestalt.

Von *Purgatorius* kann man sich kein rechtes Bild machen, da nur ein Zahn von ihm gefunden wurde. Dagegen sind die Halbaffen *Plesiadapis* und *Smilodectes* besser bekannt. Der erste ist einem Eichhörnchen ähnlich, letzteren kann man mit einem Lemuren vergleichen.
Die ersten Affen traten vor etwa 40 Millionen Jahren auf; eine Gruppe war auf Südamerika beschränkt (die Neuweltaffen), die andere besiedelte Afrika, Europa und Asien. Aus diesen Altweltaffen entstanden vor etwa 30 Millionen Jahren die Menschenaffen wie *Aegyptopithecus*, *Proconsul* und *Ramapithecus*. Sie sind die engsten Verwandten der heute lebenden Gibbons, von Orang-Utan, Gorilla, Schimpansen und Menschen.
Die Vormenschen traten vor etwa

Ramapithecus	**Australopithecus**	**Homo habilis**	**Homo erectus**	**Neandertaler**	**Heutzeitlicher Mensch**
vor 15 Mio. Jahren Afrika, Asien	vor 4 - 1 Mio. Jahren Afrika	vor 2 - 1,5 Mio. Jahren Afrika	vor 1,5 - 0,2 Mio. Jahren Europa, Asien, Afrika	vor 200 000 - 40 000 Jahren Europa	seit 40 000 Jahren weltweit

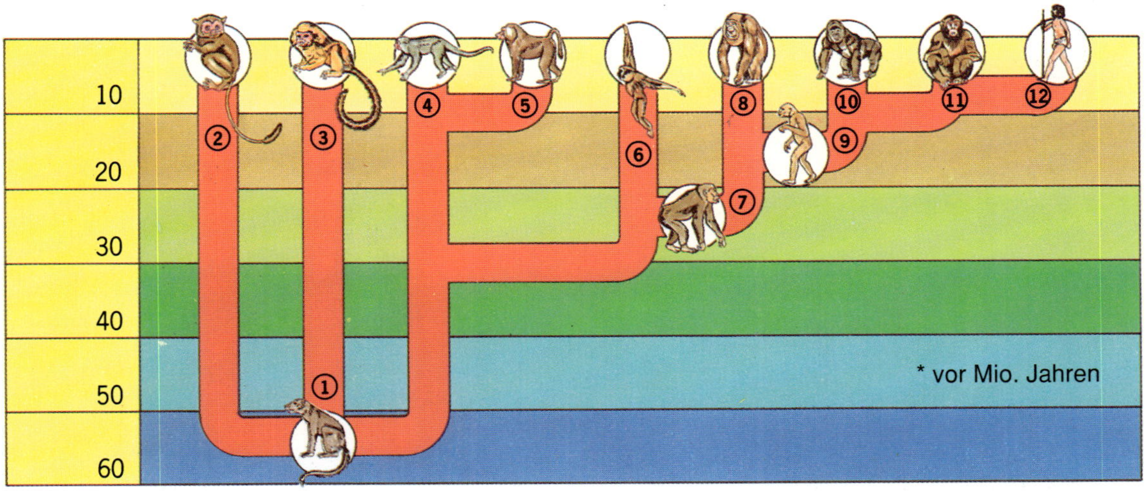

4 Millionen Jahren auf und sind aus dieser Zeit sowohl durch Skelette als auch durch ihre Fußabdrücke (siehe S. 14) bekannt. *Australopithecus* ging bereits aufrecht. Zur Gattung *Homo* gehören die Menschen der Frühen Menschlichen Stufe (*Homo habilis*), die bereits Steinwerkzeuge herstellten, und der Späten Menschlichen Stufe (*Homo erectus*), die das Feuer verwendeten. Unser nächster Verwandter, der Neandertaler (*Homo sapiens neanderthalensis*), starb erst vor 40 000 Jahren aus. Zu dieser Zeit trat der Mensch in seiner heutigen Gestalt auf, die sich seither nicht verändert hat.

Schlüssel zu den Tiergruppen

1	Plesiadapis	7	Dryopithecus
2	Koboldmakis	8	Orang-Utans
3	Marmosetten	9	Ramapithecus
4	Meerkatzen	10	Gorillas
5	Paviane	11	Schimpansen
6	Gibbons	12	Menschen

Vor 20 000 Jahren lebten die Menschen in Höhlen. Zur Herstellung ihrer Waffen und Geräte verwendeten sie Steine, Holz, Knochen und Geweihe.

Hovasaurus

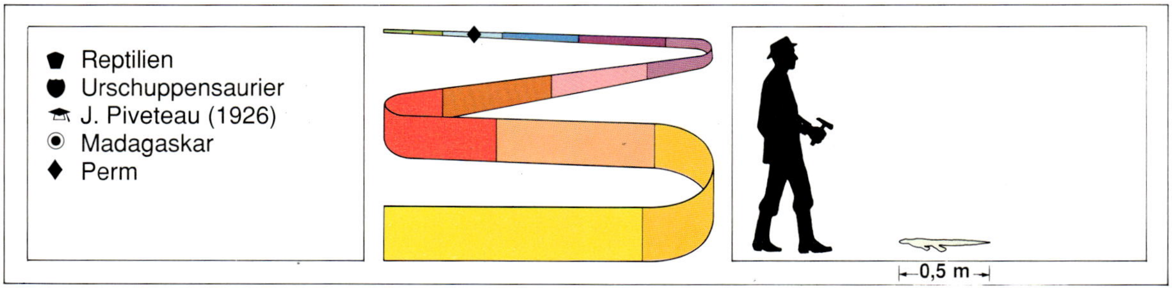

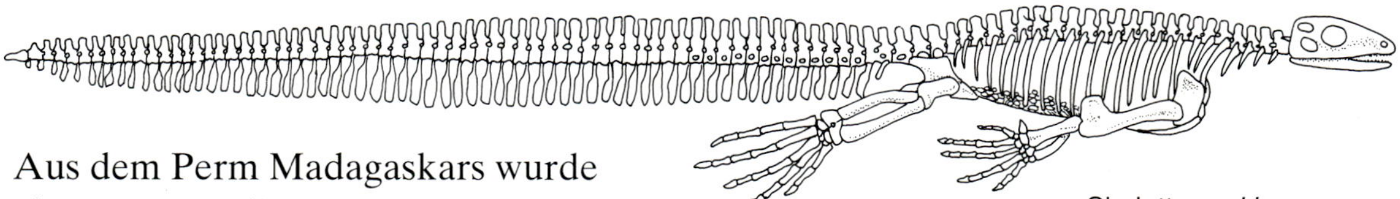
Skelett von *Hovasaurus*

Aus dem Perm Madagaskars wurde eine ganze Reihe auffallender Reptilien gefunden. Zu ihnen gehört neben dem durch die Luft gleitenden *Weigeltisaurus* auch der etwa 50 cm lange *Hovasaurus*. Der seitlich abgeflachte Schwanz nahm zwei Drittel seiner Körperlänge ein und machte *Hovasaurus* zu einem geschickten Schwimmer. Um schnell tauchen zu können, verschluckte das Tier kleine Kieselsteine. Es ernährte sich von Fischen.

Hyaenodon

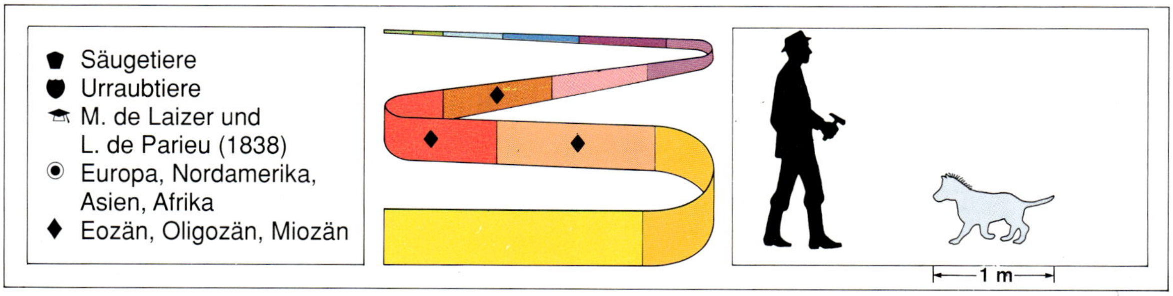

Im Alttertiär vor etwa 60 bis 30 Millionen Jahren gab es viele fleischfressende Säugetiere, die zu ihrer Zeit die Rolle unserer heutigen Raubtiere einnahmen. Man bezeichnet sie als Urraubtiere, obwohl sie mit den echten Raubtieren nicht verwandt sind und vor etwa 7 Millionen Jahren ausstarben. *Hyaenodon* war mit Ausnahme von Australien und Südamerika auf der ganzen Welt verbreitet und etwa so groß wie eine Hyäne. Das Tier hatte einen riesigen Kopf mit langen Kiefern, an denen Reißzähne und scharfe Backenzähne standen. Mit seinen langen Beinen konnte es schnell laufen.

Hylonomus

- Reptilien
- Stammreptilien
- W. Dawson (1860)
- Kanada (Neuschottland)
- Karbon

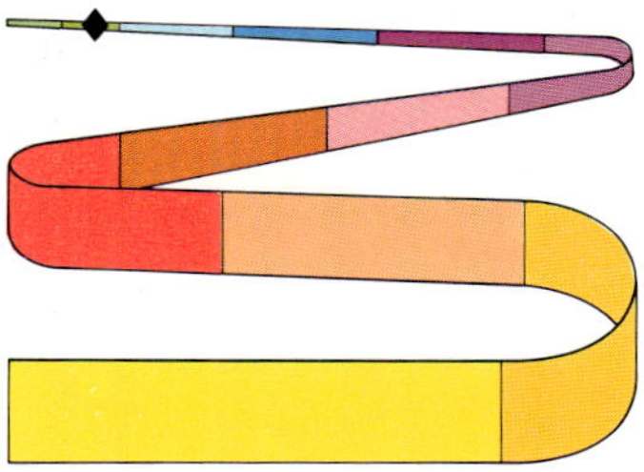

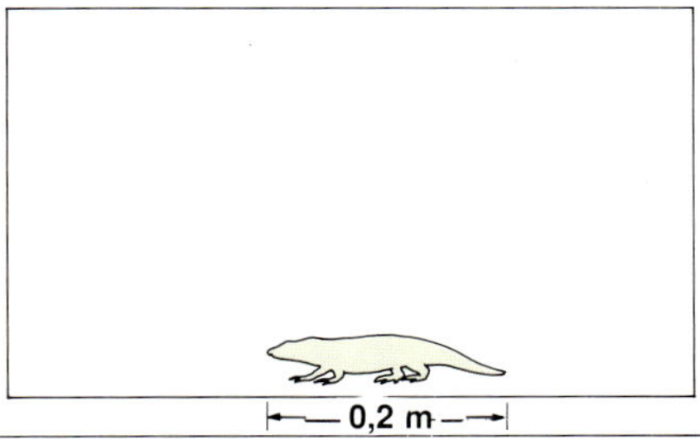

Bis vor kurzem wurde *Hylonomus* als das älteste bekannte Reptil angesehen. Aber 1988 fand man in Schottland Reste eines Reptils, die noch 40 Millionen Jahre älter sind, allerdings nicht so gut erhalten blieben. Von *Hylonomus* kann man sich dagegen ein gutes Bild machen. Diese Tiere lebten in den Steinkohlewäldern und suchten zwischen vermodernden Pflanzenresten ihre Nahrung, z.B. Insekten und kleine Wirbellose Tiere, die sie mit ihren kegelförmigen Zähnen zerkauten. Bei dieser Jagd fielen manchmal Exemplare von *Hylonomus* in die hohlen Baumstümpfe der Schachtelhalme oder Schuppen- und Siegelbäume, aus denen sie sich nicht mehr befreien konnten; so wurden sie im Schlamm zu Stein.

Die bis 20 cm großen Tiere hatten einen schweren Schädel, der je zwei Nasen- und Augenöffnungen aufwies. Die Kiefermuskeln waren schwach ausgebildet, so daß die Tiere nicht fest zubeißen konnten. Aus dem Verwandtschaftskreis der Stammreptilien entwickelten sich später nicht nur die Dinosaurier, sondern auch die Säugetiere.

Hyopsodus

- Säugetiere
- Stammhuftiere
- J. Leidy (1870)
- Nordamerika, Asien
- Paläozän, Eozän

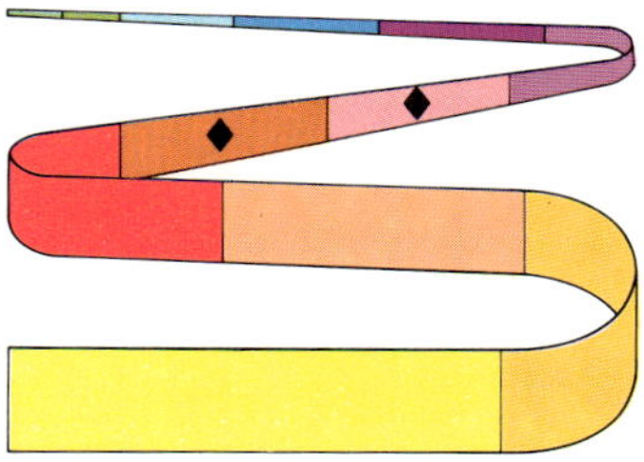

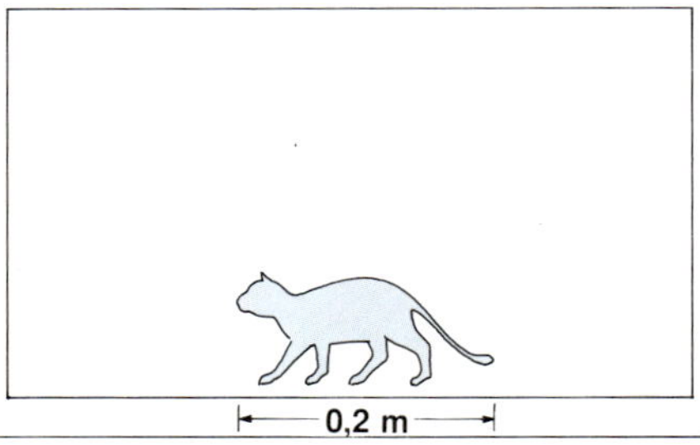

Hyopsodus gehört zu den urtümlichen Huftierverwandten und hier zu einer Gruppe, die Pflanzenfresser umfaßt und zu der auch *Phenacodus* gehört. Aber im Gegensatz zu diesem schafsgroßen Tier war *Hyopsodus* nur etwa so groß wie ein Igel. Seine Zähne waren nicht so stark auf Pflanzennahrung spezialisiert, wie das bei den heute lebenden Pflanzenfressern der Fall ist, aber die flachen und breiten Backenzähne eigneten sich gut zum Zermahlen der Pflanzenteile. Wahrscheinlich konnte *Hyopsodus* gut klettern und hielt sich vorwiegend in den Baumkronen auf, um die zarten frischen Blätter zu verzehren.

Hyperodapedon

- Reptilien
- Großschnabelechsen
- T. H. Huxley (1859)
- GB (Schottland), Indien
- Trias

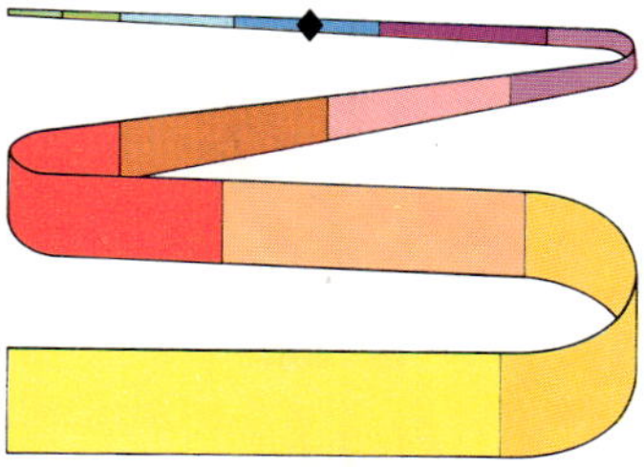

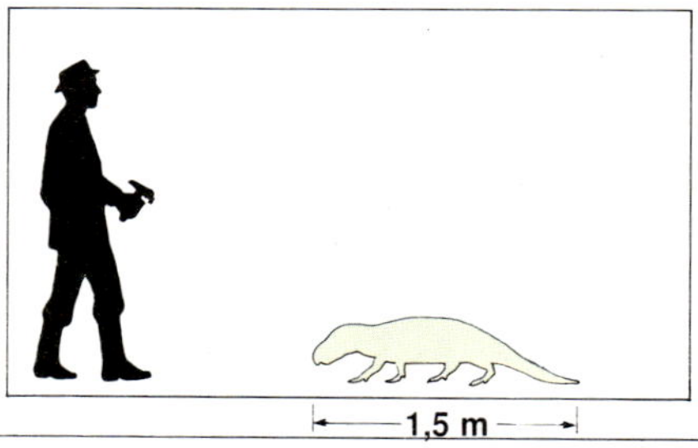

Die Großschnabelechsen waren plumpe Pflanzenfresser und in der Trias vor allem in Afrika und Südamerika weit verbreitet. Sie hatten im Oberkiefer zwei breite Zahnplatten mit einer Furche, in welche die Zähne des Unterkiefers genau hineinpaßten.

Hyperodapedon ernährte sich von zähen Samenfarnen und starb auch mit diesen zusammen aus.

Skelett von *Hyperodapedon*

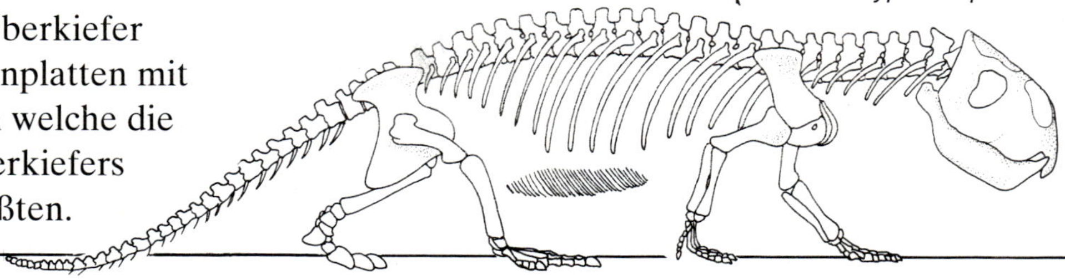

Hyracotherium

- Säugetiere
- Unpaarhufer
- R. Owen (1841)
- GB (England), USA (Wyoming) Asien
- Eozän

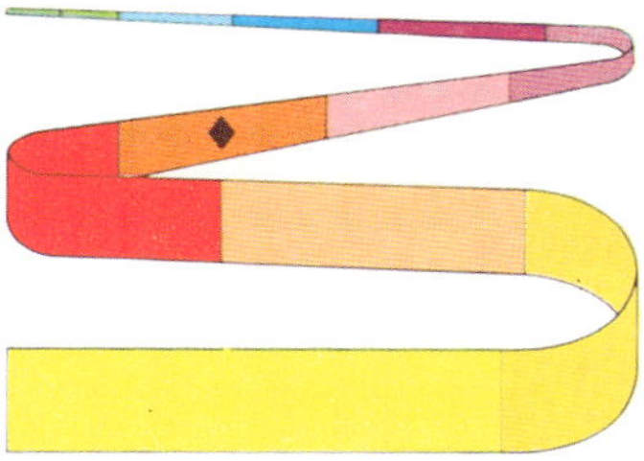

Hyracotherium ist bisher der älteste bekannte Vertreter der Pferde und wird deshalb auch das »Urpferdchen« genannt. Die Verkleinerungsform ist hier angebracht, denn diese Urform des Pferdes hatte nur eine Schulterhöhe von 20 cm und war so groß wie ein Terrier. Sein Kopf war langgestreckt, und die Kiefer enthielten 44 Zähne – eine Zahl, die bei den urtümlichen Vertretern der Huftiere oft auftritt. Die Krone der Zähne war flach; das zeigt, daß sich das Urpferdchen nicht von Gras, sondern von weichen Blättern ernährte. An den Vorderbeinen saßen je vier, an den Hinterbeinen je drei Zehen, von denen jeweils die dritte Zehe am kräftigsten ausgebildet war und das Gewicht des Tieres trug. *Hyracotherium* war weit verbreitet, aber die urtümlichen Pferde starben in Europa und Asien bald aus, und die weitere Entwicklung der Pferde fand über einen langen Zeitraum in Nordamerika statt.

Icaronycteris

- Säugetiere
- Fledermäuse
- Russel, Louis und Savage (1973)
- Frankreich
- Eozän

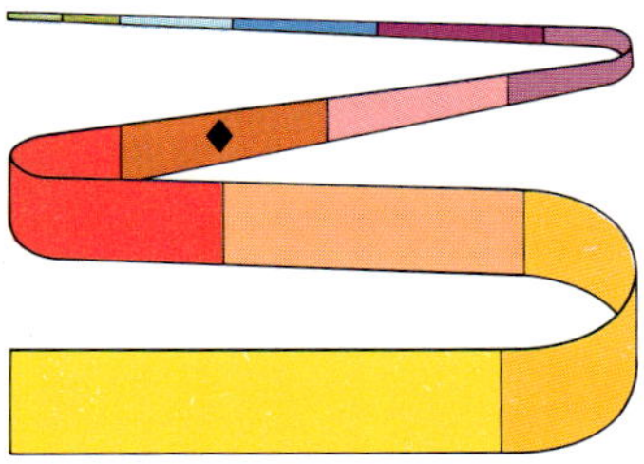

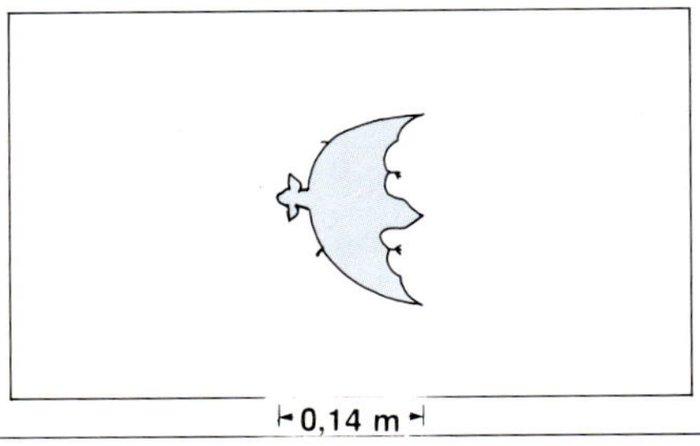

Die Fledermäuse bilden die einzige Gruppe der Säugetiere, die richtig fliegen kann. Die heute lebenden Vertreter sind nachts aktiv und erbeuten im Flug Insekten, die sie mit Hilfe von Schallwellen orten. Wie dieses komplizierte Organ entstanden ist, läßt sich auch an Fossilien nicht erkennen, denn solche Weichteile bleiben nicht erhalten. Auch über die Entstehung der Fledermäuse und ihrer Verwandten weiß man nichts. *Icaronycteris* gehört zu den ältesten bisher entdeckten Fledermäusen und sieht den heute lebenden bereits sehr ähnlich. Allerdings waren die Flügel kurz und breit, und der lange Schwanz war nicht durch eine Flughaut mit dem Körper verbunden.

Ichthyornis

- Vögel
- Zahnvögel
- O. C. Marsh (1872)
- USA (Kansas, Texas)
- Kreide

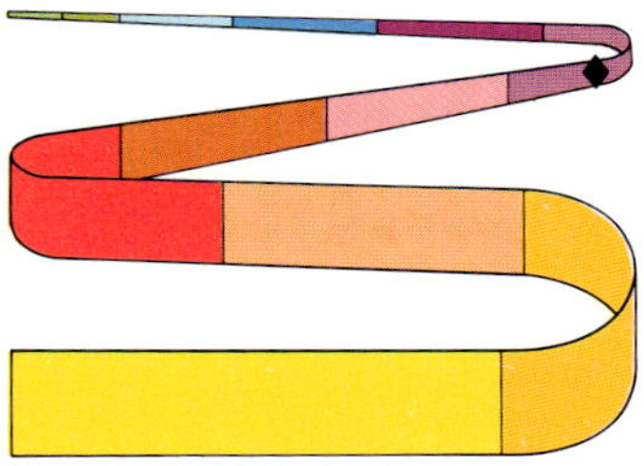

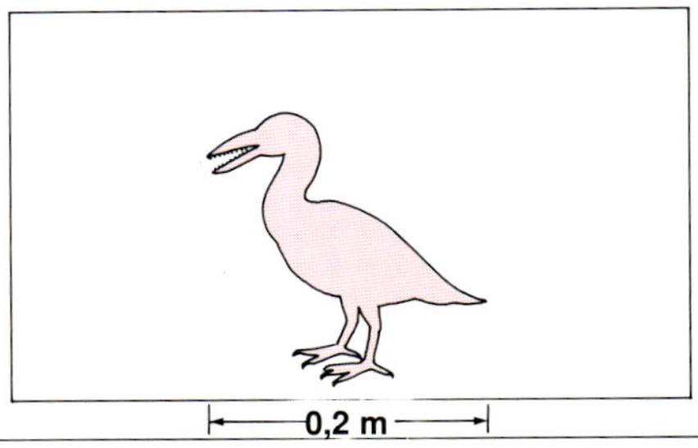

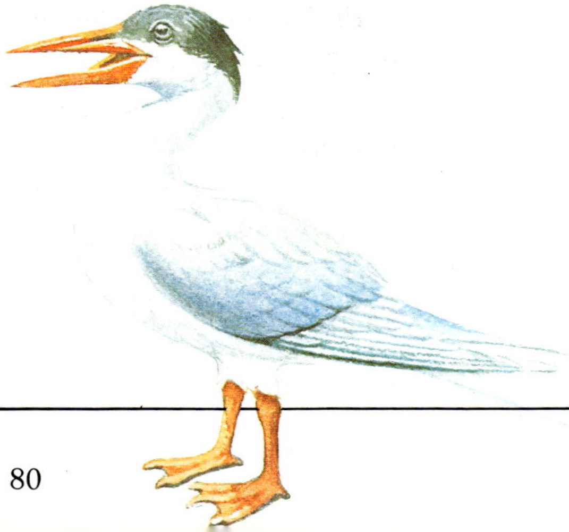

Ichthyornis wurde in Gesteinen entdeckt, in denen auch Versteinerungen von fischfressenden Meeresechsen gefunden wurden. Diese hatten ähnliche Kiefer und Zähne, was auf die gleiche Nahrung hinweist: Fische. *Ichthyornis* gehört zu den Zahnvögeln und sah einer Seeschwalbe ähnlich.

Ichthyosaurus

- Reptilien
- Fischsaurier
- W. Koenig (1818)
- Deutschland, England, Grönland, Nordamerika
- Jura

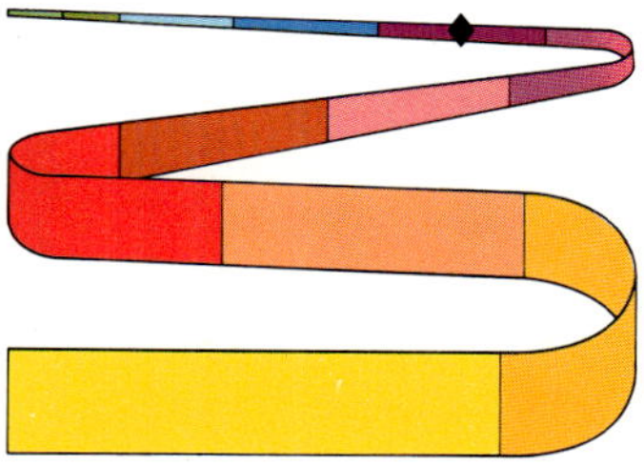

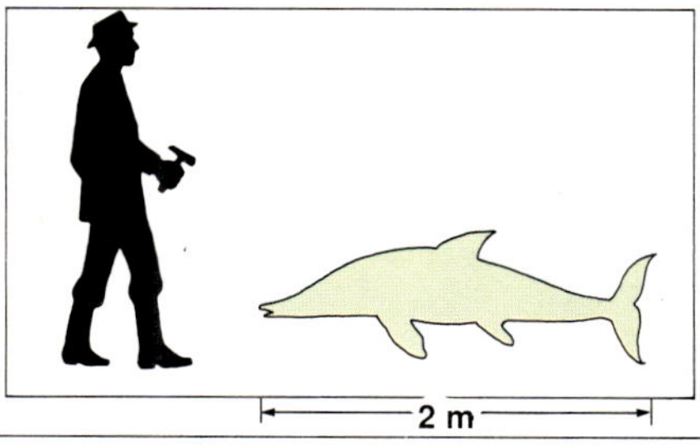

Ichthyosaurus gehört zu den am besten bekannten Fischsauriern, denn seine Versteinerungen sind im Schiefer von Holzmaden (Schwäbische Alb) sehr gut erhalten geblieben.
Er hatte einen kräftigen, stromlinienförmigen Körper mit langgestrecktem Kopf. Die kurzen, paddelförmigen Gliedmaßen und die Rückenflosse hielten den Körper in der richtigen Lage, wenn er mittels seitlicher Schläge der großen Schwanzflosse durch das Wasser getrieben wurde. Der hinterste Teil der Wirbelsäule war abgeknickt und erstreckte sich in den unteren Teil der Schwanzflosse. Mit den scharfen Zähnen wurden Fische, aber auch Kopffüßer ergriffen.
Die Abdrücke im Holzmadener Schiefer zeigen den Umriß des Tieres; auch der Mageninhalt und Kot sowie Farbzellen der Haut blieben erhalten. *Ichthyosaurus* war danach rötlichbraun gefärbt. Die Weibchen brachten lebende Junge zur Welt! Die Fischsaurier gingen also nicht an Land, um ihre Eier abzulegen.

Ichthyostega

- Lurche
- Fischschädellurche
- G. Säve-Söderbergh (1932)
- Grönland
- Devon

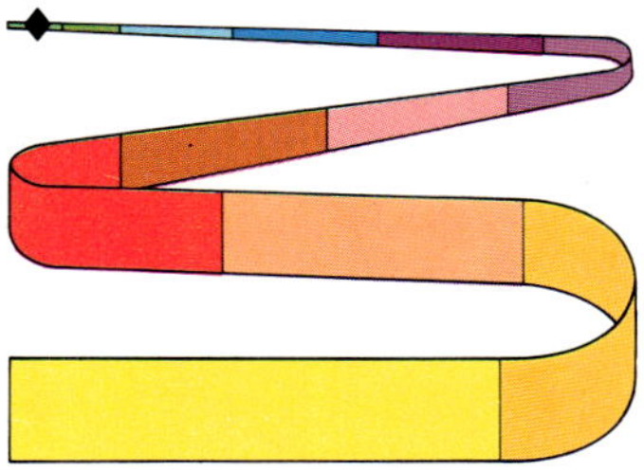

Ichthyostega ist der älteste Lurch, der bisher entdeckt worden ist. Die einzigen Fundorte liegen in Grönland und stammen aus dem Oberdevon. Zu dieser Zeit lag diese Landmasse näher am Äquator und war viel wärmer als heute. *Ichthyostega* hatte einen langgestreckten Körper und einen großen Schädel, der durch einen kurzen Hals vom Schultergürtel getrennt war. Dadurch konnte *Ichthyostega* seinen Kopf drehen. Die Rippen waren auffallend breit, so daß sie einander überlappten. Mit seinen kurzen Beinen, an denen je fünf Zehen saßen, bewegte sich das Tier schwerfällig auf dem Land, kehrte aber stets wieder ins Wasser zurück, wo es sich von Fischen ernährte. Kiefer und Gaumen waren mit kurzen, kegelförmigen Zähnen besetzt. An einen Fisch erinnern noch die lange Schwanzflosse sowie die Knochenschuppen, die den Bauch und Schwanz bedeckten.

Kamptobaatar

- Säugetiere
- Multituberculaten
- Z. Kielen-Jaworowska (1970)
- Mongolei
- Kreide

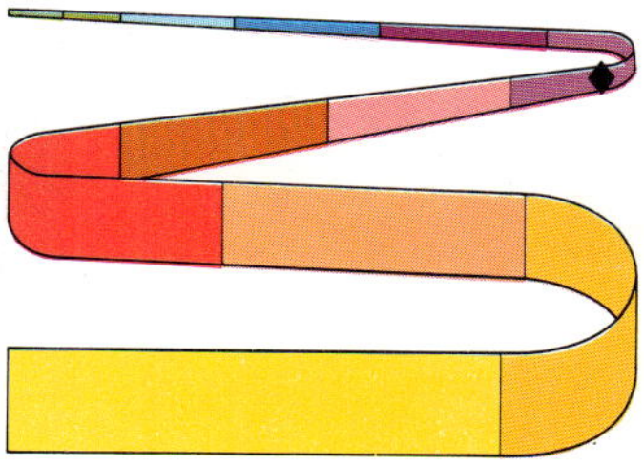

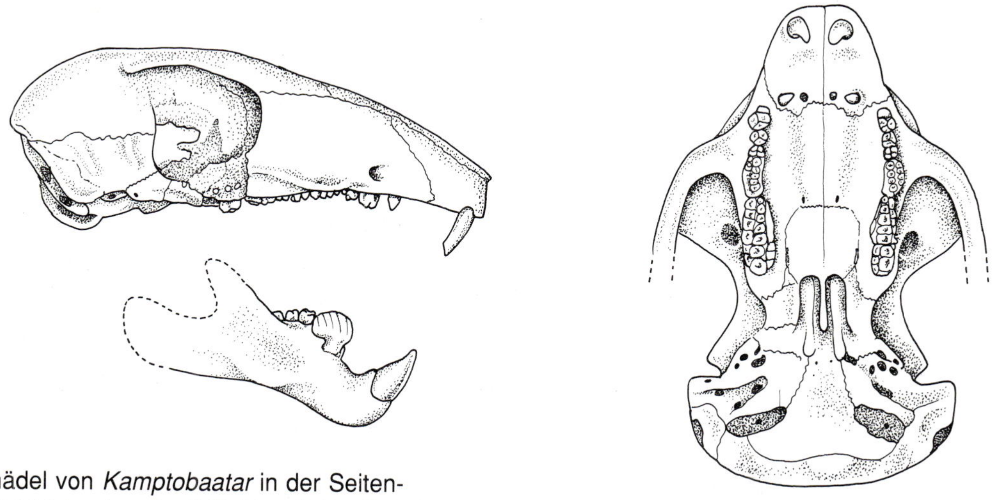

Schädel von *Kamptobaatar* in der Seitenansicht (oben) und mit Sicht auf den Gaumen (rechts)

Die urtümlichen Säugetiere, die zur Zeit der riesigen Dinosaurier lebten, waren klein und besetzten die Lebensräume, die von den Sauriern nicht eingenommen waren. Mit dem Aussterben der Dinosaurier begann eine explosionsartige Entwicklung der Säugetiere. Fast alle Gruppen aus dieser Zeit (z.B. *Triconodonten* und *Multituberculaten*) sind längst ausgestorben, unter ihnen auch die (bisher unbekannten) Vorfahren der Eierlegenden Säugetiere und die Ahnen der Echten Säugetiere. In der Kreide gab es bereits beide Gruppen der Echten Säugetiere: die Beuteltiere sowie die Höheren Säugetiere (Plazentatiere). Sie haben gemeinsame Vorfahren und traten etwa zur gleichen Zeit auf.
Von *Kamptobaatar* entdeckte man vor einigen Jahren einen gut erhaltenen Schädel mit Unterkiefer in der Mongolei. Mit den meißelförmigen Zähnen hat das Tier Blätter und Zweige abgerissen, die mit den flachen Backenzähnen zermahlen wurden. Ähnlich wie *Ptilodus* gehört *Kamptobaatar* zu den ersten erfolgreichen Pflanzenfressern unter den Säugetieren.

Kannemeyeria

- Reptilien
- Säugetierähnliche Reptilien
- H.G. Seeley (1909)
- Tansania, Südafrika, Indien
- Trias

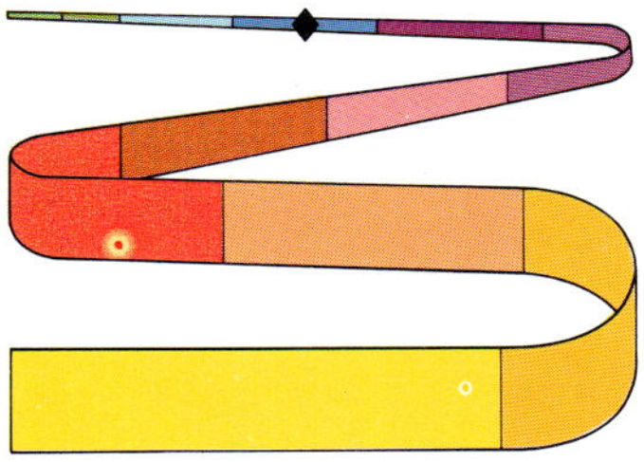

Die Zweizahnsaurier, zu denen neben *Dicynodon* auch *Kannemeyeria* gehört, entstanden im Oberperm und lebten bis zur Mitteltrias, mehr als 50 Millionen Jahre lang.
Obwohl *Kannemeyeria* viel später auftrat, hatte er doch die wichtigsten Merkmale mit *Dicynodon* gemeinsam: lange Kiefer mit starken Kaumuskeln, durch welche die Kiefer nicht nur gegeneinander, sondern auch vorwärts und rückwärts bewegt werden konnten. Mit Ausnahme von zwei großen Eckzähnen im Oberkiefer (die ganze Gruppe verdankt ihnen den Namen) fehlten die Zähne. Statt dessen waren die Kiefer – wie bei den Schildkröten – mit Hornschneiden bedeckt. *Kannemeyeria* konnte damit auch dicke Pflanzenteile zerschneiden. Die großen Eckzähne wurden wahrscheinlich zum Ausgraben unterirdischer Teile benutzt. Das Tier war so groß wie ein Nilpferd – Feinde hatte es bei dieser Größe nicht.

Kayentatherium

- Reptilien
- Säugetierähnliche Reptilien
- H. D. Sues (1983)
- USA (Arizona)
- Jura

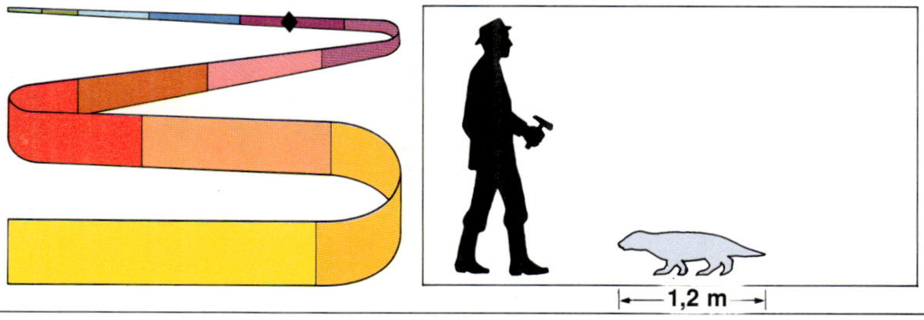

Die meisten Säugetierähnlichen Reptilien starben in der Obertrias aus, als die Dinosaurier die Vorherrschaft auf dem Festland antraten. Aber eine Gruppe dieser Reptilien entging dem Schicksal und überlebte weitere 60 Millionen Jahre bis zum Mitteljura.
Zu ihnen gehört *Kayentatherium*, ein Tier etwa von der Größe einer Dogge. *Kayentatherium* hatte lange, scharfe Vorderzähne und kurze, breite Backenzähne. Daran läßt sich erkennen, daß sich das Tier von Pflanzen ernährte, sie mit den scharfen Vorderzähnen abriß und mit den Backenzähnen zermalmte. Zähne und Kiefer erinnern in mancher Beziehung an urtümliche Säugetiere wie *Kamptobaatar* und *Ptilodus*, aber auch an moderne Nagetiere wie Ratten oder Biber.

Kennalestes

- Säugetiere
- unsicher
- Z. Kielen-Jaworowska (1969)
- Mongolei
- Kreide

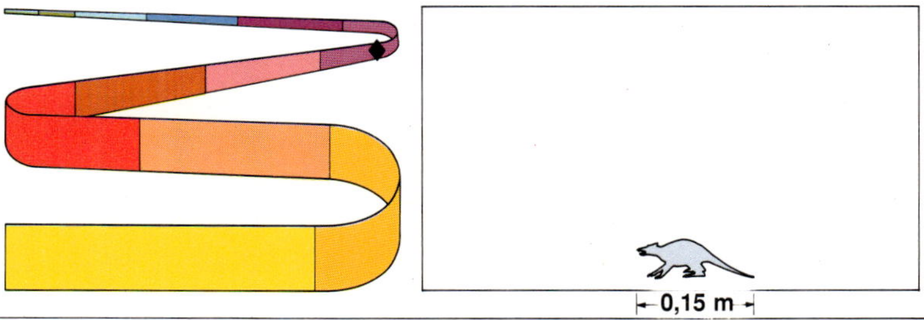

Einer der ältesten Vertreter der Höheren Säugetiere (Plazentatiere), die heute auf der Erde vorherrschen, ist *Kennalestes*. Von diesem Tier ist ein fast vollständiger Schädel gefunden worden, der zu einem kleinen, nur etwa 15 cm großen Exemplar gehört haben muß. Die Zähne zeigen, daß sich *Kennalestes* vorwiegend von Insekten und anderen kleinen Tieren ernährt hat. Zu welchem engeren Verwandtschaftskreis er gehört, ist unbekannt.

Schädel von *Kennalestes*

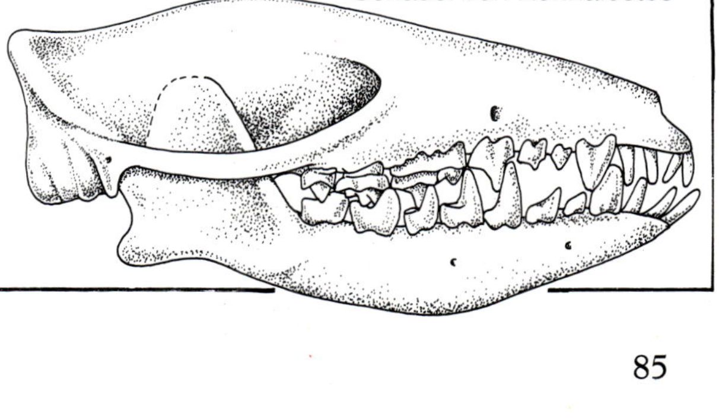

Kuehneosaurus

- Reptilien
- Schuppenkriechtiere
- P. L. Robinson (1957)
- GB (England, Wales)
- Trias

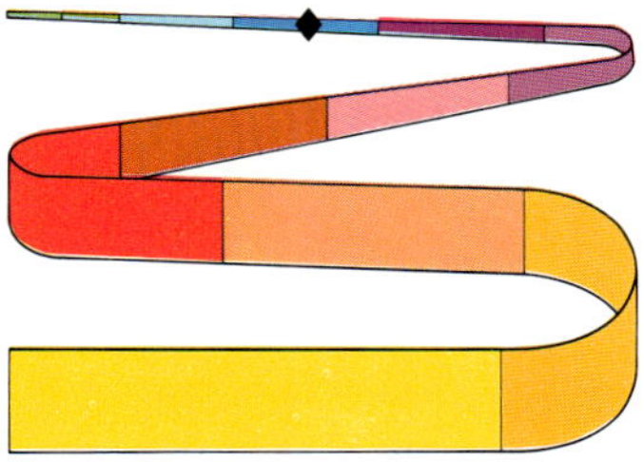

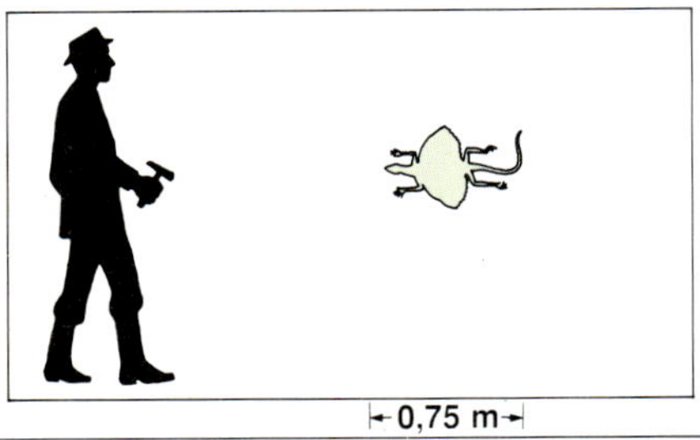

Neben den Flugsauriern der Mitteltrias und *Weigeltisaurus* im Oberperm war *Kuehneosaurus* der dritte Vertreter der Reptilien, der durch die Luft segeln konnte. Diese Echse hatte stark verlängerte Rippen, die von einer Flughaut überzogen waren. Wenn *Kuehneosaurus* diese Rippen abspreizte, konnte er eine Spannweite von über 30 cm erreichen und von einem Baum herab weit über den Boden segeln. Aber dann mußte er wieder auf den nächsten Baum klettern, wozu er seine langen Beine mit den feingliedrigen Fingern und Zehen benutzte. Die Flughaut wurde dabei seitlich an den Körper geklappt.

Von *Kuehneosaurus* entdeckte man in England und Wales einige gut erhaltene Skelette. Daraus läßt sich ersehen, daß er die gleiche Lebensweise hatte wie der heute lebende Flugdrache, der in den tropischen Gebieten verbreitet ist und sich von Insekten ernährt. Er kann über 60 m weit gleiten und verliert dabei nur 2 bis 3 m an Flughöhe.

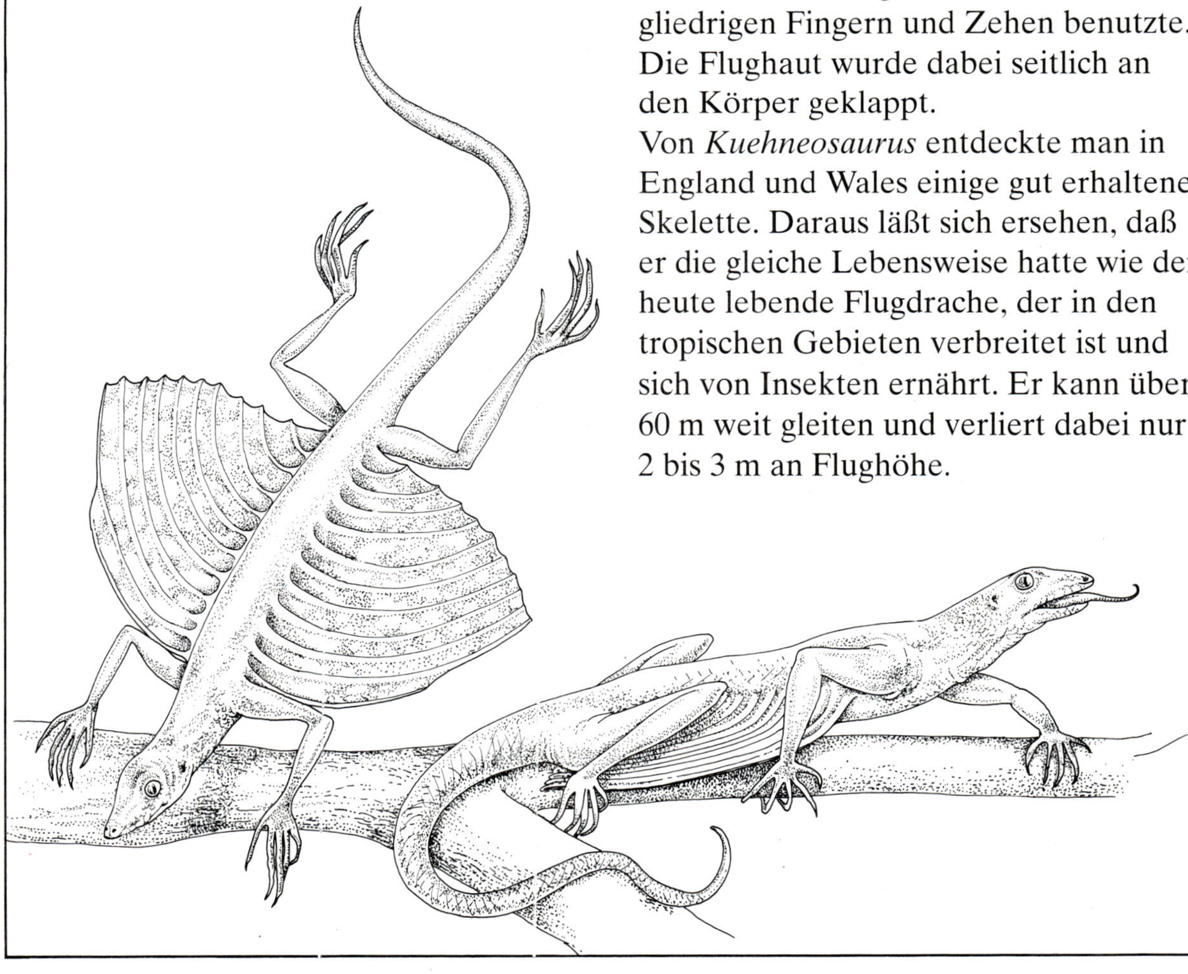

Lagosuchus

- Reptilien
- Urwurzelzähner
- A. S. Romer (1971)
- Argentinien
- Trias

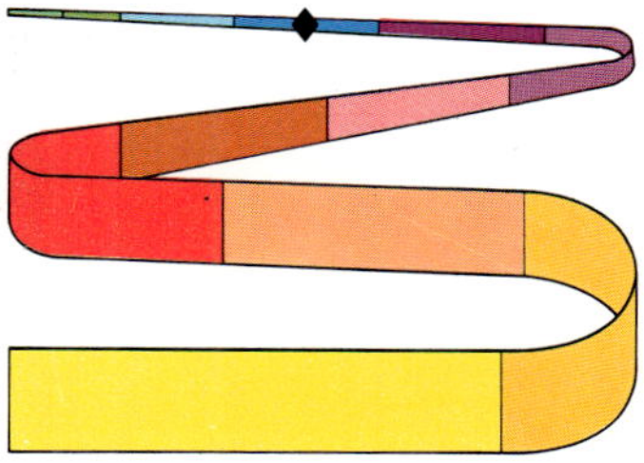

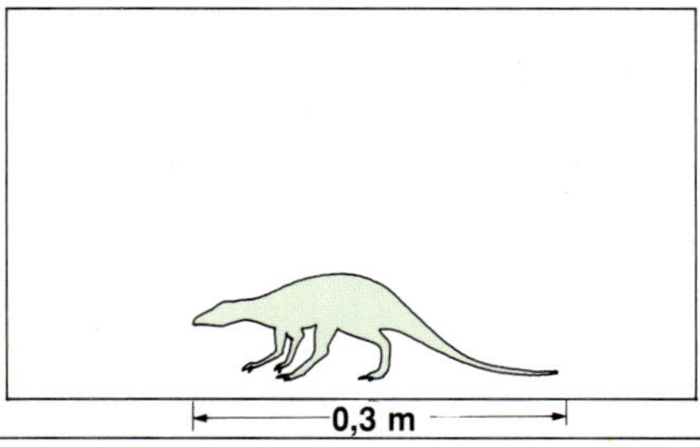

Lagosuchus gehört zu einer Gruppe der Urwurzelzähner, die als Vorfahren der riesigen Dinosaurier angesehen werden. *Ornithosuchus* und *Euparkeria* sind ebenfalls hierher zu stellen, aber keiner dieser beiden ist einem urtümlichen Dinosaurier so ähnlich wie *Lagosuchus*. Nicht nur das zweibeinige Laufen und der starke, als Stütze und Steuerruder dienende Schwanz deuten darauf hin, sondern auch der Bau des Beckengürtels, der Fußgelenke und der langen Hinterbeine. Aber alle diese Merkmale standen noch am Anfang, waren noch nicht fertig ausgebildet wie bei den »echten« Dinosauriern. *Lagosuchus* könnte zugleich der Vorfahre der Flugsaurier sein, die auch in der Trias entstanden.

Leptictis

- Säugetiere
- Leptictiden
- J. Leidy (1868)
- Europa, USA, Asien, Afrika
- Eozän, Oligozän

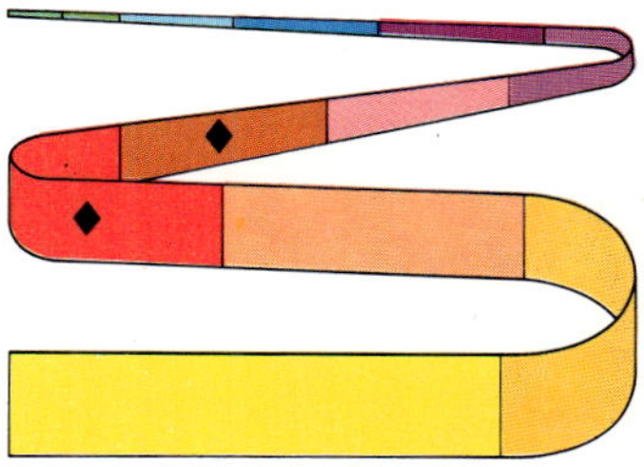

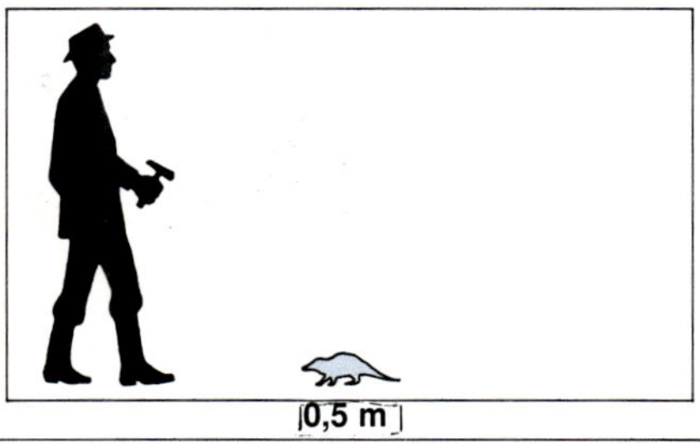

Leptictis gehört zu einer kleinen Gruppe der Insektenfresser, die vor etwa 70 Millionen Jahren entstand und bereits vor 30 Millionen Jahren wieder ausstarb. Sie war in Nordamerika, Asien, Europa und Afrika verbreitet. Vielleicht gehören diese verhältnismäßig kleinen Tiere zu den Ahnen der modernen Insektenfresser, z.B. den Spitzmäusen und Igeln. *Leptictis* hatte einen langgestreckten Schädel, und seine Kiefer waren mit kleinen, spitzen Zähnen besetzt. In der Lebensweise ist das Tier mit einer Spitzmaus vergleichbar, aber Skelett und Schädel zeigen eine Reihe von stark abweichenden, urtümlichen Merkmalen.

Limnoscelis

- Lurche
- Labyrinthzähner
- S. W. Williston (1911)
- USA (Texas, Neu-Mexiko)
- Karbon, Perm

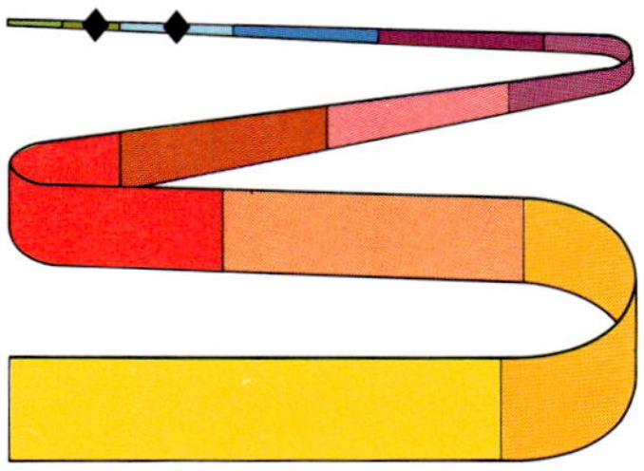

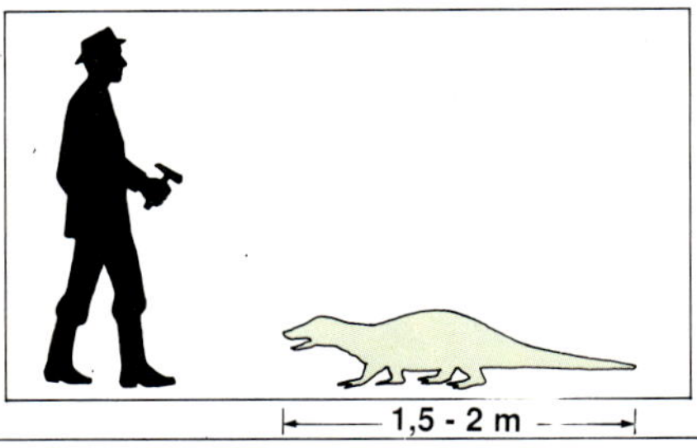

Bei den heute lebenden Tieren ist es leicht, einen Lurch von einem Reptil zu unterscheiden; ein Frosch ist sehr verschieden von einer Schlange oder einem Krokodil. Aber als die Reptilien im Karbon aus den Lurchen entstanden, waren diese Unterschiede keineswegs so ausgeprägt. *Limnoscelis* und *Diadectes* sind Beispiele für eine unsichere Zuordnung zu der einen oder anderen Gruppe. Erst in neuerer Zeit hat man sich darauf verständigt, sie zu den Lurchen zu stellen, weil es Merkmale im Bau des Schädels gibt, die bei den urtümlichen Reptilien nicht zu finden sind.

Limnoscelis war völlig an das Leben auf dem Festland angepaßt. Kräftige Beine hoben den Körper vom Boden ab, der Schwanz trug keinen Flossensaum, und in den langgestreckten Kiefern standen zahlreiche scharfe Zähne. Man nimmt an, daß *Limnoscelis* räuberisch lebte und andere Lurche und kleinere Reptilien erbeutete.

Liopleurodon

- Reptilien
- Schwanenhalsechsen
- H. E. Savage (1873)
- Deutschland, Frankreich, England, UdSSR
- Jura

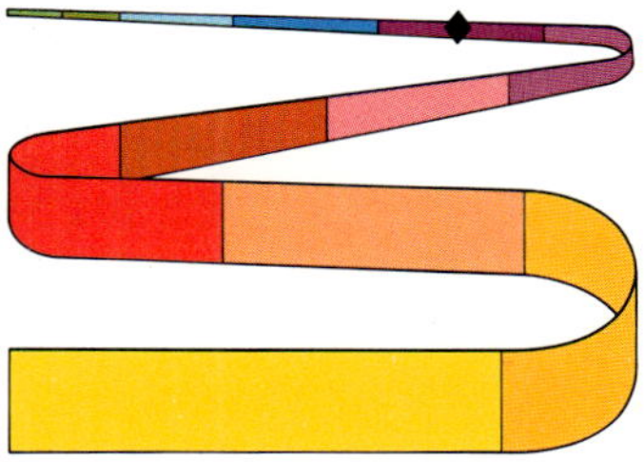

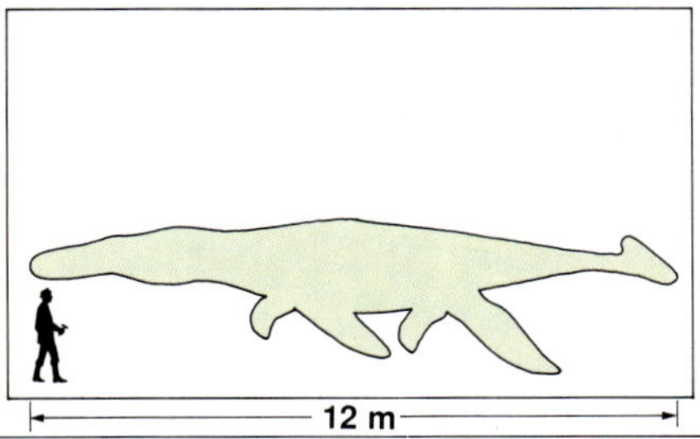

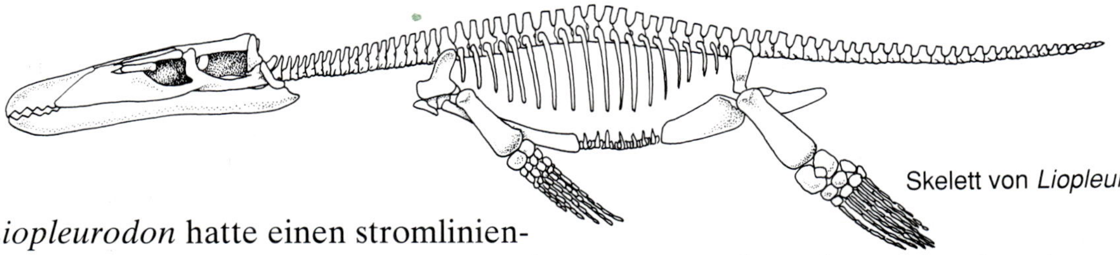

Skelett von *Liopleurodon*

Liopleurodon hatte einen stromlinienförmigen Körper und große Paddel, mit denen er sich verhältnismäßig schnell durch das Wasser bewegte. Der kurze Schwanz, die zu Paddeln umgebildeten Beine und der Bau des Skelettes zeigen, daß *Liopleurodon* trotz seines kurzen, dicken Halses zu den Schwanenhalsechsen gehört. Mit seinen großen Kiefern konnte er sogar Haie, riesige Tintenfische und Fischsaurier überwältigen.

Lycaenops

- Reptilien
- Säugetierähnliche Reptilien
- R. Broom (1925)
- UdSSR (Rußland), Südafrika
- Perm

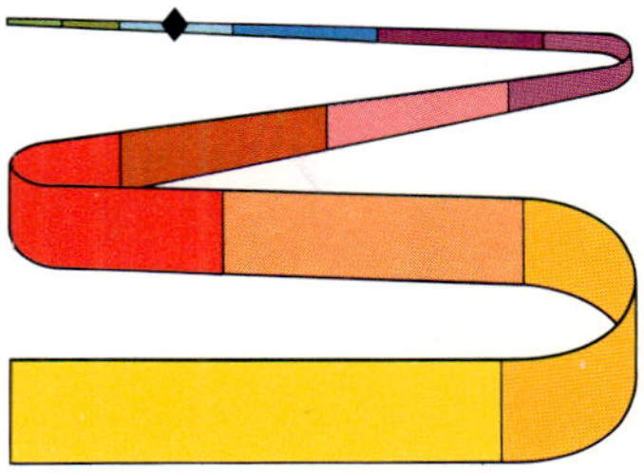

Während des Oberperms hatten die Säugetierähnlichen Reptilien eine hervorragende Stellung auf der Erde. Es gab unter ihnen sowohl Pflanzenfresser als auch Fleischfresser.
Lycaenops, das »Wolfsgesicht«, gehört zu den letzteren. Die langbeinigen Tiere jagten wahrscheinlich in Rudeln und erbeuteten trotz ihrer geringen Größe auch langsame, bis 4 m große Pflanzenfresser wie *Moschops* und *Dicynodon*. Ihre langen Kiefer enthielten nicht nur scharfe Zähne, mit denen das Fleisch ihrer Beutetiere wie mit einer Schere zerschnitten wurde, sondern auch kräftige Reißzähne, die durch die dicke Haut der Pflanzenfresser dringen konnten.

Mammalia - die Entwicklung der Säugetiere

In der Trias vor etwa 220 Millionen Jahren traten die ersten urtümlichen Säugetiere auf, die sich aus den Säugetierähnlichen Reptilien entwickelt hatten. Aber die Zeit der Säugetiere war noch nicht gekommen, vielmehr übernahmen die Reptilien die führende Rolle, die sie während der folgenden 160 Millionen Jahren nicht aufgaben. Sie besiedelten alle Kontinente, entwickelten die riesigen Dinosaurier, die Meeresechsen und die Flugsaurier.
Die Säugetiere dieser Zeit waren meist nicht größer als eine Maus (selten erreichten sie die Größe eines Eichhörnchens) und ernährten sich von Insekten und kleinen Reptilien, die sie nachts erbeuteten. Im Gegensatz zu den Reptilien waren sie Warmblütler mit einer gleichbleibenden Körpertemperatur und dadurch im Stande, auch Kälte auszuhalten. Zu den im Jura und in der Kreide lebenden Säugetieren dieser Gruppe gehören z.B. *Kamptobaatar*, *Morganucodon* und *Sinoconodon*.
Während der Kreide entstanden viele verschiedene Säugetiergruppen, die längst ausgestorben sind, aber es entwickelten sich auch die Vorfahren derjenigen Säugetiere, die heute auf der Erde vorkommen: die Eierlegenden Säugetiere, die Beuteltiere und die Höheren Säugetiere (Plazentatiere). Als die Dinosaurier am Ende der Kreidezeit ausstarben, kam es zu einer schnellen Entwicklung der Plazentatiere. Innerhalb von 10 Millionen Jahren entstanden alle großen Verwandschaftskreise von den Insektenfressern bis zu den Paarhufern, von den Fledermäusen bis zu den Walen.

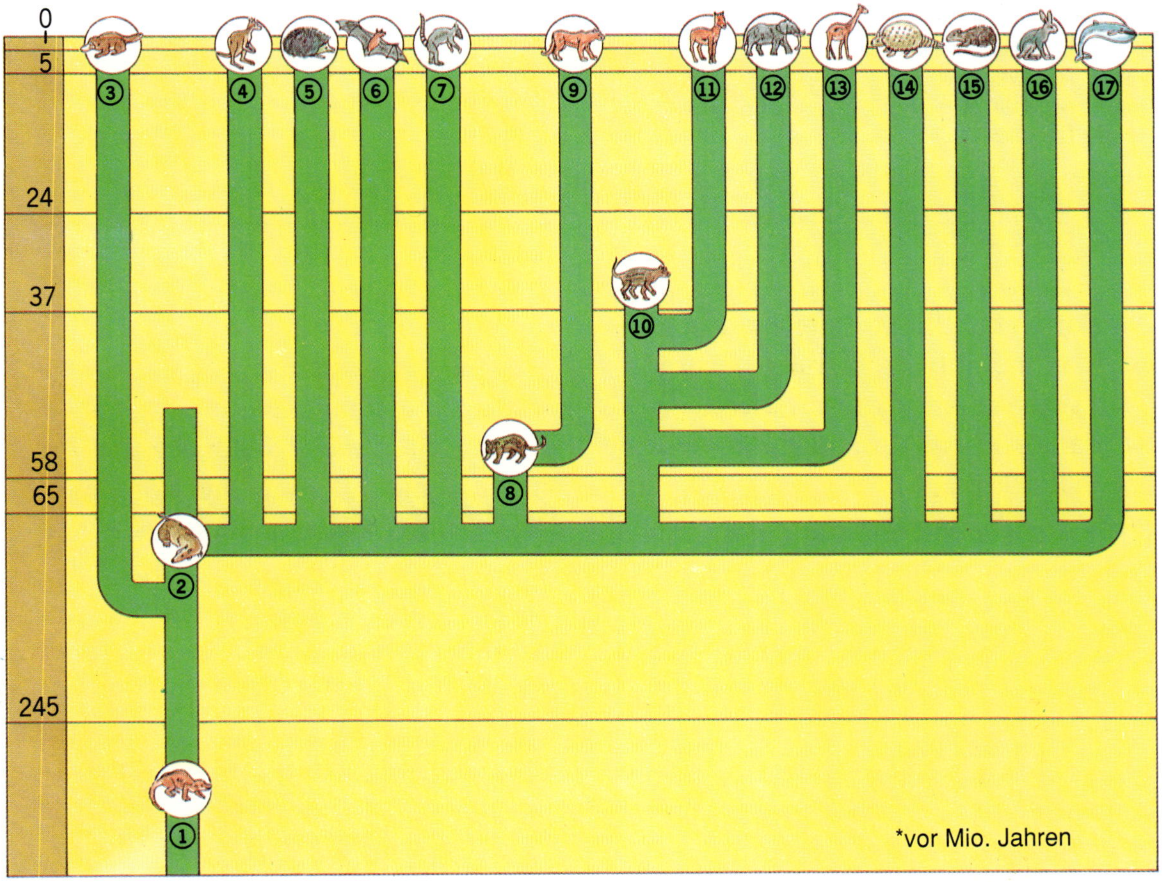

Säugetiere der nordamerikanischen Grasländer am Ende des Miozäns

Schlüssel zu den Tiergruppen

1 Säugetierähnliche Reptilien
2 Säugetiere des Erdmittelalters
3 Eierlegende Säugetiere
4 Beuteltiere
5 Insektenfresser
6 Fledermäuse
7 Primaten
8 Urraubtiere
9 Raubtiere
10 Stammhuftiere
11 Unpaarhufer
12 Rüsseltiere
13 Paarhufer
14 Zahnarme
15 Nagetiere
16 Hasenartige
17 Wale

Macrauchenia

- Säugetiere
- Glattferser
- R. Owen (1856)
- Argentinien
- Pleistozän

Als der Urkontinent Pangaea durch die Kontinentalverschiebung zerbrach, löste sich Südamerika zuerst von Nordamerika, später auch von Afrika und Antarktika. Mehr als 50 Millionen Jahre lang bestand zwischen Süd- und Nordamerika keinerlei Landverbindung, deshalb gab es auch keine einheitliche Entwicklung der Säugetiere.

In Südamerika waren nur drei Säugergruppen vertreten: Beuteltiere, Zahnarme und urtümliche Huftiere, zu denen später noch Nagetiere und Primaten kamen. Unbehelligt von den Raubtieren Nordamerikas verlief bei den urtümlichen Huftieren eine Entwicklung, die zu ganz außergewöhnlichen Gestalten führte. Es gab Tiere, die einem Kamel oder Pferd, einem Elefanten, Hasen, Schwein, Bären oder Hund ähnlich waren, ohne aber mit diesen verwandt zu sein. In jedem Falle handelte es sich in Südamerika um Huftiere!
Eine ähnliche Lebensweise in einem vergleichbaren Lebensraum hat offensichtlich bei verschiedenen Tiergruppen zu ähnlichen Gestalten geführt.
Macrauchenia, der »Langhals«, glich einem Kamel, hatte aber einen völlig anderen Kopf und einen kurzen Rüssel. Dieser ist bei den Versteinerungen zwar nicht zu erkennen – da aber die Nasenöffnungen zwischen den Augen saßen, kann man von einer solchen Ausbildung ausgehen. An den Beinen saßen je drei Zehen, die mit Hufen versehen waren. *Macrauchenia* ernährte sich von Blättern und Gräsern.

Mammuthus

- Säugetiere
- Rüsseltiere
- J. F. Blumenbach (1803)
- Eurasien, Nordamerika
- Pliozän, Pleistozän

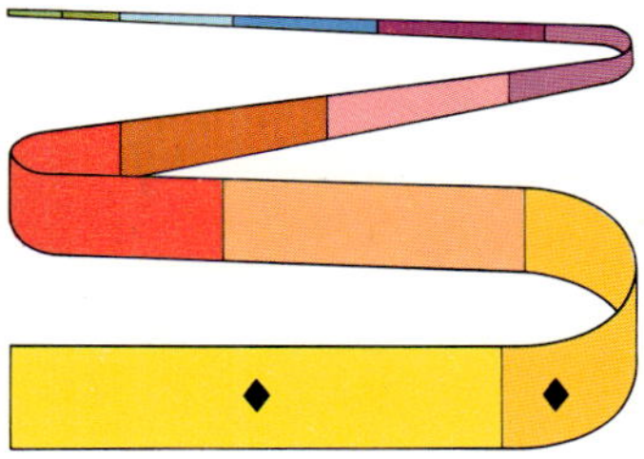

Die engsten Verwandten der heute lebenden Elefanten sind die ausgestorbenen Arten der Gattung *Mammuthus*. Wahrscheinlich wurde das Wollhaarmammut erst vor 10 000 Jahren vom Menschen ausgerottet. Im Gegensatz zu anderen amerikanischen Verwandten, die eine Schulterhöhe von 4 m erreichten, war das Wollhaarmammut »nur« etwa 2,8 m hoch. Es lebte in der eisigen Tundra Eurasiens und Nordamerikas und hatte riesige, nach oben gebogene Stoßzähne. Vor der Kälte war es durch ein schwarzes Fell geschützt. Im ewigen Eis Sibiriens und Kanadas wurden eingefrorene Tiere gefunden, von deren Fleisch die Schlittenhunde fraßen.

Megalocephalus

- Lurche
- Labyrinthzähner
- T. P. Barkas (1873)
- Nordamerika
- Karbon

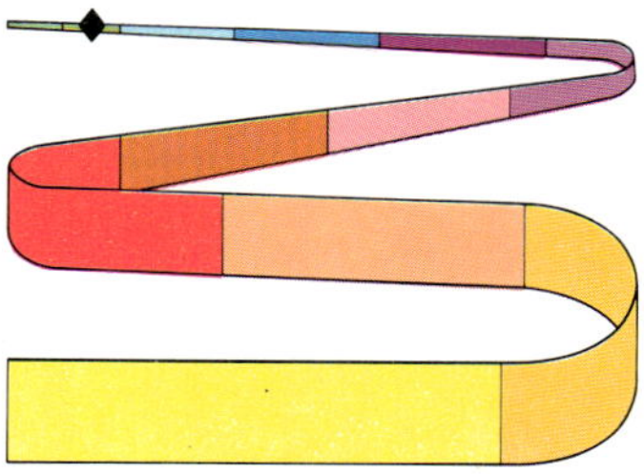

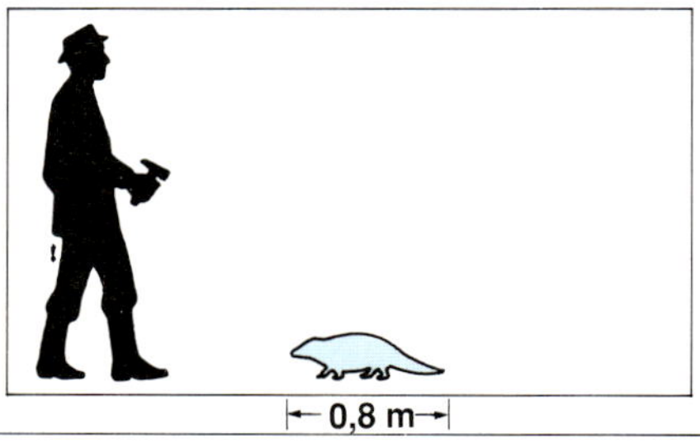

In den riesigen Sümpfen der Steinkohlezeit gab es viele verschiedene Lurche. In Europa und Nordamerika wurden zahlreiche Versteinerungn von ihnen gefunden. Von *Megalocephalus* wurde allerdings nur ein gut erhaltener, langgestreckter Schädel entdeckt. Seine Kiefer waren wie bei einem Krokodil mit scharfen Zähnen besetzt; vermutlich ernährte sich *Megalocephalus* von Fischen.

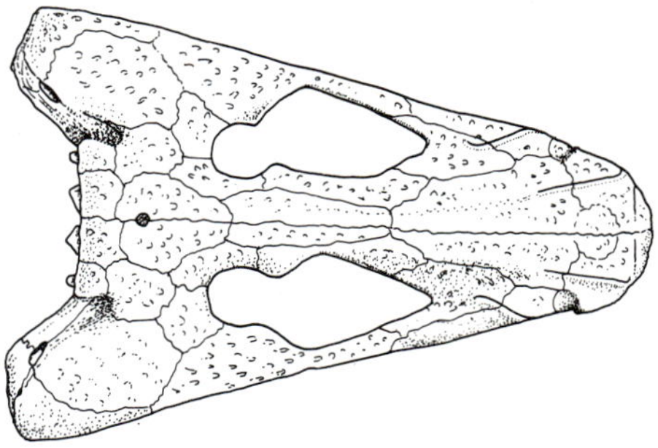

Schädel von *Megalocephalus*

Megaloceros

- Säugetiere
- Paarhufer
- J. F. Blumenbach (1803)
- Europa, Asien
- Pleistozän

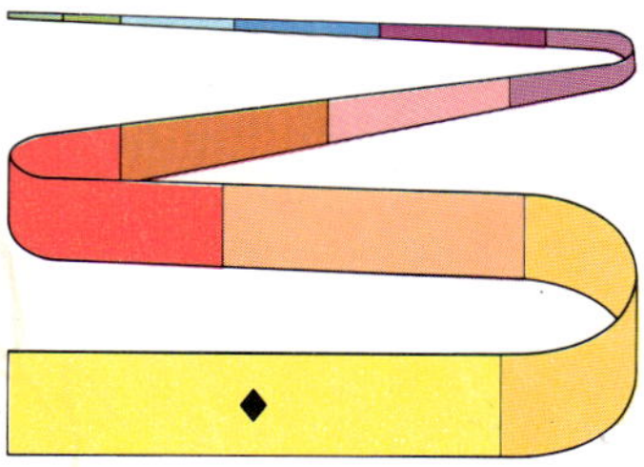

Megaloceros, der Europäische Riesenhirsch, war der größte Vertreter der Hirsche, den es jemals auf der Erde gab. Das Geweih hatte eine Spannweite von 3,7 m, es wog etwa 50 kg und wurde in jedem Jahr neu ausgebildet, denn *Megaloceros* warf wie alle Männchen der Echten Hirsche das Geweih regelmäßig ab. In Irland wurden in einem Moor bei Dublin mehr als 80 Skelette dieses Hirsches gefunden, und er war auch in Europa, Rußland und China weit verbreitet. In Irland starb er vor etwa 11 000 Jahren aus, und in Mitteleuropa hat es ihn möglicherweise noch vor 2 500 Jahren gegeben.

Megatherium

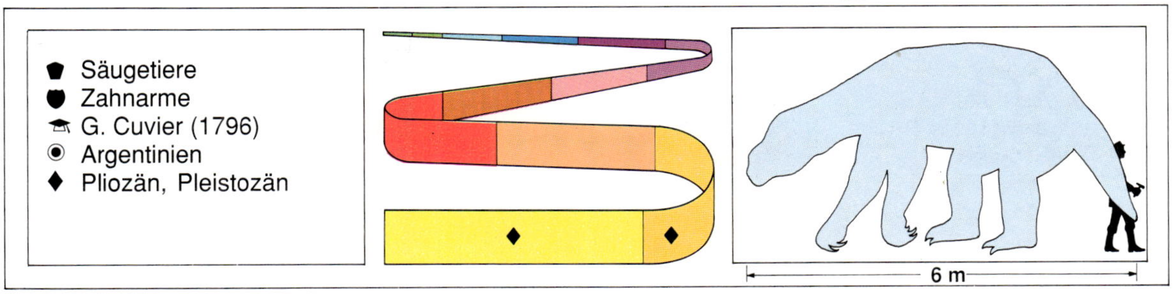

Die heute lebenden Faultiere sind Baumbewohner und verbringen den größten Teil ihres Lebens an einem Ast hängend. Dabei zeigt ihr Rücken nach unten, und die Haare ihres Felles wachsen – entgegen denen aller anderen Säugetiere – vom Bauch zum Rücken. In ihrem Fell siedeln sich oft Algen an, so daß die Tiere grün gefärbt und nur schwer zu entdecken sind.
Ihre vor etwa 35 Millionen Jahren lebenden Verwandten waren dagegen Bodenbewohner, was bei ihrer Größe und ihrem Gewicht nicht verwundert, denn sie waren so groß wie ein Elefant. Trotzdem konnte *Megatherium* sich aufrichten, wobei der starke Schwanz als Stütze diente. Mit den drei langen Krallen an den Vorderbeinen ergriff es Äste und Zweige und zog sie ans Maul. Blätter, Blüten und Früchte wurden dann von den starken und breiten Backenzähnen zermahlen.
In seiner ganzen Form und Körperhaltung erinnert das bis 3 t schwere Tier an einen riesigen Bären, mit dem es aber keineswegs verwandt ist. *Megatherium* gehört vielmehr zu den Nebengelenkern, einer Unterordnung, bei der die Tiere zwischen den Wirbeln besondere Gelenke besitzen. Mit den Gürteltieren und Ameisenbären zusammen bilden sie die große Gruppe der Zahnarmen. Mit welchen Säugetieren die Zahnarmen enger verwandt sind, ist bisher nicht bekannt.

Merychippus

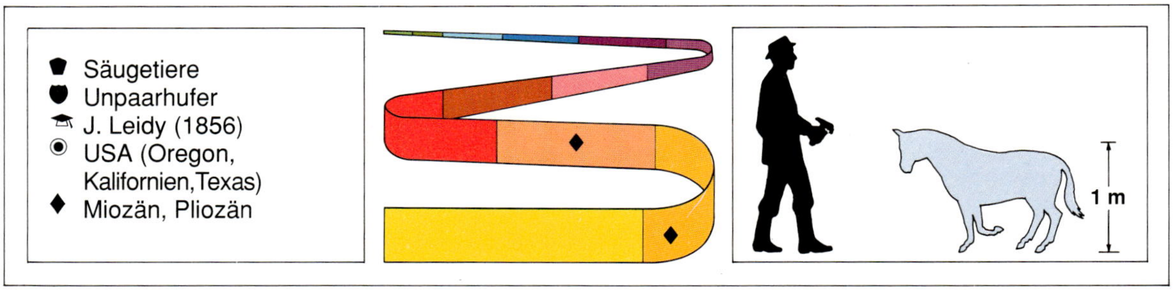

Die Entwicklung der Pferde vom kleinen Urpferdchen (*Hyracotherium*) zum heute lebenden Pferd nahm einen langen Zeitraum in Anspruch und führte über ganz verschieden aussehende Tiere. Erst mit *Merychippus* trat eine Form auf, die ohne jeden Zweifel als Pferd bezeichnet werden kann und einem heute lebenden Pony gleicht. *Merychippus* war der erste Grasfresser unter den Pferden; alle früheren Gattungen ernährten sich dagegen von Laub oder Früchten. Bei einem in der Grube Messel (bei Darmstadt) gefundenen Exemplar ließen sich in der Leibeshöhle sogar Kerne von Weintrauben nachweisen! Durch die neue Nahrung wurde eine Umbildung der Zähne notwendig, denn die Gräser enthalten viel Kieselsäure, die einen weichen Zahn schnell abschmirgelt. Die Zähne von *Merychippus* hatten deshalb eine hohe Krone und waren mit Zement verstärkt. Sie brauchten viel Platz – daher wurden die Kiefer länger, und es bildete sich der typische Pferdekopf heraus. Der Hals war bei *Merychippus* deutlich länger als bei seinen Vorfahren, denn die Tiere mußten den Kopf weit herabbeugen, um das Gras abzuweiden. Die langen Beine hatten nur je einen Huf; zwei Zehen waren zwar kürzer, aber noch gut ausgebildet. Die Tiere konnten schnell laufen und den Raubtieren entkommen.

Merycoidodon

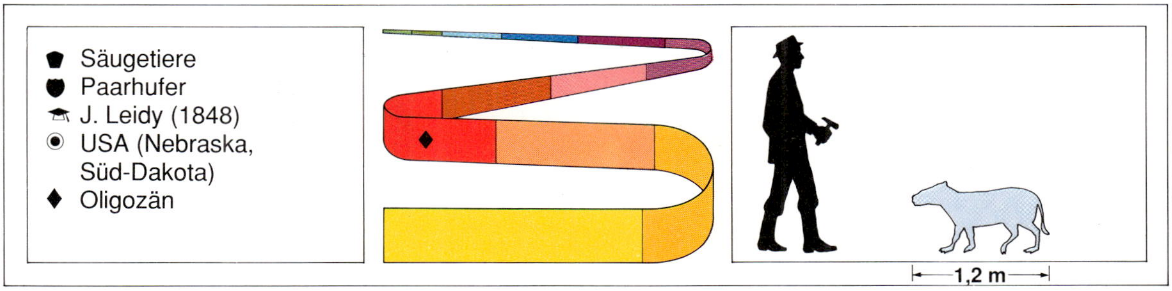

Merycoidodon gehört zu den Schwielensohlern, einer Unterordnung der Paarhufer, zu der auch die heute lebenden Kamele und Lamas zu rechnen sind. Die Schwielensohler sind vor etwa 40 Millionen Jahren in Nordamerika entstanden, waren vor allem im Oligozän und Miozän sehr formenreich und sind vor etwa 5 Millionen Jahren ausgestorben. Entwickelt haben sie sich wahrscheinlich aus den Schweineartigen, die eine andere Unterordnung der Paarhufer bilden. Deshalb ist es nicht verwunderlich, daß *Merycoidodon* Ausbildungen sowohl eines Schweines als auch eines Kameles zeigt.

Seine Gestalt stimmt eher mit einem Warzenschwein überein, allerdings ist der Körper im Verhältnis zur Größe länger, und die Beine sind kürzer. Ober- und Unterschenkel waren etwa gleich lang; an allen Beinen saßen vier Zehen mit gekrümmten Krallen. Schnell laufen konnte *Merycoidodon* damit sicherlich nicht, eher wurden die Krallen zum Abreißen von Blättern und Zweigen benutzt. Das Gebiß umfaßte 44 Zähne, bei denen die unteren Eckzähne wie Schneidezähne aussahen. Die Tiere lebten wahrscheinlich in größeren Herden in den Wäldern und Grasländern Nordamerikas.

Mesonyx

- Säugetiere
- Stammhuftiere
- E. D. Cope (1878)
- USA (Wyoming), Asien
- Eozän

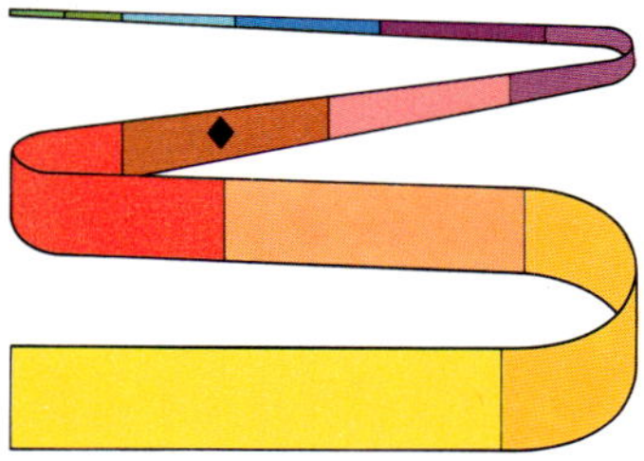

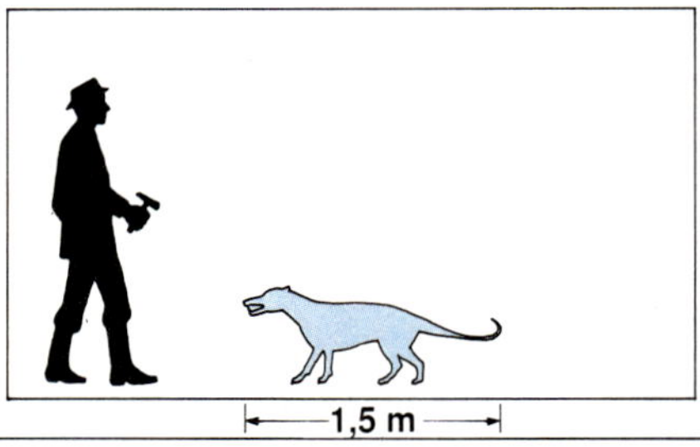

Mesonyx ist mit *Andrewsarchus* und *Arctocyon* verwandt und gehört zu einer Familie der Urtümlichen Huftiere, deren Vertreter Fleischfresser waren und vor ungefähr 60 Millionen Jahren entstanden. Obwohl *Mesonyx* viel kleiner war als *Andrewsarchus*, hatte er doch ebenfalls einen langgestreckten Schädel und große spitze Zähne, mit denen er kleinere Säugetiere zerreißen konnte. In manchen Ausbildungen erinnern die Zähne an die der Urwale (z.B. *Pakicetus*). Tatsächlich nehmen die Wissenschaftler an, daß sich aus diesem Verwandtschaftskreis die Urwale entwickelt haben, die später zu den erfolgreichsten Meerestieren geworden sind.

Mesosaurus

- Reptilien
- Rechengebißechsen
- P. Gervais (1869)
- Brasilien, Südafrika
- Perm

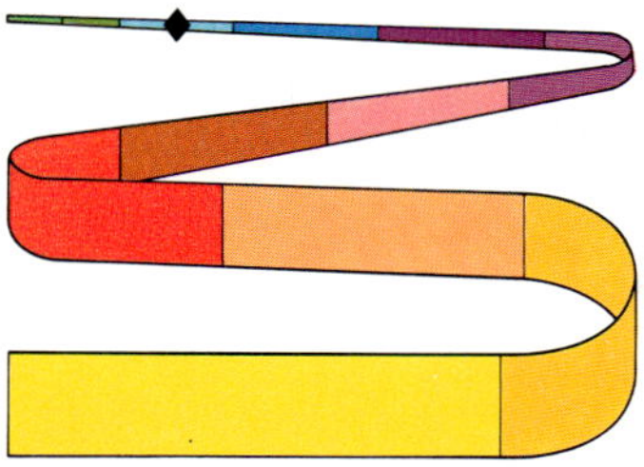

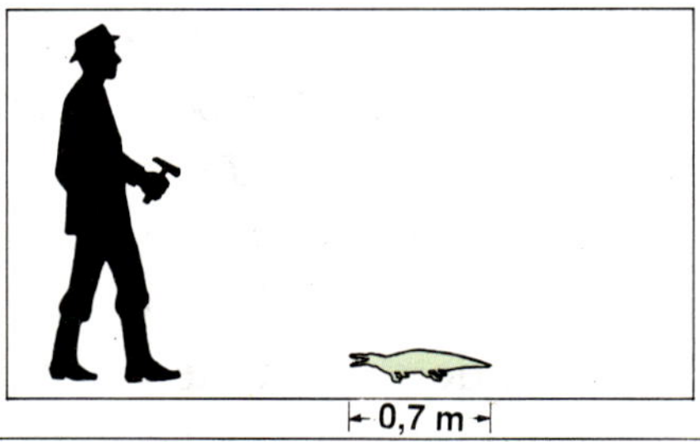

Mesosaurus ist der einzige Vertreter der urtümlichen Reptilien, der ganz an das Leben im Wasser angepaßt war. Wie der Name der Ordnung schon sagt, saßen die Zähne wie Rechen in den Kiefern. *Mesosaurus* siebte damit kleine Tiere aus dem Wasser.

Metoposaurus

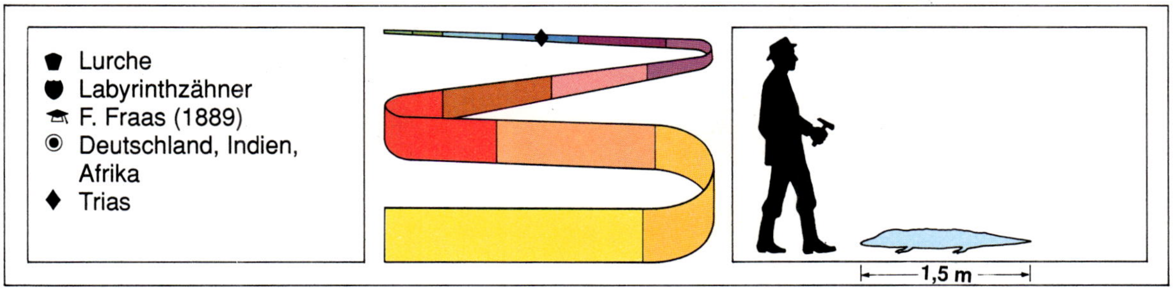

Die Besiedelung des Festlandes durch Lurche begann bereits im Oberdevon, aber erst aus Oberkarbon und Perm sind Versteinerungen verschiedener Amphibiengruppen bekannt. Gegen Ende des Perms starben diese urtümlichen Verwandschaftskreise aus, während andere erst zu Beginn der Trias auftraten. Zu ihnen gehört *Metoposaurus*, von dem viele verschiedene Arten in Deutschland, den USA und in Indien entdeckt worden sind. Es scheint, als ob die Tiere in größeren Gruppen an Teichen und kleinen Seen gelebt und sich von Fischen ernährt hätten. Wenn die Gewässer von Zeit zu Zeit austrockneten, starben nicht nur die Fische, sondern auch die Lurche. *Metoposaurus* hatte einen flachen Schädel, der am Vorderende (wie bei *Eryops* und *Greererpeton*) breit abgerundet war. Auffallend sind auf der Oberseite des Schädels offene Kanäle, die sich auf beiden Seiten paarweise nach hinten erstreckten und mit den Seitenlinien des Körpers in Verbindung standen. Mit ihnen konnten die Tiere Strömungen und Bewegungen im Wasser wahrnehmen, so wie das heute noch viele Fische tun. Auch darin zeigt sich die Abstammung der Lurche von den Fischen. *Metoposaurus* konnte mit Hilfe dieser Seitenlinienorgane seine Beutetiere auch im schlammigen Wasser aufspüren und sich mit langsamen Bewegungen seines Schwanzes auf den Fisch zubewegen, bis dieser in seine Reichweite kam und geschnappt wurde.

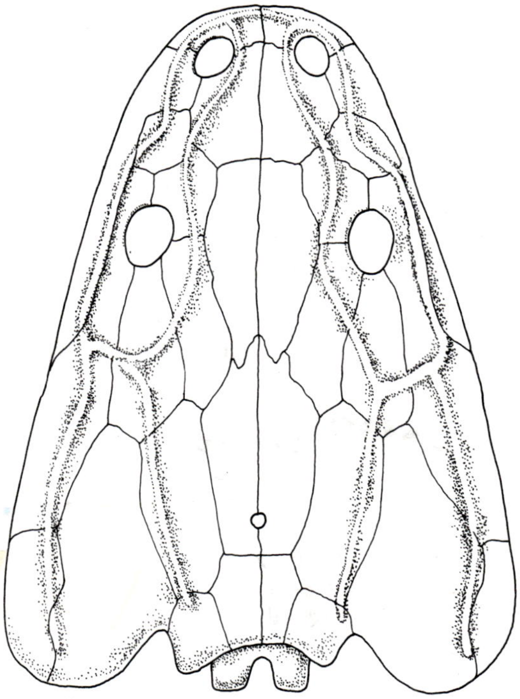

Schädel von *Metoposaurus*

Mixosaurus

- Reptilien
- Fischsaurier
- G. Baur (1887)
- Deutschland, Frankreich, Spitzbergen, Nordamerika, China
- Trias

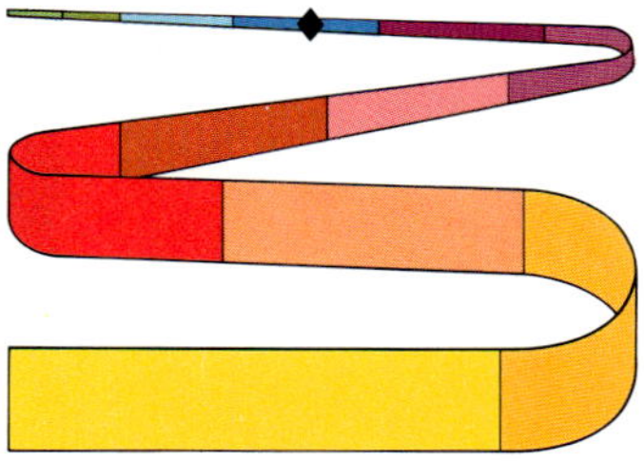

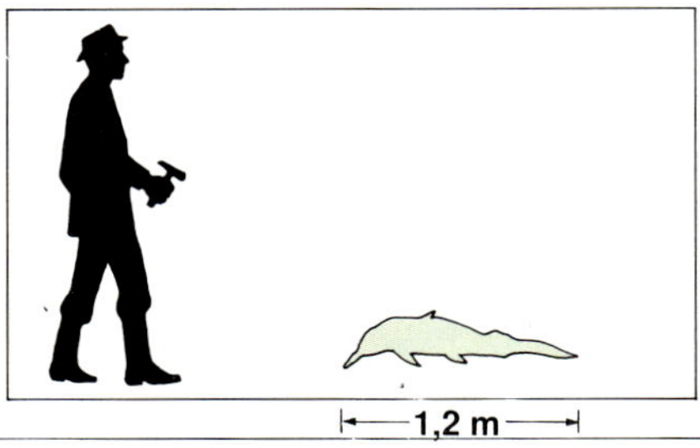

Die Fischsaurier waren von den meeresbewohnenden Reptilien am besten an das Leben im Wasser angepaßt. In der äußeren Form ähnelten sie einem Fisch, aber im Gegensatz zu diesem atmeten sie durch Lungen. *Mixosaurus* bewegte sich (wie alle Fischsaurier) durch seitliche Schläge seines Schwanzes fort, obwohl seine Gliedmaßen zu Paddeln umgebildet waren. Eine Rückenflosse hielt den Körper aufrecht; die Schwanzflosse war bei ihm noch verhältnismäßig schwach ausgebildet. Das Hinterende der Wirbelsäule war noch nicht so stark abgeknickt wie bei später auftretenden Fischsauriern. Der langgestreckte Kiefer war mit scharfen Zähnen besetzt. *Mixosaurus* ernährte sich von Fischen.

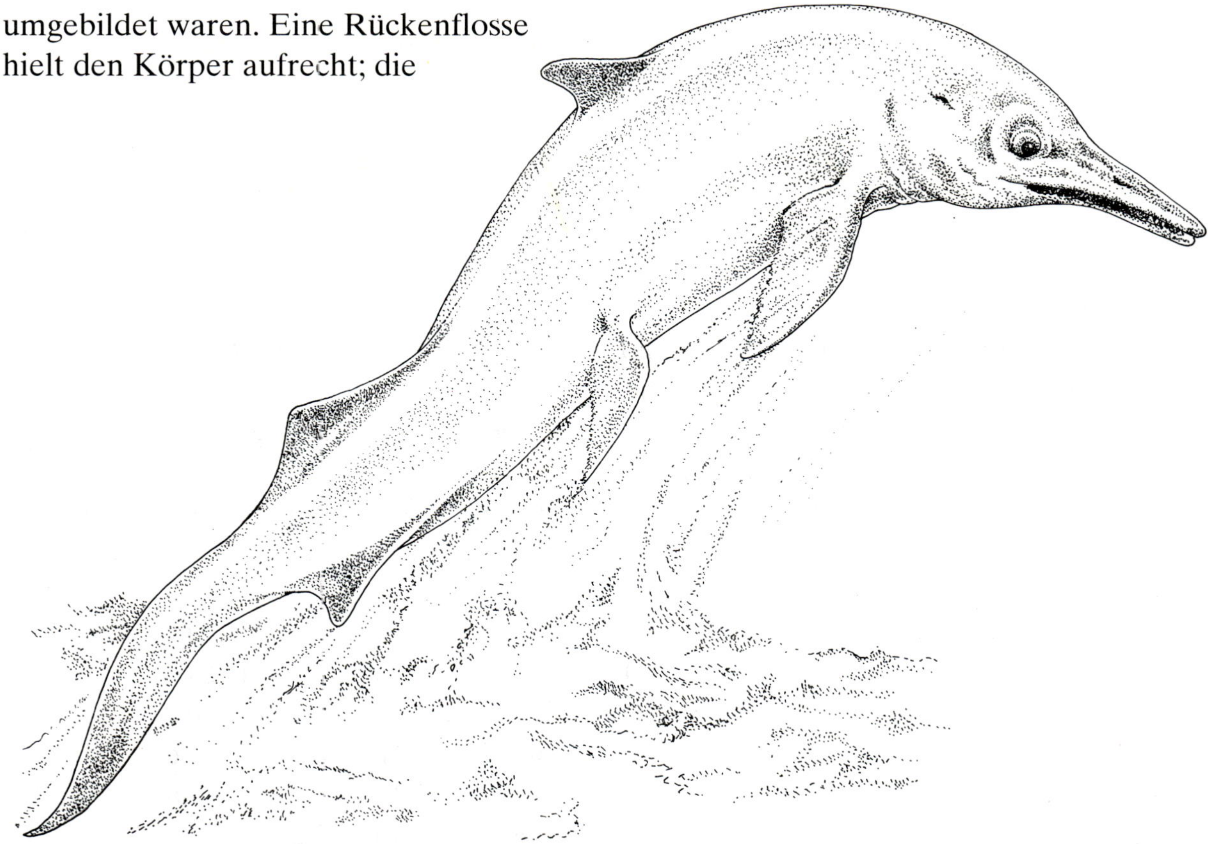

Moeritherium

- Säugetiere
- Rüsseltiere
- C. W. Andrews (1906)
- Senegal, Mali
- Eozän, Oligozän

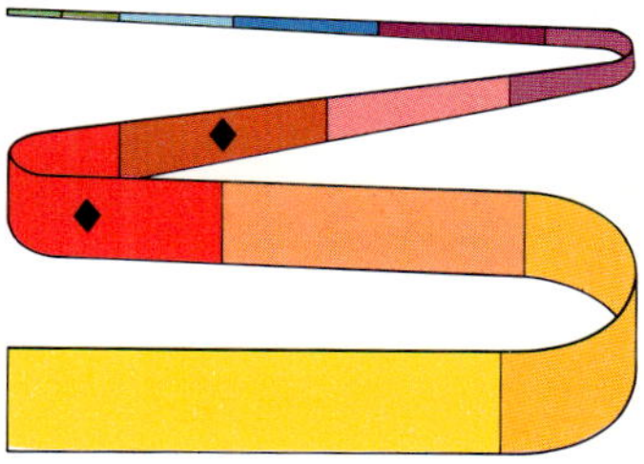

Moeritherium ist einer der ältesten und urtümlichsten Elefanten, doch stammen die später entstandenen Gattungen nicht von ihm ab; vielmehr bildet er einen Seitenast im Stammbaum der Elefanten.
Moeritherium sah eher einem kleinen Flußpferd ähnlich, hatte eine Schulterhöhe von 60 – 90 cm und war etwa 200 kg schwer. Die Nasenlöcher saßen an der Spitze der Schnauze, ein Rüssel war noch nicht ausgebildet. Die beiden Stoßzähne waren so kurz, daß sie kaum zum Wühlen benutzt werden konnten. Das besorgte die breite Oberlippe, mit der sumpfiger Boden aufgeworfen wurde.
Moeritherium lebte wahrscheinlich im flachen Wasser und war darin ebenfalls einem Flußpferd ähnlich. Augen und Ohren saßen im oberen Teil des Schädels und ragten auch beim Schwimmen über die Wasseroberfläche hinaus. Viele Merkmale des Schädels zeigen aber, daß *Moeritherium* zu den Elefanten gehört.

Morganucodon

- Säugetiere
- Triconodonten
- F. R. Parrington (1941)
- GB (Wales), China
- Trias, Jura

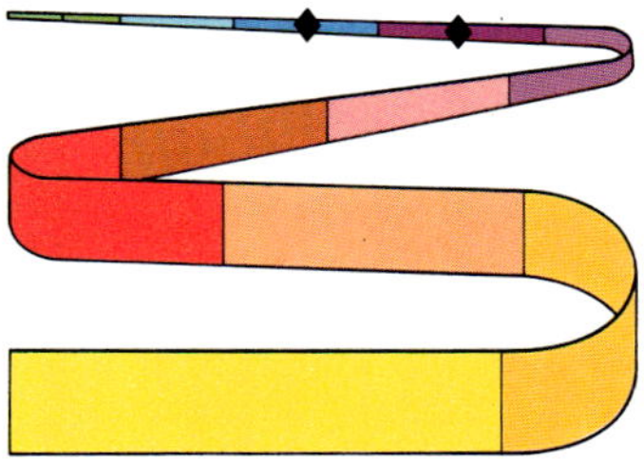

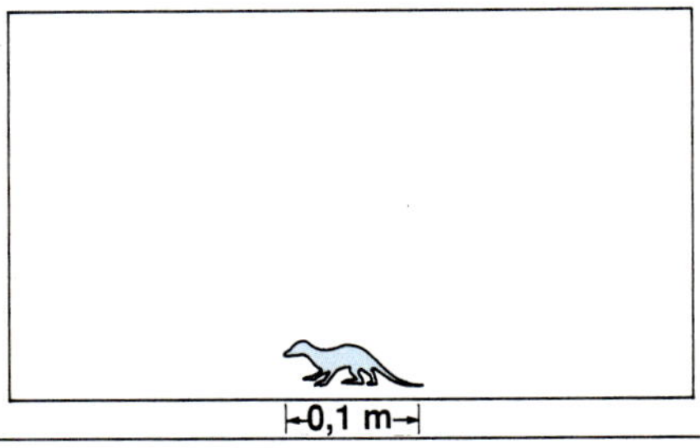

Morganucodon gehört zu einer der ältesten Säugetiergruppen, den »Dreihökkerzähnern« (das ist die wörtliche Übersetzung des Namens *Triconodonten*). Diese nur 10 – 12 cm langen Tiere lebten während der Trias in trockenen und heißen Gebieten und wechselten während des Jura in waldreiche Zonen über. *Morganucodon* erinnert an eine heute lebende Spitzmaus, war aber keineswegs mit ihr verwandt. Viele anatomische Merkmale weisen vielmehr auf Ähnlichkeiten mit Säugetierähnlichen Reptilien hin, aus denen sich die Säugetiere tatsächlich entwickelt haben. Die langgestreckte Schnauze und die spitzen Zähne zeigen, daß sich *Morganucodon* von Insekten und kleinen Reptilien ernährte, die mit den langen, mit Krallen bewehrten Fingern ergriffen wurden. Die Tiere hatten eine gleichbleibende Körpertemperatur und legten wahrscheinlich Eier mit einer ledrigen Schale.

Moropus

- Säugetiere
- Unpaarhufer
- J. Leidy (1873)
- USA (Nebraska, Kalifornien)
- ♦ Miozän

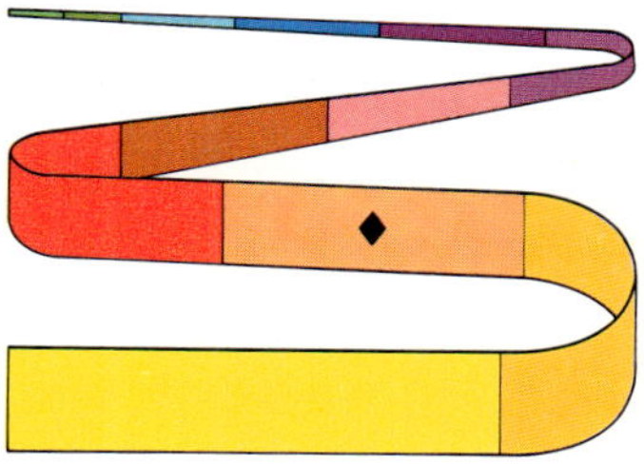

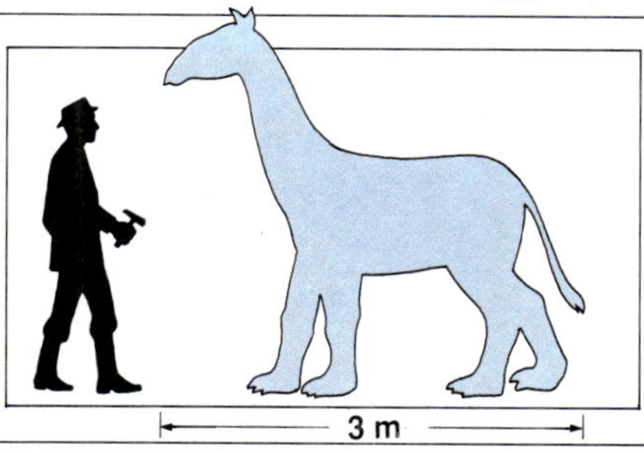

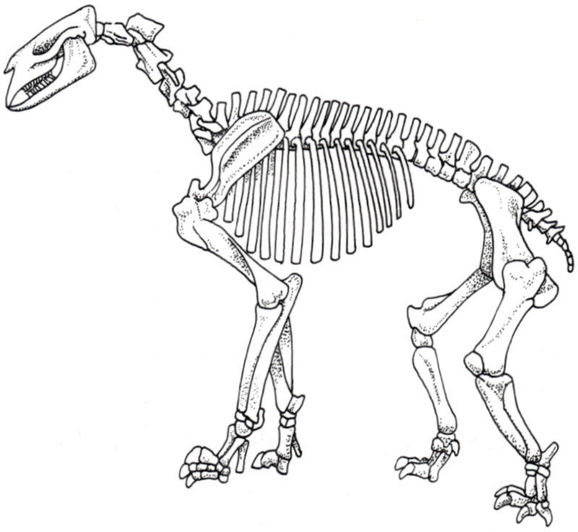

Moropus ist eng mit *Chalicotherium* verwandt und bildet mit diesem zusammen eine ganz eigenartige Gruppe der Unpaarhufer. Während die Pferde, Tapire und Nashörner (die heute lebenden Vertreter der Unpaarhufer) Hufe an ihren Beinen haben, trugen *Moropus* und *Chalicotherium* Krallen an den Zehen. Darauf weist auch die wörtliche Übersetzung der Bezeichnung dieser Familie hin: »Pferde mit Krallen«.
Moropus war größer als unsere heutigen Pferde, hatte aber eine ähnliche Gestalt. Allerdings waren die Vorderbeine länger als die Hinterbeine, so daß die Rückenlinie nach hinten abfiel. Schnell laufen konnte *Moropus* sicherlich nicht. Die an jeder Zehe sitzende Kralle wurde wie bei einer Katze beim Laufen zurückgezogen. Wozu die Krallen benutzt wurden, ist unklar; vielleicht gruben die Tiere damit Wurzeln aus dem Boden, vielleicht richteten sie sich aber auch auf den Hinterbeinen auf und rissen Blätter und Zweige von den Bäumen. Möglicherweise wurden die Krallen außerdem zur Verteidigung benutzt.
Die Zähne von *Moropus* hatten eine niedrige Krone; das zeigt, daß sie nicht zum Zerreiben von harten Grasblättern, sondern von weichen Blättern benutzt wurden. Trotz ihrer eigenartigen Gestalt scheinen *Moropus* und *Chalicotherium* recht erfolgreiche Tiere gewesen zu sein, denn ohne große Weiterentwicklung lebten sie mehr als 50 Millionen Jahre lang auf der Erde und starben erst vor etwa 2 Millionen Jahren aus.

Mosasaurus

- Reptilien
- Schuppenkriechtiere
- W. D. Conybeare (1822)
- Frankreich, Schweden, USA (New Jersey), Afrika
- Kreide

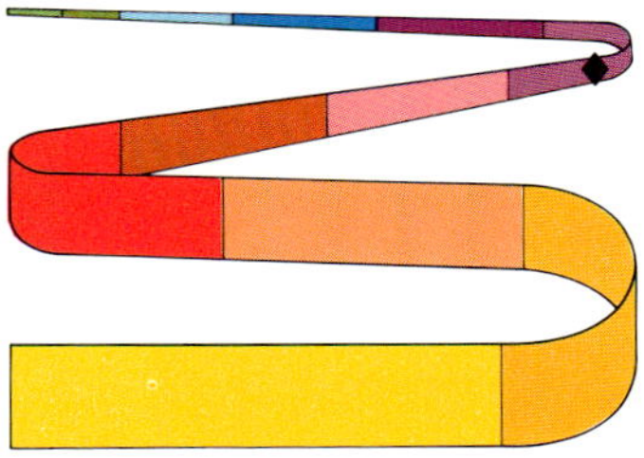

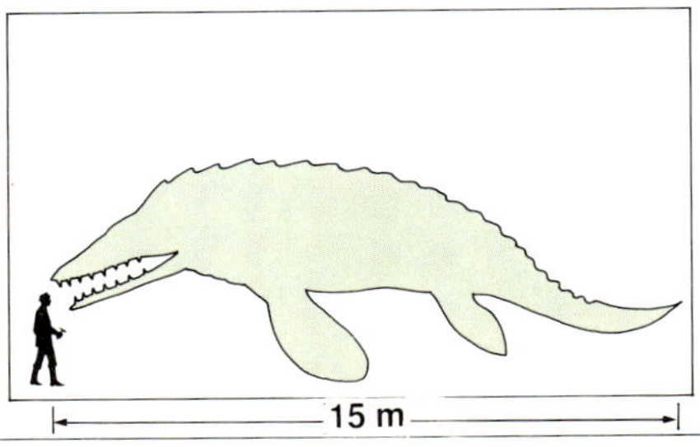

Mosasaurus, die Maasechse, gehört zum Verwandtschaftskreis der Warane. Er lebte aber nicht auf dem Festland, sondern war ein hochspezialisierter Bewohner der Küstengewässer. In der Oberkreide, als die Fischsaurier ihren Höhepunkt bereits überschritten hatten, übernahm *Mosasaurus* für kurze Zeit deren Rolle.
Er hatte einen bis zu 15 m langen Körper, der von einem seitlich abgeflachten Schwanz durchs Wasser getrieben wurde. Die zu Paddeln umgebildeten Beine erhöhten seine Geschwindigkeit und dienten gleichzeitig als Steuer. Die langen Kiefer des riesigen Kopfes waren mit spitzen Zähnen besetzt, mit denen Fische ergriffen, aber auch die Gehäuse der Weichtiere zerknackt werden konnten. Trotz seines Aussehens gehört *Mosasaurus* nicht zu den Fischsauriern, sondern ist eine echte Echse.

Moschops

- Reptilien
- Säugetierähnliche Reptilien
- R. Broom (1911)
- UdSSR (Rußland), Südafrika
- Perm

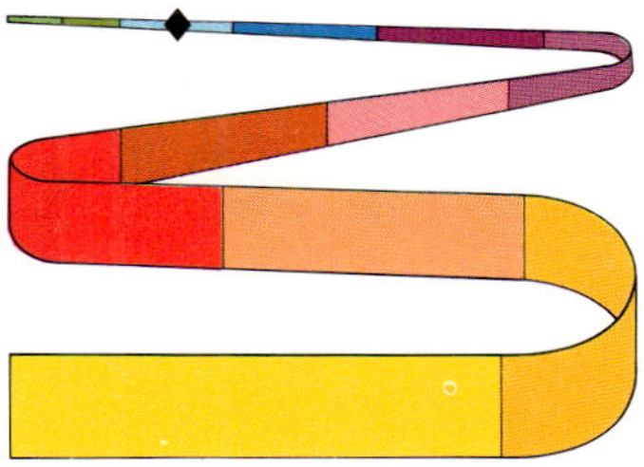

Unter den zahlreichen Säugetierähnlichen Reptilien des Oberperms gab es Vertreter, die unserer Vorstellung von einem Reptil überhaupt nicht entsprechen. Zu ihnen gehört *Moschops* und auch der eng mit ihm verwandte *Estemmenosuchus*. *Moschops* wurde in Südafrika gefunden, wo auch viele andere Säugetierähnliche Reptilien entdeckt worden sind.

Auf seinem riesigen Körper saß ein mächtiger Kopf; die Knochen des Vorderkopfes waren bis zu 10 cm stark verdickt. Vielleicht war das nur bei den Männchen der Fall, und diese kämpften untereinander um die Rangordnung innerhalb der Herde und um die Weibchen, indem sie mit gesenktem Kopf gegeneinander anrannten.

Bei seinem riesigen Gewicht konnte sich *Moschops* sicherlich nur schwerfällig bewegen. Seine Rippen umschlossen einen mächtigen Brustkorb mit einem großen Verdauungstrakt, der für die Verdauung pflanzlicher Nahrung nötig war. Schultergürtel und Beckengürtel bestanden aus großen, schweren Knochen. Die Beine waren kräftig und muskulös, die Vorderbeine länger als die Hinterbeine. Die Kiefer trugen kurze, scharfe Zähne, mit denen die Pflanzen abgebissen wurden.

Neandertaler

- Säugetiere
- Primaten
- H. Schaafhaysen (1857)
- Deutschland, Österreich, Frankreich, Türkei
- Pleistozän

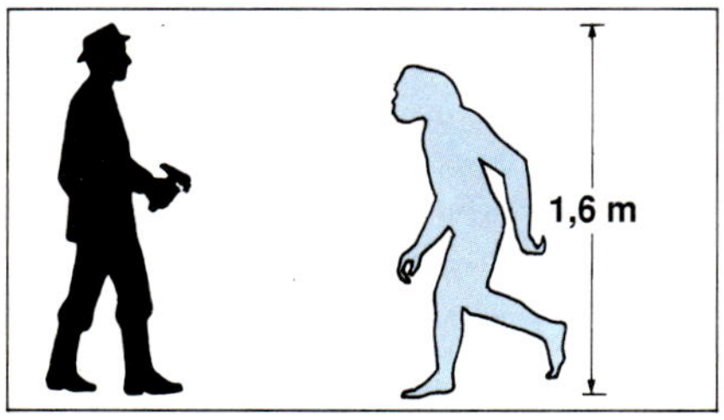

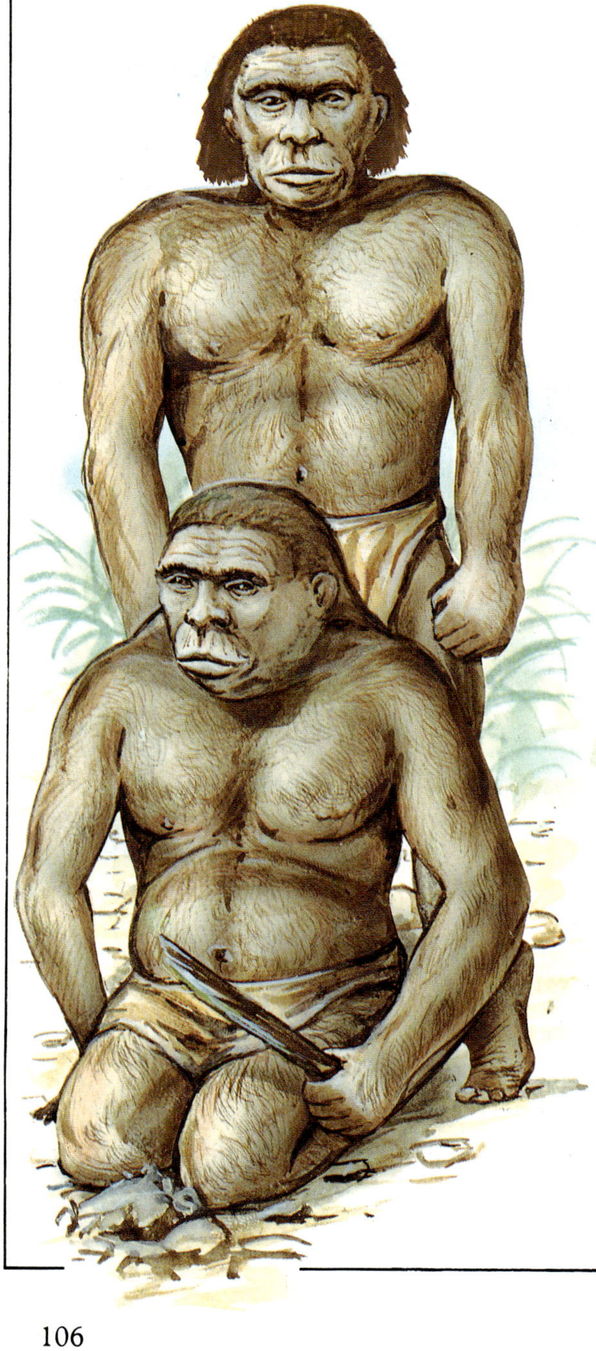

Alle Fossilien, die bisher von Hominiden gefunden worden sind, stellt man heute in zwei Gattungen: *Australopithecus* (den »Südmenschenaffen«) und *Homo* (den Menschen). Der Neandertaler gehört zur zweiten Gattung und bildet mit dem heute lebenden Menschen zusammen eine Art – allerdings eine eigene Unterart: *Homo sapiens neanderthalensis.* Seinen Namen hat er nach dem Fundort Neandertal bei Düsseldorf, wo 1856 das erste Skelett entdeckt wurde. In der folgenden Zeit wurden auch in anderen Ländern Reste dieses Menschen gefunden, so daß man sich ein recht gutes Bild von seinem Aussehen machen kann.

Der Neandertaler hatte einen gedrungenen, kräftigen Körper mit großem Kopf und starken Händen. Seine Nase war kurz und knollenförmig, und über den Augen befand sich ein Knochenwulst. Das Gehirn war etwa 1400 cm^3 groß, größer als der Durchschnitt bei den heute lebenden Menschenrassen. Er stellte Werkzeuge her und begrub seine Toten, die mit Opfergaben versehen wurden. Der Neandertaler entstand vor etwa 250 000 Jahren und starb vor 30 000 Jahren aus.

Necrolestes

- Säugetiere
- Beuteltiere
- B. Patterson (1952)
- Argentinien
- Miozän

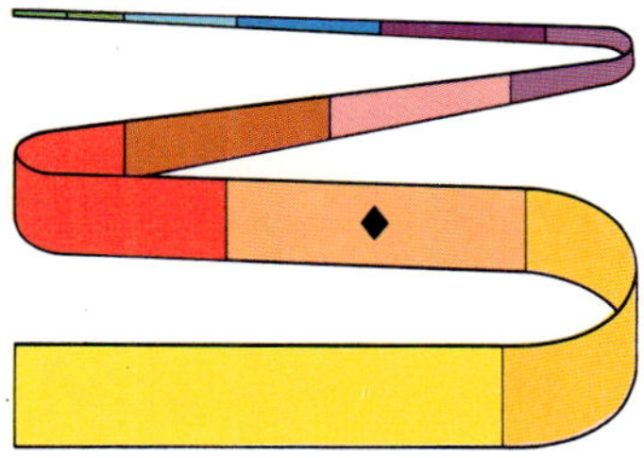

Manchmal ist die Untersuchung eines versteinerten Tieres alles andere als erfreulich. Da hat man nun etwas gefunden, das mit Sicherheit völlig neu für die Wissenschaft ist - und dann sind die Reste so spärlich, daß man weder über das Aussehen des Tieres noch über seine Lebensweise etwas sagen kann. Insbesonders trifft das auf *Necrolestes* zu, den »Totenräuber«, wie sein Name wörtlich übersetzt heißt. Nur die Kieferspitze mit einer merkwürdig nach oben gebogenen Schnauze und einer Reihe von Zähnen wurde entdeckt. Daraus läßt sich erkennen, daß dieser Winzling ein insektenfressendes Beuteltier war, das vielleicht einen guten Geruchssinn hatte und seine Beutetiere ertastete. Daß er sich wie ein Maulwurf durch den Boden grub, ist reine Vermutung.

Neotherium

- Säugetiere
- Raubtiere
- A. R. Kellog (1913)
- USA (Kalifornien)
- Miozän

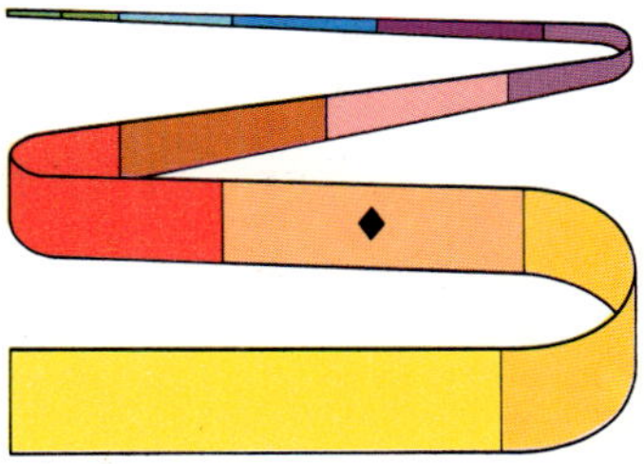

Die heutigen Seehunde, Walrosse, Seelöwen und Seebären sind ganz an das Leben im Meer angepaßt und ernähren sich (mit Ausnahme der Walrosse) von Fischen. Diese Wasserraubtiere stammen alle von Landbewohnern ab. *Neotherium* gehört zur Familie der Walrosse und unterscheidet sich in der Körperform nur wenig von den heute lebenden Vertretern. Das Tier war deutlich kleiner, und auch die großen Eckzähne fehlten, mit denen die Walrosse heutzutage Muscheln von den Felsen schaben oder aus dem Boden graben.

Nothosaurus

- Reptilien
- Bastardsaurier
- G. von Münster (1834)
- Deutschland, Südafrika
- Trias

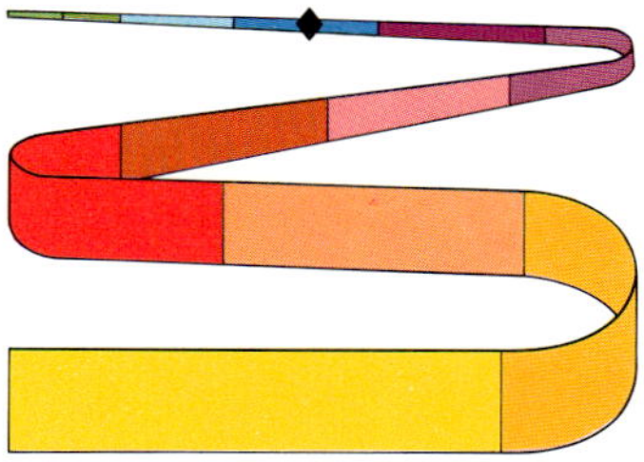

Die Bezeichnung Bastardsaurier geht auf den Fund eines *Nothosaurus* im Jahre 1834 im Muschelkalk von Bayreuth zurück. Die Wissenschaftler stellten in ihm Merkmale verschiedener Tierarten fest, wie sie auch bei Bastarden auftreten. Heute kennt man mehrere Dutzend verschiedener Gattungen in diesem Verwandtschaftskreis, der dennoch seinen Namen behalten hat. *Nothosaurus* hatte einen langen Hals und einen stromlinienförmigen Körper. Die Zehen seiner kurzen Beine waren durch Schwimmhäute verbunden. Alles deutet darauf hin, daß *Nothosaurus* ein geschickter und schneller Schwimmer war und Fische jagte. Seine Kiefer waren mit schmalen, spitzen Zähnen besetzt. Tagsüber sonnte er sich vielleicht an der Küste auf den Felsen. Ob *Nothosaurus* mit den Schwanenhalsechsen verwandt ist, wird noch diskutiert.

Nothrotherium

Säugetiere
Zahnarme
R. Lydekker (1894)
Süd- und Nordamerika
Pleistozän

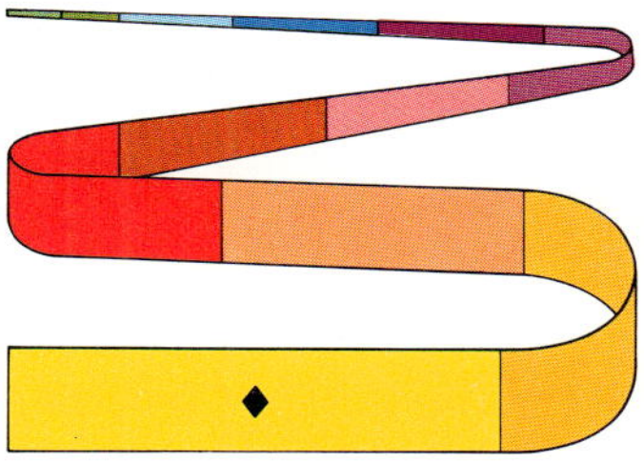

Vor etwa 3 Millionen Jahren entstand zwischen Nord- und Südamerika über Panama eine Landbrücke, wie wir sie heute kennen. Die bodenbewohnenden Südamerikanischen Faultiere konnten sich jetzt nach Norden ausbreiten und besiedelten sogar den Südwesten der heutigen USA. Dort wurden Versteinerungen von *Nothrotherium* gefunden, einem Faultier, das vor etwa 11 000 Jahren ausgestorben ist. In einigen Höhlen wurden nicht nur Knochen, sondern auch Fell und Kot entdeckt. Danach war *Nothrotherium* gelblich gefärbt und ernährte sich von Wüstenpflanzen. Es ist möglich, daß *Nothrotherium* von den ältesten Bewohnern Nordamerikas ausgerottet wurde.

Notostylops

Säugetiere
Südhuftiere
F. Ameghino
Argentinien
Eozän

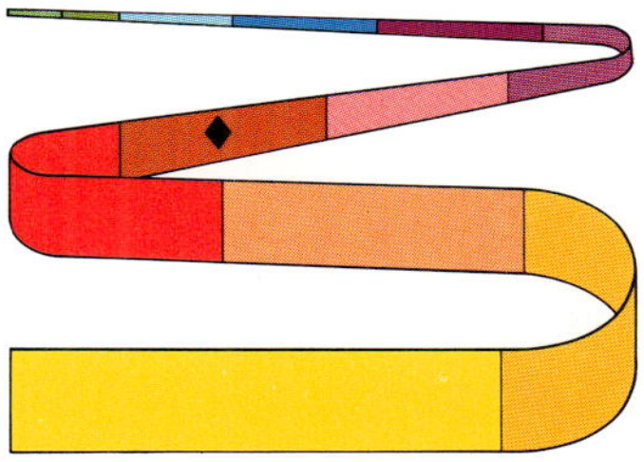

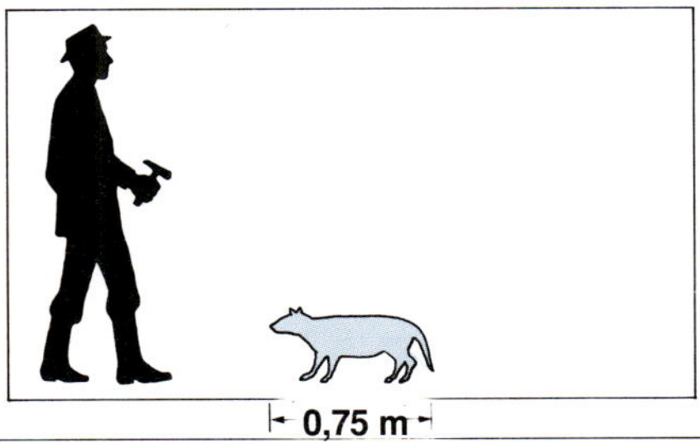

Während des Alttertiärs, als die beiden amerikanischen Landmassen voneinander getrennt waren, entwickelten sich in Südamerika zahlreiche urtümliche Huftiergruppen, die seit langem ausgestorben sind. *Notostylops*, der zu ihnen gehört, hatte etwa die Gestalt eines Schafes und war ein Pflanzenfresser. Seine Schneidezähne waren wie bei einem Nagetier ausgebildet und wurden zum Zerkleinern von Blättern und Zweigen benutzt. Sie waren durch eine Lücke von den Backenzähnen getrennt. Die große Anzahl von Zähnen (es waren im ganzen 44) und ihre wenig spezialisierte Form weisen darauf hin, daß es sich um den Vertreter einer sehr primitiven Säugetiergruppe handelt.

Ophiderpeton

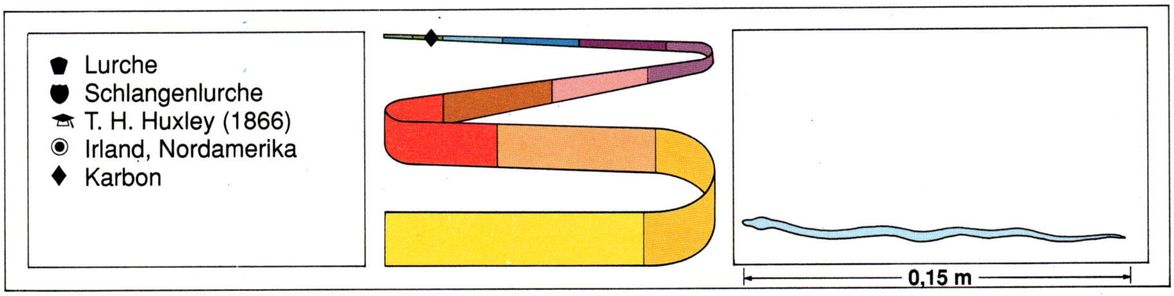

Etwa 20 Millionen Jahre nach dem Erscheinen der ersten Lurche (z.B. *Ichthyostega*) gab es im Karbon bereits Formen, die äußerlich einer Schlange ähnelten, aber keineswegs mit diesen Reptilien verwandt waren. Sie werden zur Ordnung Schlangenlurche zusammengefaßt. Die Gliedmaßen, die bei *Ichthyostega* gut ausgebildet waren, waren bei den Schlangenlurchen völlig zurückgebildet, und das zeigt, daß es sich hier um eine sehr spezialisierte Gruppe handelt.
Ophiderpeton hatte etwa 230 Rückenwirbel, während jeder Rest eines Schulter- oder Beckengürtels fehlte. Der Schädel war etwa 15 cm lang und hatte am vorderen Ende große Augen. Wahrscheinlich konnte sich das Tier nicht nur auf dem Boden geschickt fortbewegen, sondern auch gut schwimmen. Man nimmt an, daß *Ophiderpeton* in abgefallenen Pflanzenteilen auf dem Boden wühlte und dabei Insekten und ihre Larven aufstöberte, um sie zu verzehren. Im Karbon war diese Laubschicht in den dichten, von Farnen, Siegelbäumen, Schuppenbäumen, Schachtelhalmen und anderen baumförmigen Pflanzen gebildeten Wäldern sicher sehr dick. Sie wurde außer von Insekten auch von Tausendfüßern, Würmern, Schnecken und vielen anderen Wirbellosen Tieren bewohnt. Daß die Schlangenlurche hier genug Nahrung fanden und wenige Feinde hatten, ist daran zu erkennen, daß sie mehr als 80 Millionen Jahre lang die Erde bewohnten, ohne in diesem langen Zeitraum ihre Gestalt oder ihre Lebensweise zu verändern.

Ophthalmosaurus

Ophthalmosaurus

- Reptilien
- Fischsaurier
- H. G. Seeley (1874)
- Frankreich, Norwegen, England, Nord- und Südamerika
- Trias

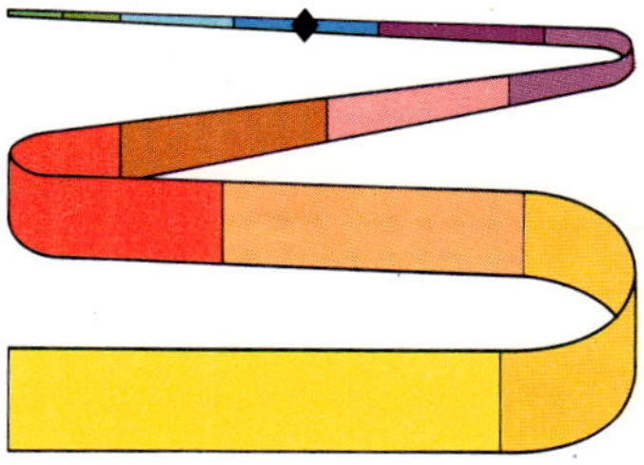

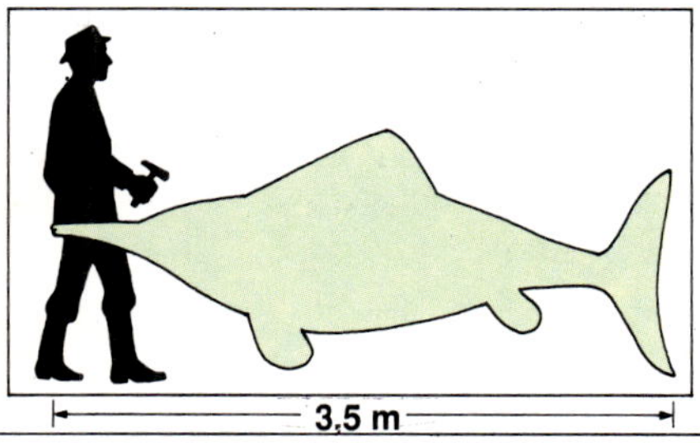

Ophthalmosaurus lebte zur gleichen Zeit wie der eng mit ihm verwandte *Ichthyosaurus*, war aber ein noch besserer Schwimmer. Sein Körper war im vorderen Teil muskulös und kräftig und lief hinten in eine fast halbmondförmige Schwanzflosse aus. Vor allem die Vorderbeine waren zu großen Paddeln umgebildet, die aber nicht zum Antrieb dienten, sondern mit den kleineren Hinterpaddeln und der großen Rückenflosse zusammen den Körper in der richtigen Lage hielten, wenn er durch seitliche Schläge der Schwanzflosse angetrieben wurde.

Die riesigen, etwa 10 cm großen Augen waren von einem Ring kleiner Knochenplatten umgeben. Wahrscheinlich wurden die Augen bei hohem Wasserdruck geschützt, wenn die Tiere tief tauchten. Vielleicht ernährte sich *Ophthalmosaurus* nicht nur von Fischen, sondern auch von großen Kalmaren. Wie alle Fischsaurier brachte *Ophthalmosaurus* lebendige Junge zur Welt, die im Wasser geboren wurden und gleich nach der Geburt zum Atmen an die Oberfläche gelangen mußten.

Ornithosuchus

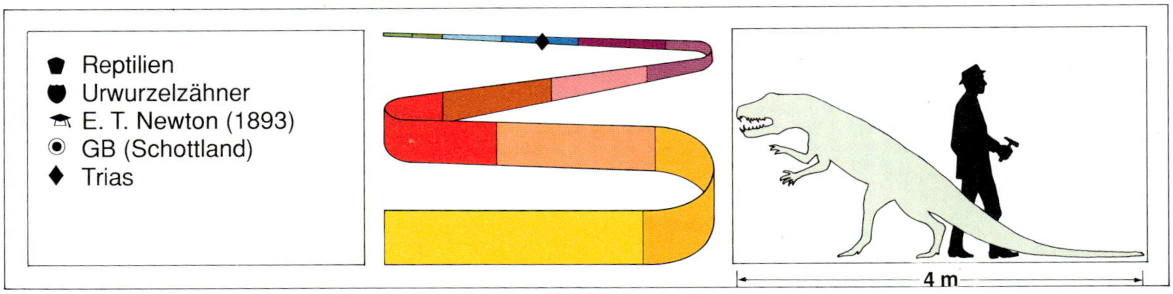

Die bekannteste und aufregendste Gruppe der Großsaurier, die Dinosaurier, entstand vor etwa 230 Millionen Jahren. Die ältesten kleinen Fleischfressenden Dinosaurier liefen auf den Hinterbeinen. Ihre Vorderbeine waren viel kürzer und reichten oftmals gerade zum Maul. Hervorgegangen waren sie aus den Urwurzelzähnern, bei denen es zwei verschiedene Gruppen gab. Bei der einen ähnelten die Tiere äußerlich einem Krokodil. Hierzu gehören z.B. *Proterosuchus* und *Erythrosuchus*, die ältesten und urtümlichsten Vertreter, auch *Parasuchus* und *Ticinosuchus* sowie der pflanzenfressende *Stagonolepis*, die alle in diesem Buch beschrieben sind. Eine andere Gruppe lief dagegen nur auf den Hinterbeinen, und diese Vertreter gelten als die direkten Vorfahren der Dinosaurier. *Ornithosuchus* gehört zu ihnen. Er hatte mehrere Reihen von Knochenplatten auf dem Rücken und ein breites Becken, das nur über drei Wirbel mit der Wirbelsäule verbunden war.

Oxyaena

- Säugetiere
- Urraubtiere
- E. D. Cope (1874)
- Frankreich, USA (Colorado, Wyoming)
- Paläozän, Eozän

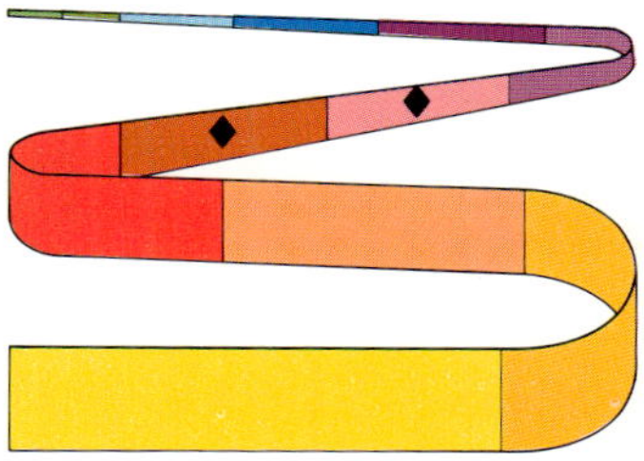

Vor 60 bis 30 Millionen Jahren im Alttertiär gab es mit Ausnahme von Südamerika und Australien überall auf der Erde fleischfressende Säugetiere. Ihr Gebiß war ganz an diese Nahrung angepaßt, und ihr Vorkommen in vielen Gattungen und Arten zeigt, daß es sich um eine sehr erfolgreiche Gruppe gehandelt hat. Man stellt diese Formen in zwei verschiedene Familien zusammen, bei denen *Oxyaena* zur einen, *Hyaenodon* zur anderen gerechnet werden. Ob die Urraubtiere, die bereits vor etwa 7 Millionen Jahren ausstarben, einen einheitlichen Verwandtschaftskreis bildeten, wird bezweifelt. Man kann sie auch nicht als die Vorfahren der Raubtiere ansehen, denn es gibt zu diesen wichtige Unterscheidungsmerkmale. Die Urraubtiere hatten ein deutlich kleineres Gehirn, andere Fußknochen und ein anderes Gebiß als die Raubtiere; auch war ihr Mittelohr nicht von einem Knochen eingeschlossen. Mit ihren verhältnismäßig kurzen Beinen konnten sie nicht sehr schnell laufen. *Oxyaena* hatte einen rundlichen Schädel wie eine Katze und besaß lange Fangzähne sowie dreispitzige Backenzähne, mit denen das Fleisch und möglicherweise sogar die Knochen der Beutetiere zerkleinert wurden. An den Vorder- und Hinterbeinen saßen je fünf Zehen mit eigenartig gespaltenen Krallen. Es ist kaum vorstellbar, daß die Tiere schnell laufen konnten; wahrscheinlich lebten sie eher in lichten Wäldern als im offenen Grasland.

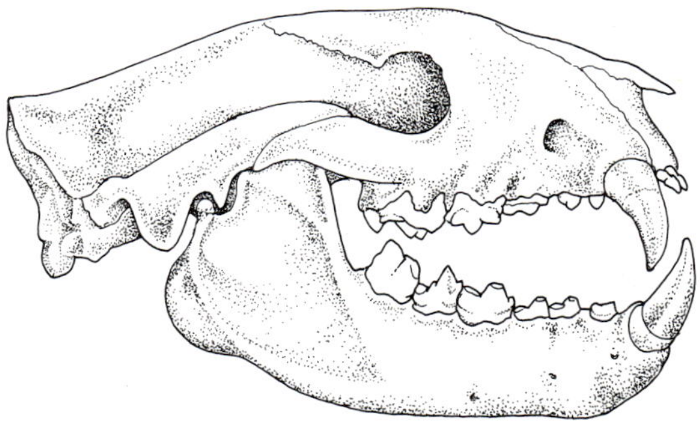

Schädel von *Oxyaena* (22 cm lang)

Oxyaena ist aus dem Paläozän und Eozän Nordamerikas und Europas bekannt. Wahrscheinlich jagten die Tiere die kleinen Pflanzenfresser ihrer Zeit, z.B. *Hyopsodus*, *Hyracotherium* und *Pantolambda*. Gemessen an seinen zahlreichen Verwandten war *Oxyaena* verhältnismäßig klein, etwa so groß wie ein Vielfraß.

Pakicetus

- Säugetiere
- Wale
- P. D. Gingerich und D. E. Russell (1981)
- Pakistan
- Eozän

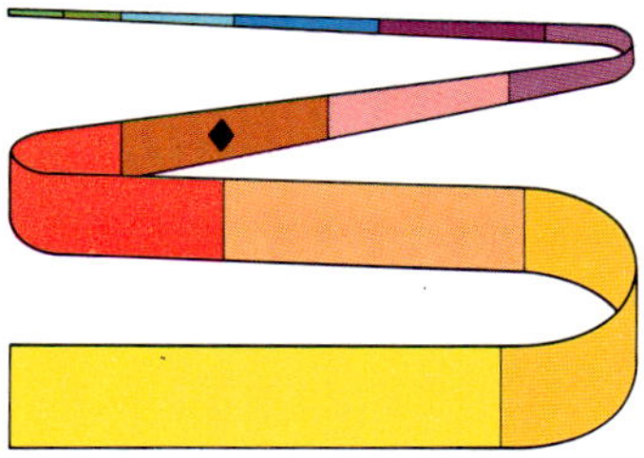

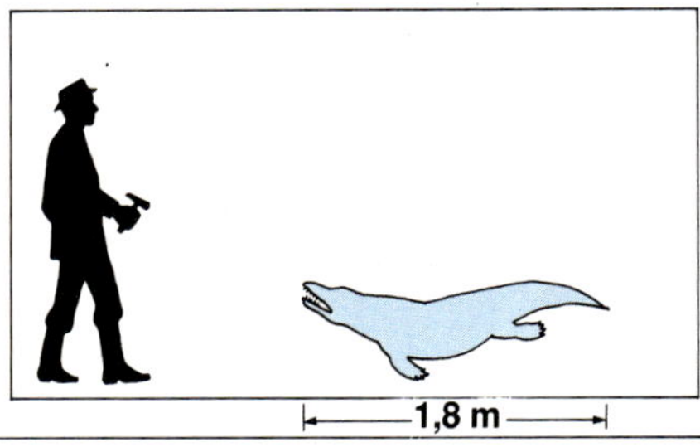

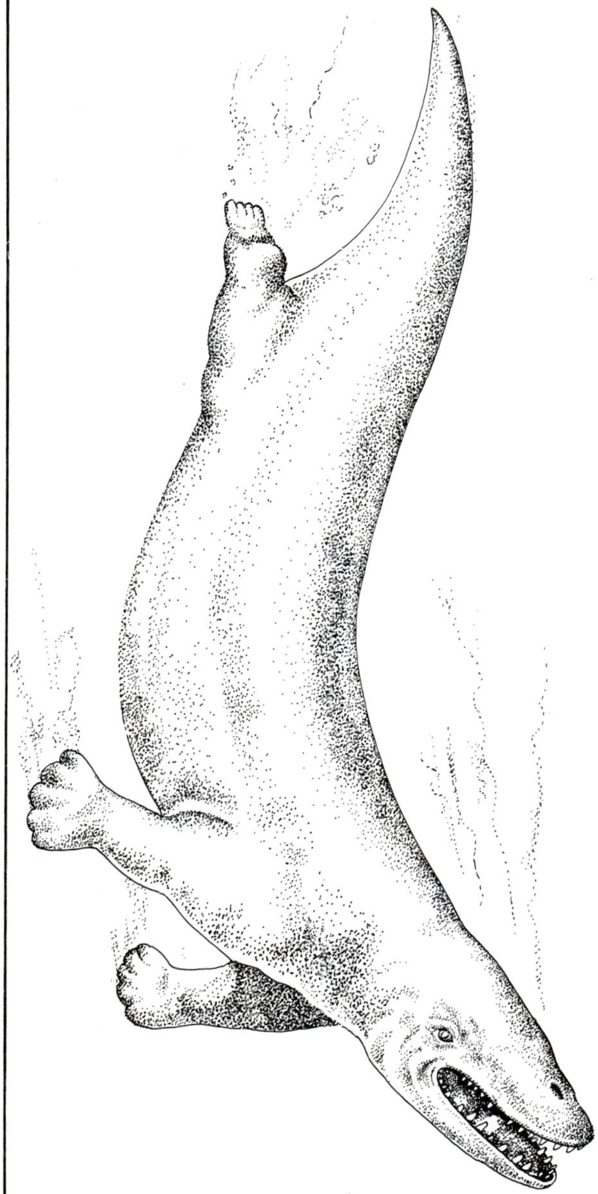

Bis vor kurzer Zeit beruhte die Kenntnis der fossilen Wale weitgehend auf *Basilosaurus*, einem riesigen Tier von etwa 20 m Länge. Obwohl *Basilosaurus* eindeutig zu den Urwalen gehört, kann man nicht erkennen, aus welcher Gruppe der landbewohnenden Säugetiere er sich entwickelt hatte.
Neue Erkenntnisse hierüber brachte der Fund von *Pakicetus*, dem bisher ältesten Wal, der am Ufer des Tethysmeeres lebte. Obwohl nur Teile des Schädels, Zähne und Abschnitte des Unterkiefers gefunden wurden, lassen sich daraus Schlüsse auf die Abstammung ziehen. Die Form der Zähne sowie die Höcker der Backenzähne zeigen wichtige Übereinstimmungen mit einer Gruppe fleischfressender urtümlicher Huftiere, z.B. *Andrewsarchus* und *Mesonyx*. Man nimmt heute an, daß *Pakicetus* diesen Tieren auch in anderen Merkmalen recht ähnlich war. Da *Pakicetus* zusammen mit landbewohnenden Tieren gefunden wurde, kann man schließen, daß er sich zeitweise auf dem Lande fortbewegte. Dazu mußte er noch ausgebildete Gliedmaßen haben. Auf diesen Überlegungen beruht die Rekonstruktion des Tieres in diesem Buch.

Palaeocastor

- Säugetiere
- Nagetiere
- J. Leidy (1856)
- USA (Nebraska), Asien
- Oligozän, Miozän

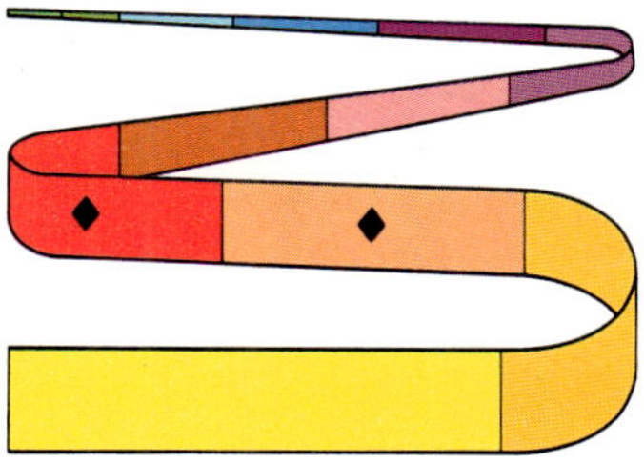

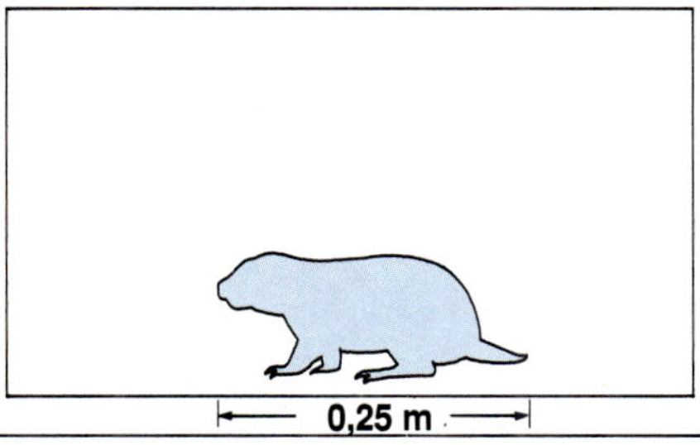

Die Geschichte der Biber reicht mehr als 35 Millionen Jahre zurück. Zu dieser Zeit gab es bereits Tiere, die – wie ihre heute lebenden Verwandten – in der Nähe von kleinen Seen Bäume fällten und aus ihnen Dämme bauten. Auch ihre »Burg« legten sie im Wasser an, und nur die Wohnkammer überragte die Wasseroberfläche.

Palaeocastor lebte jedoch auf dem Festland und baute sein Nest in der Erde. Es lag bis zu 2,5 m unter der Erdoberfläche und war durch einen korkenzieherartigen Gang zu erreichen. Lange Zeit hatten die nordamerikanischen Wissenschaftler darüber gerätselt, was diese merkwürdigen versteinerten Gebilde zu bedeuten hätten. Sie gaben ihnen sogar einen Namen: *Daimonelix*, das bedeutet soviel wie »Korkenzieher des Teufels«. Erst als man Zahnspuren in den Gängen entdeckte, wurde es klar, daß diese Bauten von *Palaeocastor* angelegt worden waren.

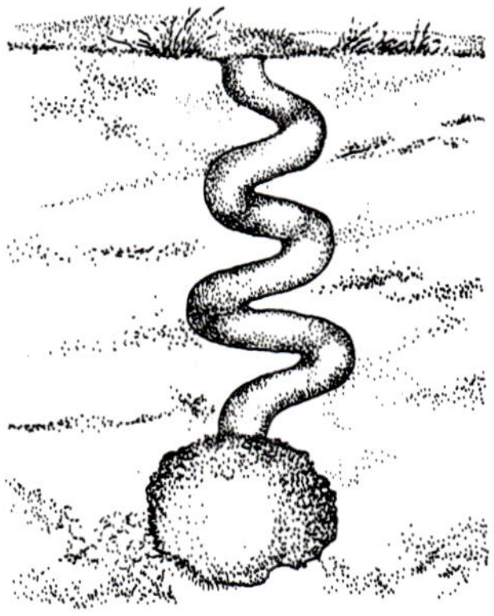

Erdbau von *Palaeocastor*

Palaeolagus

- Säugetiere
- Nagetiere
- J. Leidy (1856)
- USA (Nebraska, Süd-Dakota)
- Oligozän, Miozän

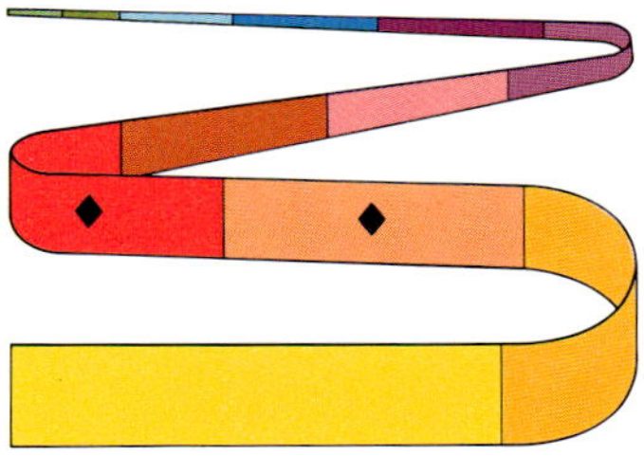

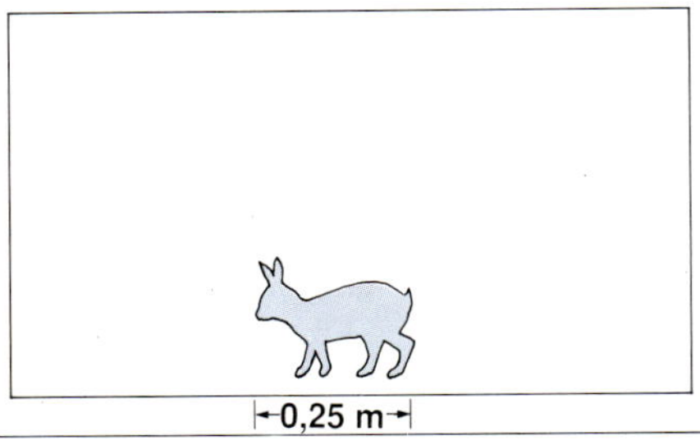

Die heute lebenden Hasentiere sind fast weltweit verbreitet und an ihren langen Hinterbeinen und großen Ohren leicht zu erkennen. Sie hoppeln langsam dahin, können bei Gefahr aber auch blitzschnell laufen. Wie bei Nagetieren wachsen auch bei Hasentieren die Nagezähne lebenslang weiter. Im Oberkiefer der Nagetiere stehen zwei Nagezähne, bei den Hasentieren sind es immer vier. *Palaeolagus* ist von vielen gut erhaltenen Skeletten bekannt; aus ihnen kann man erkennen, daß er in der Gestalt und Lebensweise einem Kaninchen ähnelte. Hoppeln konnte er jedoch nicht, dafür waren seine Hinterbeine zu kurz.

Pantolambda

- Säugetiere
- Pantodonten
- E. D. Cope (1882)
- USA (Wyoming)
- Paläozän

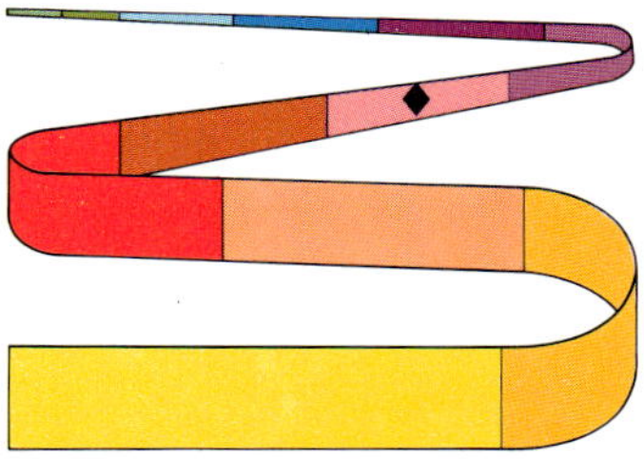

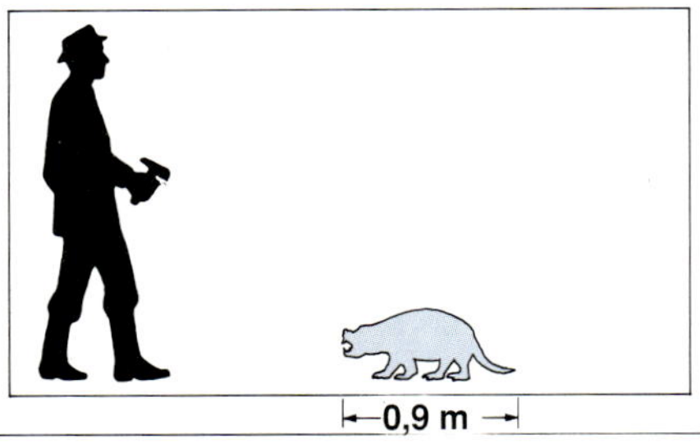

Zu den urtümlichen Huftieren, die sich im Alttertiär entwickelten, gehört auch *Pantolambda*. Im Verhältnis zu seinen nashorngroßen Verwandten war dieses Tier klein. Es ernährte sich aber ebenfalls von Pflanzen, hatte ein vollständig ausgebildetes Gebiß und an jedem Bein fünf Zehen mit kleinen Hufen.

Pantylus

- Lurche
- Kleinsaurier
- E. D. Cope (1881)
- USA (Texas)
- Perm

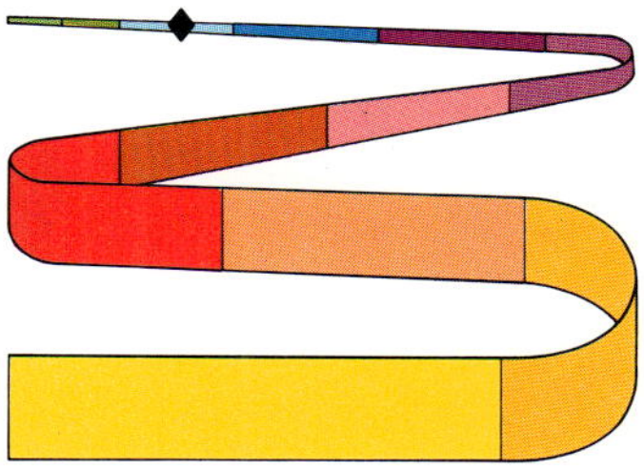

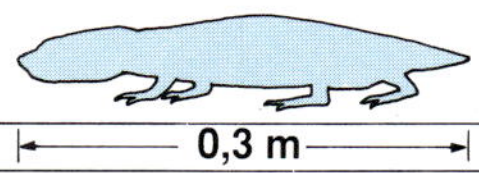

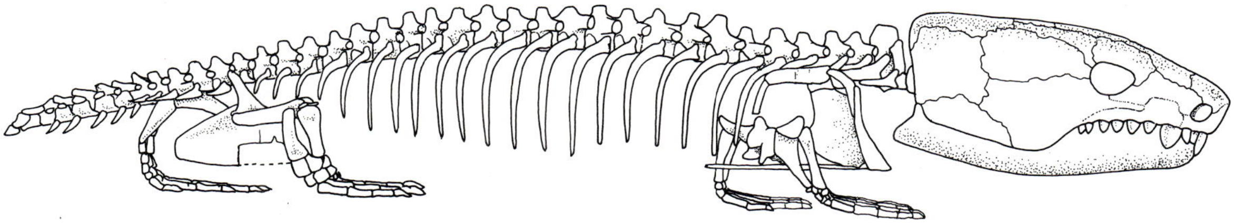

Skelett von *Pantylus* (28 cm lang)

Die Kleinsaurier haben ihren Namen zu recht. Die zahlreichen zu dieser Ordnung gehörenden Gattungen umfassen kleine Tiere, die nicht viel größer als eine heute lebende Eidechse waren. Sie hatten kurze Beine und einen auffallend kurzen Schwanz.
Es gab Arten, die auf dem Festland lebten und mit Lungen atmeten, aber auch Wasserbewohner, die ihre Kiemen als erwachsene Tiere behielten. Die Wissenschaftler nehmen an, daß sich aus ihnen die heute lebenden Molche und Salamander entwickelten.
Pantylus war ein typischer landbewohnender Vertreter der Kleinsaurier. Auffallend ist sein im Verhältnis zur Körperlänge riesiger Kopf, dessen Kiefer mit zahlreichen breiten, stumpfen Zähnen besetzt waren. Man nimmt an, daß er sich von Insekten, Schnecken und anderen Wirbeltieren ernährte, die er mit den Zähnen zermahlte. Ein schneller, wendiger Jäger war *Pantylus* sicher nicht, dazu waren seine Beine zu kurz und sein Körper zu plump. Auch vor den fleischfressenden Reptilien seiner Zeit, z.B. *Dimetrodon*, konnte er sich nur schützen, indem er sich in Felsspalten und unter Blättern verbarg.
Sein Körper war mit vielen kleinen Schuppen bedeckt.
Pantylus war hervorragend an das Leben auf dem Festland angepaßt. Daher gibt es eine ganze Reihe von Wissenschaftlern, die ihn zu den Reptilien stellen – wie auch *Diadectes*, *Limnoscelis* und *Seymouria*. Alle diese Gattungen zeigen aber Ausbildungen, die bei den urtümlichen Reptilien nicht vorkamen.

Paramys

- Säugetiere
- Nagetiere
- J. Leidy (1871)
- Europa, USA (Wyoming)
- ♦ Paläozän, Eozän

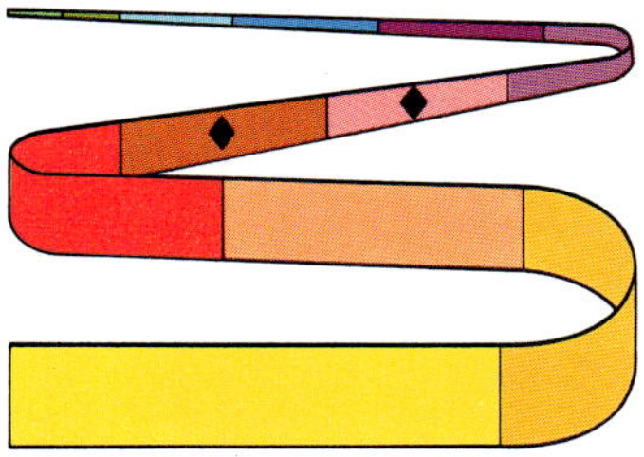

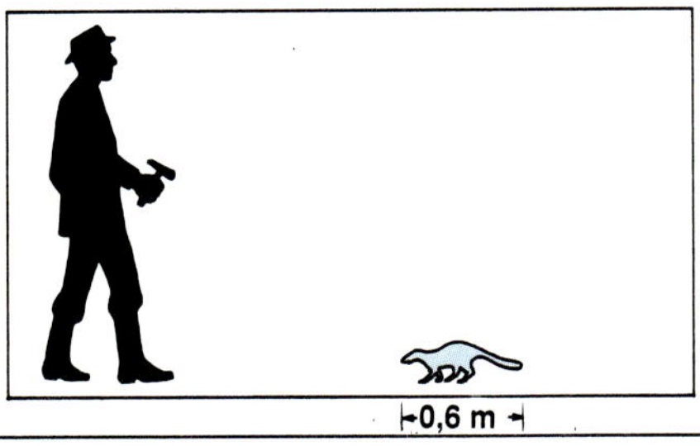

Die Nagetiere sind nicht nur eine äußerst erfolgreiche Ordnung der Säugetiere, sondern auch eine sehr alte. *Paramys* und seine Verwandten lebten bereits im Paläozän, also vor etwa 60 Millionen Jahren. Dennoch weist das Skelett schon viele Merkmale auf, die auch bei heute lebenden Nagetieren zu finden sind. So standen z.B. im Oberkiefer von *Paramys* zwei lange Nagezähne, und die Zehen der Vorder- und Hinterbeine trugen gut ausgebildete Krallen. *Paramys* sieht zwar einer Maus ähnlich, aber in der Lebensweise ähnelt das Tier mehr einem Hörnchen. Man nimmt an, daß es auf Bäumen lebte und – einem Eichhörnchen ähnlich – flink klettern und laufen konnte. Bei seinen Sprüngen durch die Baumkronen diente wohl ein buschiger Schwanz als Steuerruder. Die Nagezähne waren bei *Paramys* abgerundet und nicht meißelförmig wie bei anderen Nagetieren; sie schärften sich auch nicht beim Kauen.

Parasuchus

- Reptilien
- Urwurzelzähner
- T. H. Huxley (1870)
- Europa, Indien, Nordamerika
- Trias

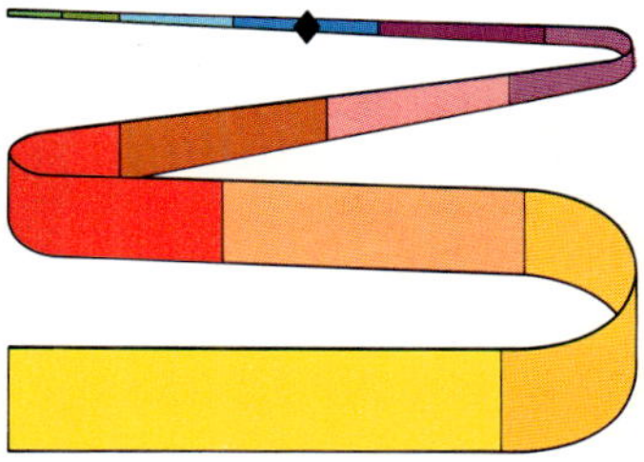

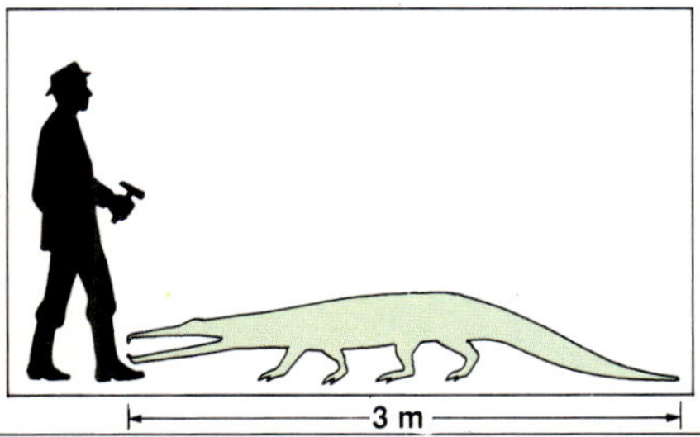

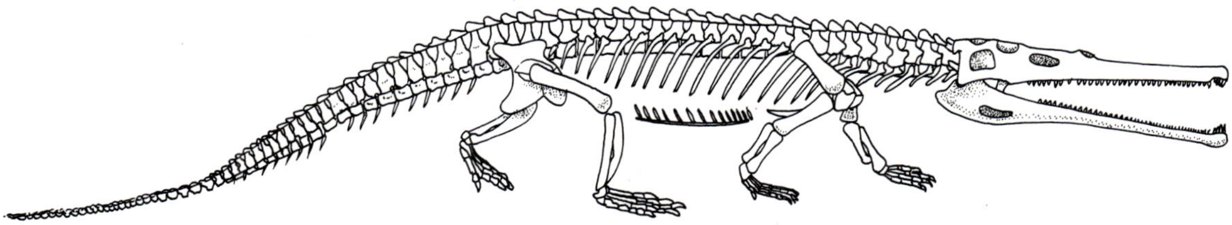

Parasuchus gehört zu den ältesten Vertretern der Großsaurier, den Urwurzelzähnern, aus denen sich die Krokodile, Flugsaurier und Dinosaurier entwickelt haben.
Aber *Parasuchus* ist von den übrigen Urwurzelzähnern doch so verschieden, daß er in eine eigene Unterordnung gestellt wird, zu den Scheinkrokodilen. Tatsächlich ähnelt er äußerlich einem Krokodil. Aber die Ähnlichkeit beruht auf einem gleichen Lebensraum und einer gleichen Lebensweise. Bei *Parasuchus* waren die Nasenlöcher kurz vor den Augen, bei den Krokodilen sitzen sie an der Spitze der Schnauze.

Petrolacosaurus

- Reptilien
- Permechsenartige
- P. D. Lane (1945)
- USA (Kansas)
- Karbon

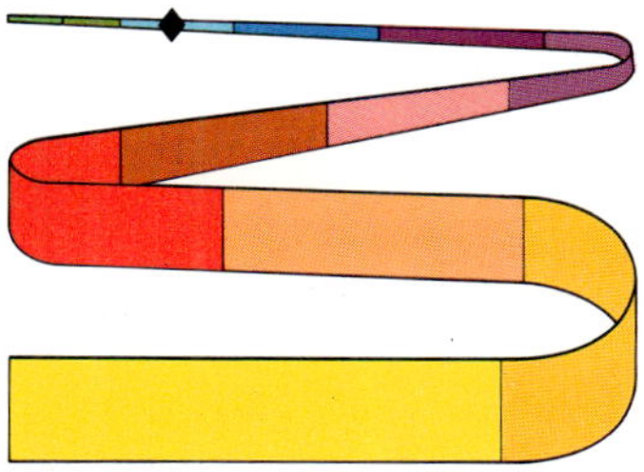

Im Oberkarbon trat eine Gruppe von Reptilien auf, deren Schädel zwei Schläfenfenster aufwies. Der Schädel wurde auf diese Weise leichter, und die Kiefermuskeln waren mit Sehnen verbunden, die durch diese Fenster verliefen. Dadurch konnten die Tiere fester zubeißen. *Petrolacosaurus* gehört zu einer Ordnung dieser Reptilien. Er ähnelt einer großen, heute lebenden Eidechse und jagte Insekten und andere kleine Wirbellose Tiere.

Phenacodus

- Säugetiere
- Stammhuftiere
- E. D. Cope (1873)
- Frankreich, USA (Wyoming, Colorado)
- Paläozän, Eozän

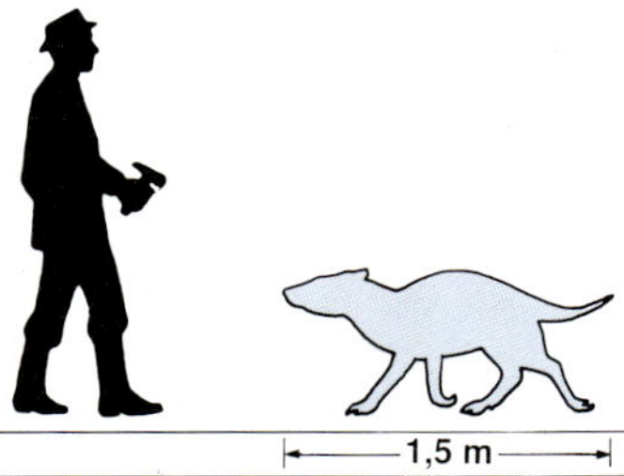

Am Ende des Paläozäns vor mehr als 60 Millionen Jahren traten urtümliche Huftiere in zahlreichen Formen in Nordamerika und zum Teil auch in Europa auf. Zu den ältesten Vertretern zählt *Arctocyon*, vielleicht der Vorfahre der heutigen Paarhufer. Wenig später kamen andere Verwandtschaftskreise hinzu, deren Gebiß zeigt, daß alle diese Tiere Pflanzenfresser waren. Zu ihnen gehört *Phenacodus* und *Hyopsodus*. Erst im Mittleren Paläozän gab es unter den Stammhuftieren auch Fleischfresser, von denen wir in diesem Buch *Mesonyx* und *Andrewsarchus* finden.

Phenacodus war etwa so groß wie ein Schaf, hatte aber einen längeren, mehr an ein Pferd erinnernden Kopf mit einem geringen Gehirnvolumen. Die verhältnismäßig kurzen Beine hatten je fünf Zehen, die mit langen Krallen besetzt waren.
Wahrscheinlich hielt sich *Phenacodus* mehr in den Baumkronen auf als am Boden und ernährte sich von Blättern, Zweigen und Früchten. Der lange Schwanz hatte möglicherweise die Funktion einer fünften Hand. Man nimmt an, daß die Tiere in größeren Gruppen zusammenlebten.

Phorusrhacos

- Vögel
- Kranichvögel
- F. Ameghino
- Argentinien (Patagonien)
- Miozän

Wie *Diatryma* gehört auch *Phorusrhacos* zu den Kranichvögeln, die in der Kreide entstanden und schon im Tertiär in einer großen Formenfülle lebten. Es gab unter ihnen Riesenformen, deren Flügel verkümmert waren, zu denen auch *Phorusrhacos* gehört. Dieser bis 1,5 m große Vogel hatte kräftige, lange Laufbeine, deren Zehen mit Krallen besetzt waren. Mit den kurzen Flügeln konnte er beim schnellen Lauf das Gleichgewicht halten; zum Fliegen waren sie nicht zu gebrauchen. Der riesige Kopf hatte einen mächtigen Schnabel, der wie bei einem Raubvogel gekrümmt war.

Als *Phorusrhacos* in Südamerika lebte, war diese Landmasse von Nordamerika getrennt, und es gab nach dem Aussterben der Dinosaurier hier keine Raubtiere. Es ist möglich, daß *Phorusrhacos* deren Rolle übernahm und pflanzenfressende Säugetiere erbeutete.

Placodus

- Reptilien
- Pflasterzahnechsen
- L. Agassiz (1833)
- Deutschland (Alpen)
- Trias

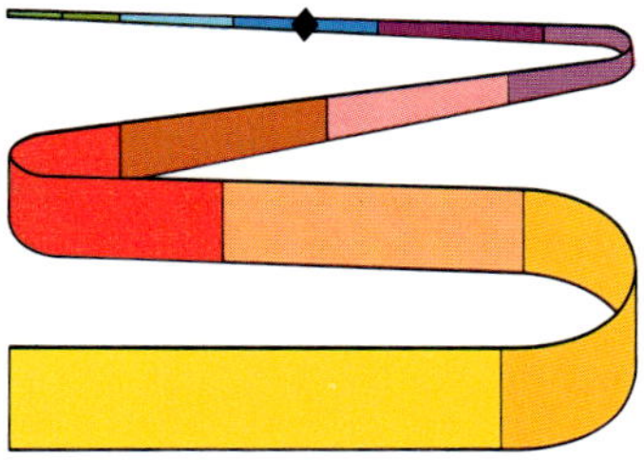

Die Abbildung von *Placodus* läßt nur ahnen, wie dieses Meeresreptil ausgesehen hat. Es war einem riesigen Molch ähnlich, hatte einen langen, muskulösen Schwanz und schwache Beine, mit denen es durchs flache Wasser ruderte. Der verhältnismäßig kleine Kopf hatte kurze Kiefer mit kräftigen Kaumuskeln. Mit dieser Form war *Placodus* einem ganz besonderen Lebensraum hervorragend angepaßt: Er lebte im flachen Wasser und ernährte sich nur von Muscheln. Seine Zähne, die auch auf dem Gaumen standen, waren kurz und halbkugelförmig; daher wird *Placodus* auch als Pflasterzahnechse bezeichnet.

Plesiadapis

- Säugetiere
- Primaten
- P. Gervais (1877)
- Deutschland, Frankreich, USA (Wyoming,Colorado)
- Paläozän, Eozän

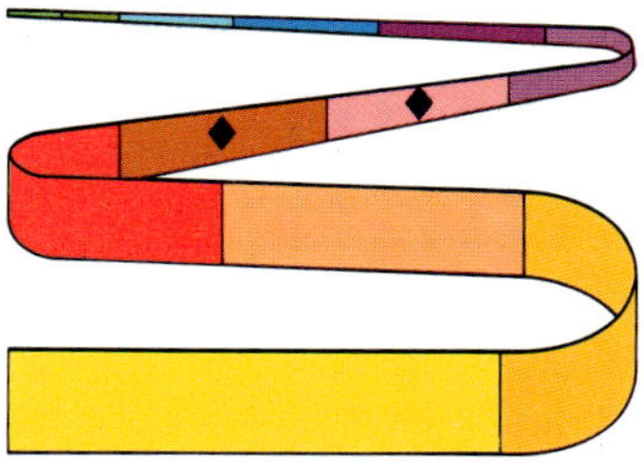

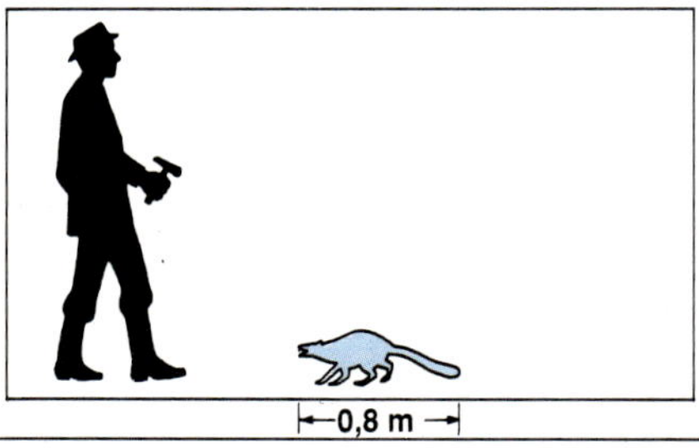

Von *Purgatorius*, dem ältesten Primaten, sind nur Zähne bekannt – deshalb kann man über seine Verwandtschaft keine Aussagen machen. Anders ist das bei *Plesiadapis*, von dem in Nordfrankreich zahlreiche Skelette gefunden wurden. Danach gehört er zur Unterordnung der Halbaffen, zu denen auch die heute lebenden Lemuren, Loris und Makis zu rechnen sind. *Plesiadapis* sah einem Eichhörnchen ähnlich, war allerdings viel größer. Wahrscheinlich hielt er sich mehr auf dem Boden als in den Baumkronen auf, obwohl seine Zehen mit Krallen besetzt und zum Klettern geeignet waren. Die Zähne ähneln denen eines Nagetieres; wahrscheinlich war das Tier ein Allesfresser.

Plesiosaurus

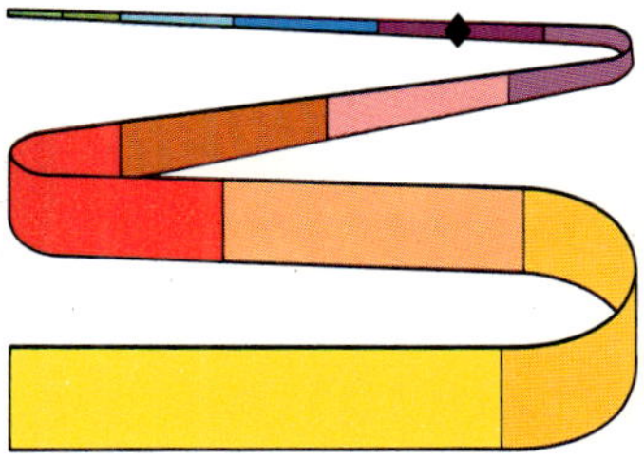

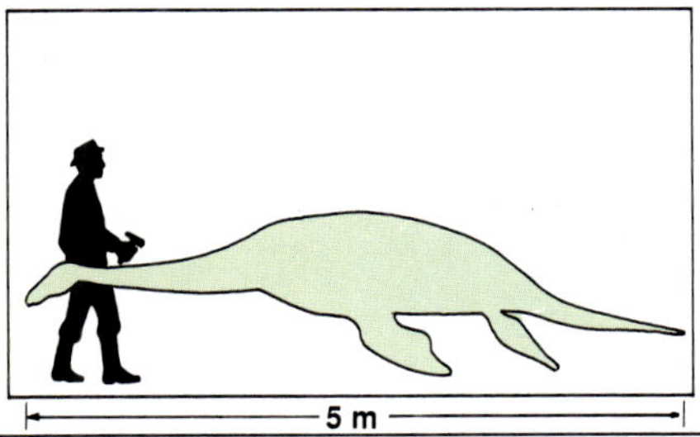

Die Schwanenhalsechsen waren während des Mesozoikums die häufigsten Meeresbewohner unter den Reptilien. Ihren Namen haben sie wegen ihres langen Halses mit dem kleinen Kopf, wie er bei *Plesiosaurus*, *Cryptocleidus* und *Elasmosaurus* ausgebildet war. Aber es gab auch Vertreter mit kurzem Hals und riesigem Maul wie *Liopleurodon*. Die charakteristische Ausbildung der ganzen Gruppe ist die Umwandlung ihrer Gliedmaßen in Paddel, welche die Tiere auf- und abschlugen, wenn sie langsam durch das Wasser schwammen. Dennoch war *Plesiosaurus* sehr beweglich, konnte sich fast auf der Stelle drehen und seinen Hals blitzschnell ausstrecken, um einen Fisch zu ergreifen. Die Weibchen legten ihre Eier an der Küste ab und bewegten sich schwerfällig mit ihren Flossen über das Land. Feste Bauchrippen gaben dabei dem ganzen Körper Halt.

Pleurosaurus

- Reptilien
- Schnabelköpfe
- H. von Meyer (1831)
- Deutschland
- Jura, Kreide

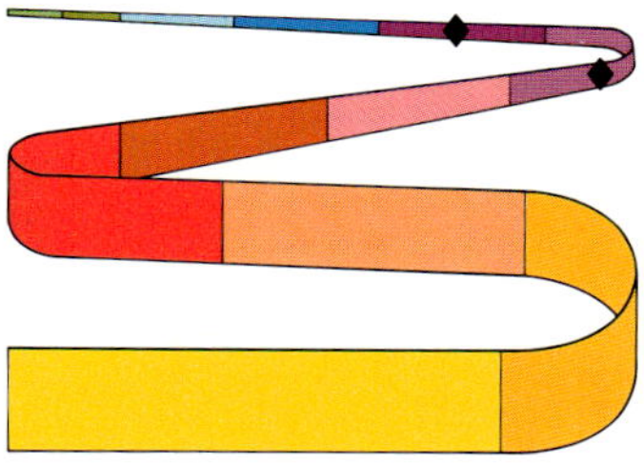

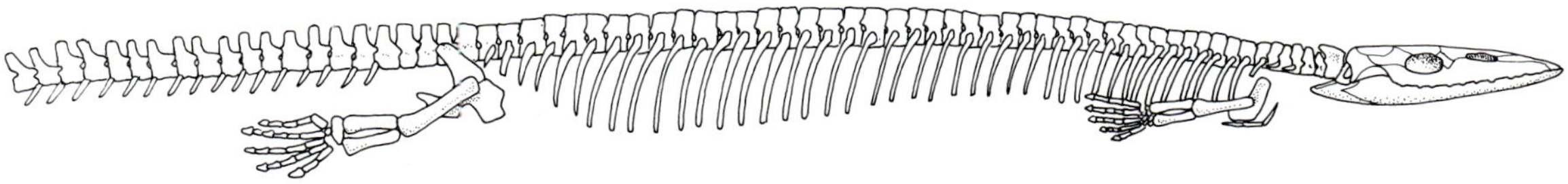

Skelett von *Pleurosaurus* (verkürzt)

Pleurosaurus gehört innerhalb der Schnabelköpfe zu einer besonderen Gruppe, die im Deutschen die Bezeichnung Langschwanz-Schnabelechsen führt. Und damit ist das auffälligste Merkmal genau bezeichnet, nämlich der lange Schwanz dieses etwa 60 cm großen Tieres, der etwa die doppelte Länge des übrigen Körpers hatte. Auf unserer Abbildung ist er zum größten Teil abgeschnitten, damit das Tier überhaupt auf die Buchseite paßt.

Pleurosaurus hatte 57 Rückenwirbel; die Gliedmaßen waren kurz und zu Paddeln umgebildet. Sie dienten nur als Steuerruder, während der Körper durch schlängelnde Bewegungen des Schwanzes angetrieben wurde. Der Schädel war flach, langgestreckt und trug einen Hornschnabel; dahinter standen Zähne, deren Schneiden wie ein Sägeblatt ausgebildet waren.

Pleurosaurus wurde im Kalkschiefer von Solnhofen entdeckt. Er stammt von Reptilien ab, die auf dem Festland lebten; seine engeren Verwandten sind also wieder ins Wasser zurückgekehrt. Die systematische Stellung von *Pleurosaurus* war lange Zeit umstritten. Erst in jüngerer Zeit hat man Versteinerungen aus dem Unterjura gefunden, die ein Zwischenglied zwischen den Langschwanz-Schnabelechsen und den Brückenechsen bilden könnten.

Pliohippus

- Säugetiere
- Unpaarhufer
- J. Leidy (1869)
- USA (Kalifornien, Texas)
- Miozän

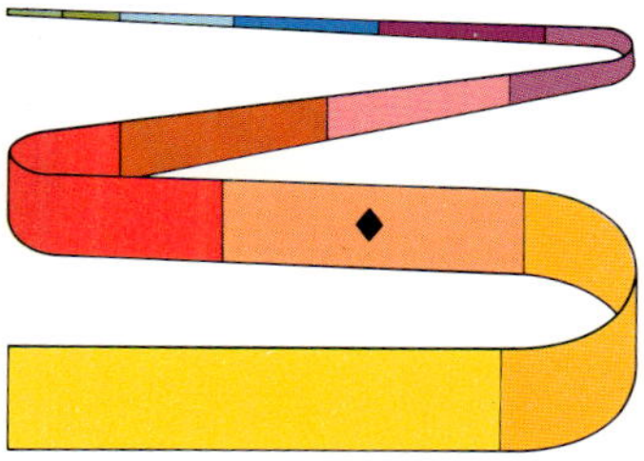

In der Entwicklungskette der Pferde war *Pliohippus* eines der letzten Glieder; er starb erst vor etwa 5 Millionen Jahren aus. Man kann *Pliohippus* als den Nachfolger von *Merychippus* ansehen, der vor ungefähr 15 Millionen Jahren in Nordamerika auftrat.
Von besonderer Bedeutung ist diese Gattung, weil sie in weiten Teilen Nordamerikas lebte und zu den Vorfahren derjenigen Pferde gehört, die sich bis nach Südamerika ausbreiteten, wo es sie bis dahin nicht gab. Alle amerikanischen Pferde starben vor etwa 8 000 Jahren aus. Die Mustangs stammen von verwilderten Pferden der Spanier ab.
Pliohippus hatte nur einen Huf an jedem Bein, und zwei weitere Zehen waren als verkümmerte Reste zu erkennen. Die Tiere waren kleiner als die meisten der heutigen Pferderassen, sie glichen eher einem Pony.

Poebrotherium

- Säugetiere
- Paarhufer
- J. Leidy (1847)
- USA (Nebraska, Süd-Dakota)
- Oligozän

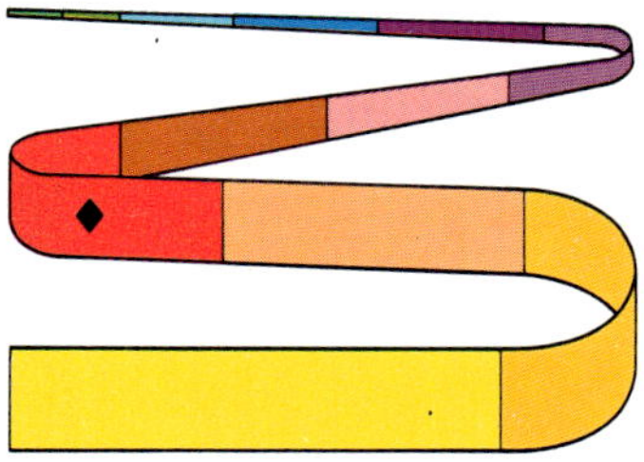

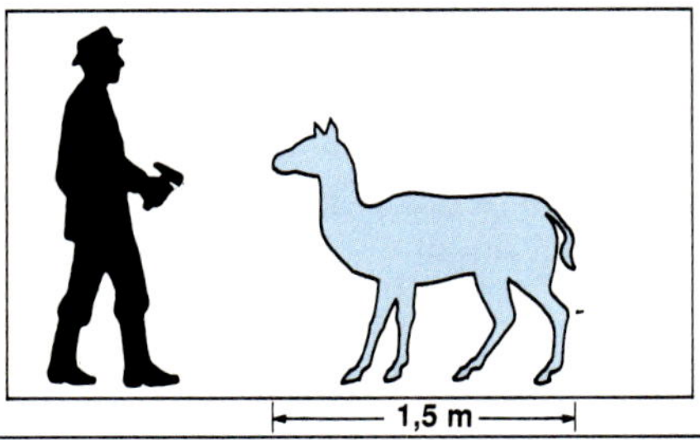

Die Kamele kommen heute nur mit wenigen Arten in Afrika und Asien sowie in Südamerika vor (die Lamas und ihre Verwandten). In Nordamerika, wo sie vor etwa 40 Millionen Jahren entstanden sind, waren sie noch vor 2 Millionen Jahren weit verbreitet, starben aber vor ungefähr 12 000 Jahren völlig aus.

Poebrotherium gehört zu den ältesten Vertretern dieser Familie und lebte vor 35 Millionen Jahren, als sich in Nordamerika große Grasländer entwickelten. Seine Gestalt erinnert schon deutlich an die eines Lamas, allerdings waren die Tiere kaum größer als ein Schaf. An den Beinen waren die seitlichen Zehen stark verkümmert, und die beiden mittleren Zehen hatten schmale, spitze Hufe. Die Vorderzähne waren etwas nach vorn gerichtet, so daß die Pflanzen dicht über dem Boden abgebissen werden konnten.

Presbyornis

- Vögel
- Gänsevögel
- A. Wetmore (1926)
- Europa, Nord- und Südamerika
- Kreide, Eozän

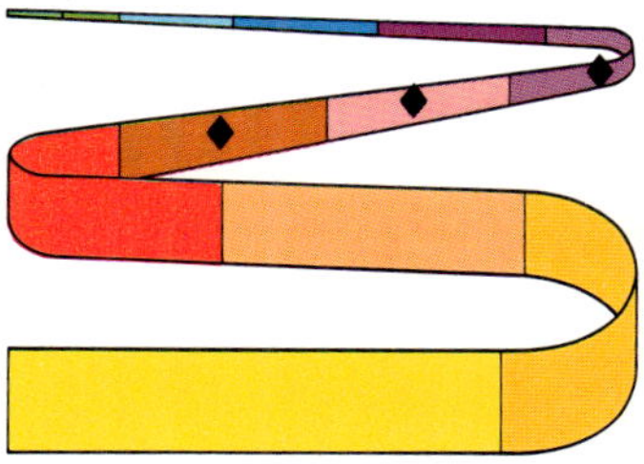

Die Stammesgeschichte der Vögel ist nur unvollständig bekannt, weil es verhältnismäßig wenige vollständige Versteinerungen gibt. Außerdem scheint die Entwicklung der modernen Vögel recht schnell verlaufen zu sein. Über die Ordnung der Gänsevögel, zu der unsere heutigen Enten, Gänse und Schwäne gehören, weiß man heute, daß sie in der Kreidezeit entstand und daß es mit *Presbyornis* zu dieser Zeit einen Vertreter gab, aus dem sich die jetzt lebenden langbeinigen Watvögel entwickelten. Beine und Hals von *Presbyornis* sind so lang, daß die Entdecker anfangs meinten, sie hätten einen versteinerten Flamingo vor sich. Aber als später auch der Kopf und der Schnabel des Vogels gefunden wurden, war die Zugehörigkeit zu den Gänsevögeln klar. *Presbyornis* hat einen Schnabel, der mit dem einer Ente übereinstimmt.
Wahrscheinlich lebte dieser Vogel an den Ufern flacher Seen. Seine großen Zehen waren durch Schwimmhäute verbunden, so daß er im Schlamm nicht einsank, aber auch gut schwimmen konnte. Wie die heute lebenden Enten schnatterte er mit seinem Schnabel und filterte aus dem flachen Wasser kleine Tiere und Pflanzen, von denen er sich hauptsächlich ernährte. *Presbyornis* brütete in großen Kolonien am Ufer der Gewässer.

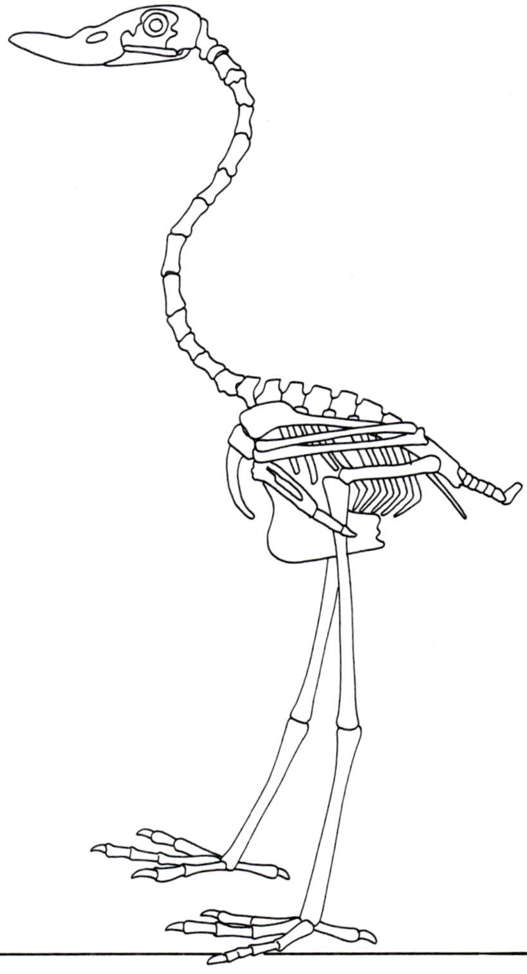

Probainognathus

- Reptilien
- Säugetierähnliche Reptilien
- A. S. Romer (1970)
- Argentinien
- Trias

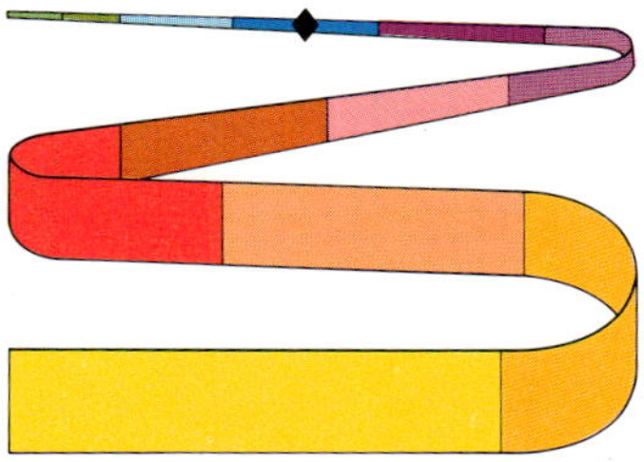

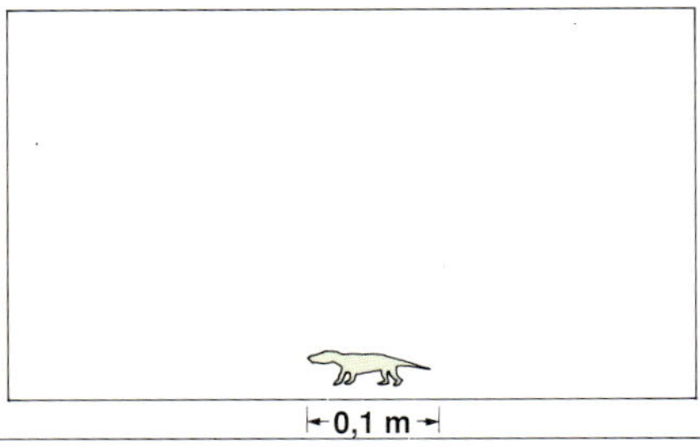

Zur Unterordnung *Cynodontia* (»Hundezähner«) gehört neben *Cynognathus* und *Thrinaxodon* auch *Probainognathus*, und dieser ist in der ganzen Gruppe der am weitesten entwickelte Vertreter. Die Wissenschaftler nehmen an, daß sich aus diesem Formenkreis die Echten Säugetiere entwickelt haben, und das bereits vor ungefähr 220 Millionen Jahren, noch vor der Entstehung der Dinosaurier!

Probainognathus hatte etwa die Gestalt eines Terriers, und auch das Skelett scheint auf den ersten Blick zu einem Urtümlichen Säugetier zu gehören, etwa zu *Morganucodon*. Aber *Probainognathus* zählt eindeutig zu den Reptilien, wie die Ausbildung des Schulter- und Beckengürtels sowie der Bau des Brustkorbes zeigen. Er ernährte sich wohl von Insekten, Schnecken und anderen Wirbellosen.

Procolophon

- Reptilien
- Stammreptilien
- R. Owen (1876)
- Südafrika
- Trias

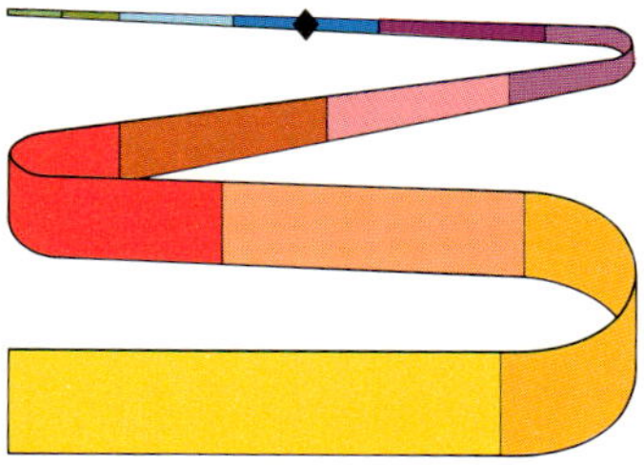

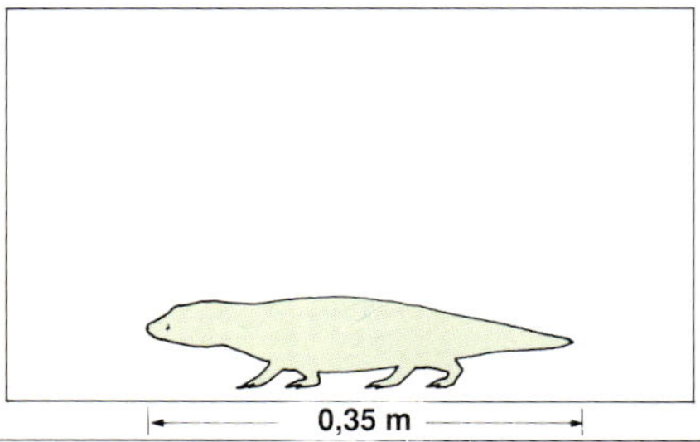

Procolophon gehört zu den ältesten Urtümlichen Reptilien, die sich im Oberkarbon aus den Lurchen entwickelt hatten. Seine näheren Verwandten entstanden im Oberperm und lebten bis zum Ende der Trias etwa 50 Millionen Jahre lang auf der Erde. *Procolophon* ähnelt einer heute lebenden Eidechse, hatte aber einen auffallend breiten, fast dreieckigen Schädel, an dessen Seiten knöcherne Fortsätze entsprangen. Vielleicht dienten sie zur Verteidigung. Die Kiefer trugen breite, kräftige Backenzähne, mit denen *Procolophon* Pflanzen zerkauen konnte.

Proconsul

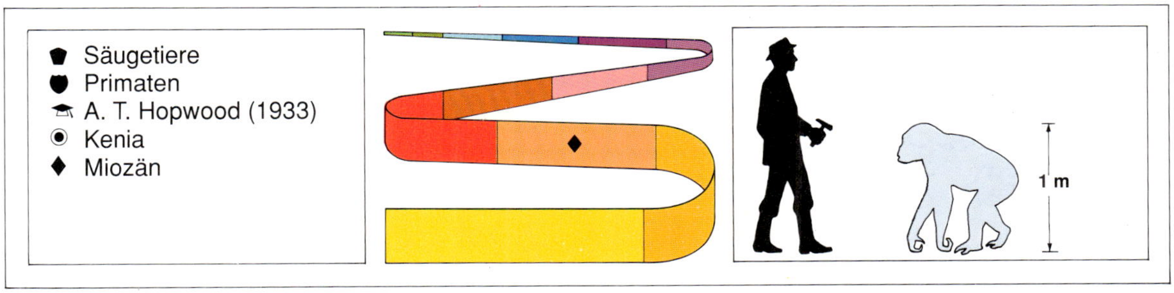

Von den Urtümlichen Vertretern der Menschenaffen aus dem Oligozän (z.B. *Aegyptopithecus*) sind nur Zähne und Kieferreste bekannt. *Proconsul* gehört bereits zu den weiter entwickelten Gattungen des Miozäns. Von ihm wurden in Ostafrika nicht nur Schädelknochen, sondern auch Teile des Skelettes gefunden. An ihrer Form und Ausbildung läßt sich erkennen, daß *Proconsul* vorwiegend in Baumkronen lebte. Er konnte gut klettern und sich von Ast zu Ast schwingen.

Ähnliche Fossilien wurden auch in Europa (z.B. Frankreich) und Asien entdeckt. *Proconsul* hat sich wahrscheinlich von Afrika aus weit nach Norden ausgebreitet.

Procynosuchus

- Reptilien
- Säugetierähnliche Reptilien
- R. Broom (1937)
- Südafrika
- Perm

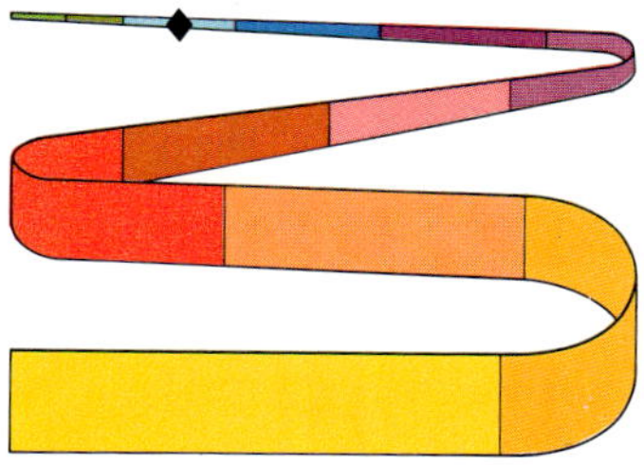

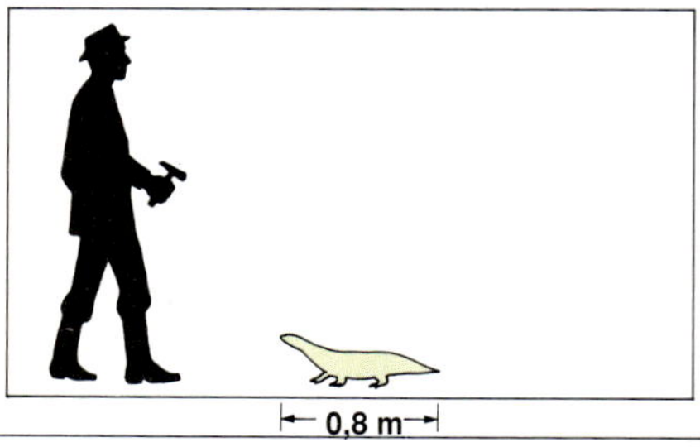

Procynosuchus ist eng mit *Cynognathus*, *Probainognathus* und *Thrinaxodon* verwandt und wird mit diesen in den Verwandtschaftskreis der *Cynodontia* gestellt. Die wörtliche Übersetzung dieses Namens bedeutet »Hundezähner« und weist auf die Besonderheiten im Gebiß der Tiere hin. Die Zähne waren in Schneide-, Eck- und Backenzähne unterschieden; letztere hatten eine kompliziert geformte Krone. *Procynosuchus* gehört zu den urtümlichen Formen dieser Gruppe und lebte im Wasser! Zwischen seinen Zehen waren Schwimmhäute, und der bewegliche Schwanz besorgte den Antrieb beim Schwimmen. Äußerlich war das Tier einem Fischotter ähnlich.

Proganochelys

- Reptilien
- Schildkröten
- G. Baur (1887)
- Deutschland, Thailand
- Trias

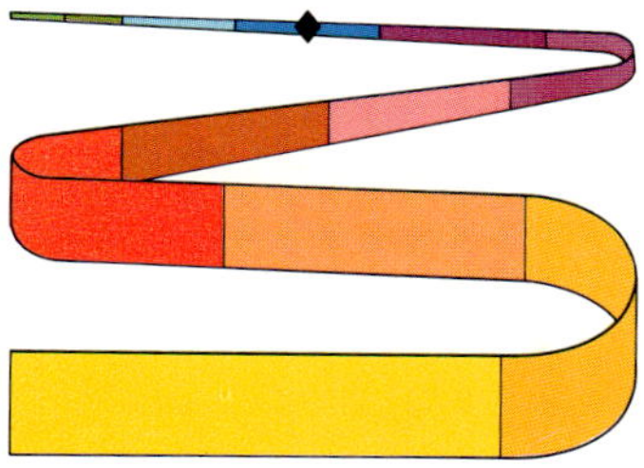

Schädel von *Proganochelys*

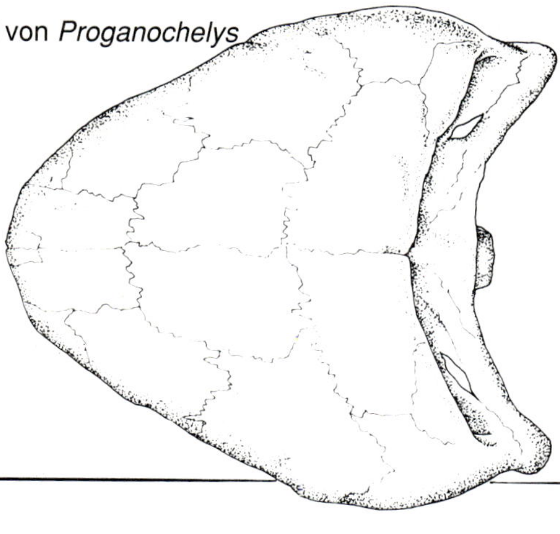

Diese sehr urtümliche Schildkröte sieht einer heute lebenden Landschildkröte verblüffend ähnlich. Ihre wenigen Zähne standen auf dem Gaumen. Der stark gewölbte Rückenpanzer und der flache Bauchpanzer bestanden aus mehr als 60 Knochenplatten und waren mit der Wirbelsäule beziehungsweise mit den Rippen verwachsen.

Prolacerta

- Reptilien
- Ureidechsen
- F. R. Parrington (1935)
- Südafrika
- Trias

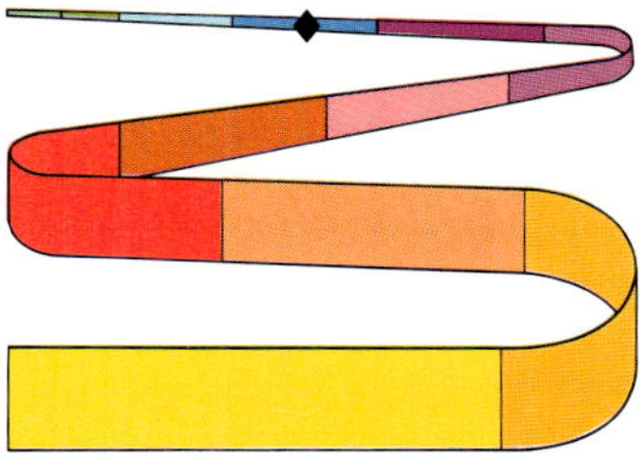

Lange Zeit wurde *Prolacerta* als eine der ersten Eidechsen angesehen; darauf weist auch der Name der ganzen Gruppe hin. In der Tat stimmt *Prolacerta* in manchen Ausbildungen mit den heute lebenden Eidechsen überein: Körper und Schwanz, Beine und Zehen sind durchaus vergleichbar. Am Schädel von *Prolacerta* zeigt sich darüber hinaus der Beginn einer Ausbildung, die für die Eidechsen und Schlangen typisch ist. Das Quadratbein wird aus dem Knochenverband des Schädels herausgelöst. Es trägt am unteren Ende das Gelenk für den Unterkiefer. Erst durch die zunehmende Beweglichkeit des Quadratbeines wird es möglich, daß die Tiere ihr Maul sehr weit öffnen können. Für die Schlangen, die ihre Beute im ganzen verschlucken, war diese Entwicklung besonders wichtig.

Auch bei Verwandten von *Prolacerta*, wie *Protorosaurus*, *Tanystropheus* und *Youngina*, konnte diese Umbildung des Quadratbeines festgestellt werden. Aber der ganze Verwandtschaftskreis ist doch mehr mit den Schnabelköpfen (z.B. *Hyperodapedon*) verwandt als mit den Echten Echsen. Deshalb sehen ihn viele Wissenschaftler als ein Bindeglied zwischen diesen Gruppen an.

Protemnodon

- Säugetiere
- Beuteltiere
- R. Owen (1874)
- Australien
- Pliozän, Pleistozän

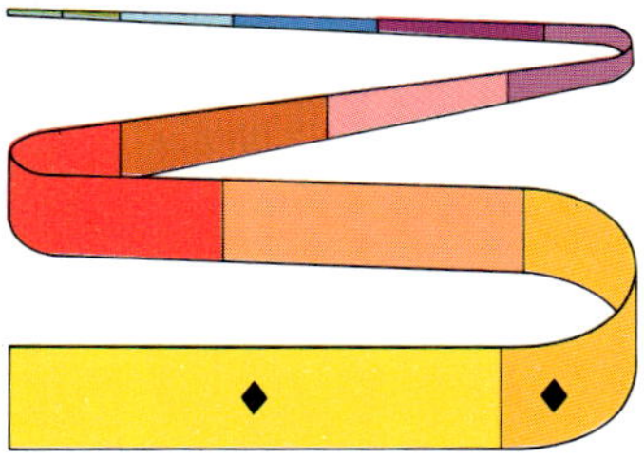

Wenn wir an ein Beuteltier denken, fällt uns zuerst ein Känguruh ein. Diesem Bild entspricht *Protemnodon*. Die ganze Familie der Känguruhs kommt nur in Australien vor, dort wurde auch *Protemnodon* entdeckt.
Das Tier bewegte sich in großen Sprüngen auf seinen langen und kräftigen Hinterbeinen fort, wobei der Schwanz als Steuerruder und Stütze diente. Mit 2,5 – 3 m Höhe war dieser Pflanzenfresser ein riesiges Tier. Wie bei allen Beuteltieren wurden die winzigen Jungen wenig entwickelt geboren und durchliefen den zweiten Teil ihrer Entwicklung im Beutel des Muttertieres.

Proterosuchus

- Reptilien
- Urwurzelzähner
- R. Broom (1903)
- Indien, China, Südafrika
- Trias

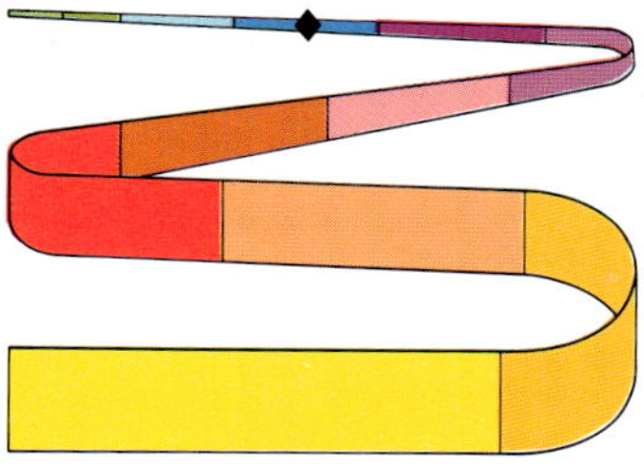

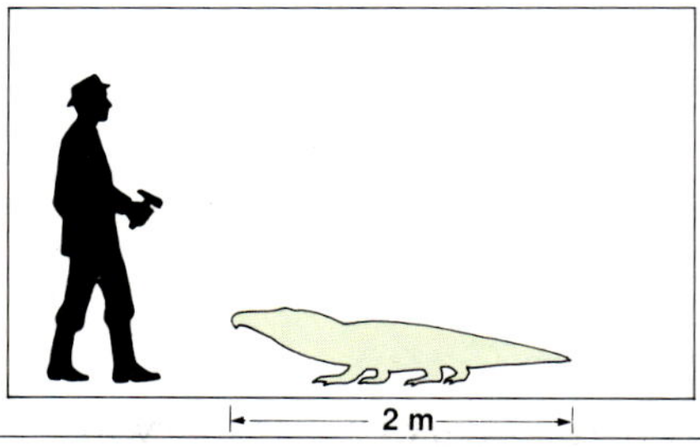

Die ältesten Vertreter der Großsaurier – aus denen sich später die riesigen Dinosaurier entwickelten – traten im Oberperm auf. Ihre Nachkommen waren es, die während der ganzen Mittelzeit der Erde, mehr als 180 Millionen Jahre lang, die Welt beherrschten. Die urtümlichste Gruppe der Großsaurier waren die Urwurzelzähner, zu denen auch *Proterosuchus* gehört.
Proterosuchus glich einem Krokodil und hatte auch eine ähnliche Lebensweise. Er war im Wasser ein geschickter Schwimmer, konnte sich jedoch auf dem Festland nur schwerfällig fortbewegen, weil seine Beine seitlich vom Körper abstanden und diesen nicht vom Boden abhoben.
Vermutlich ernährte sich *Proterosuchus* hauptsächlich von Fischen, erbeutete aber auch kleine pflanzenfressende Reptilien.

Protorosaurus

- Reptilien
- Ureidechsen
- C. M. Spencer (1710)
- Deutschland
- Perm

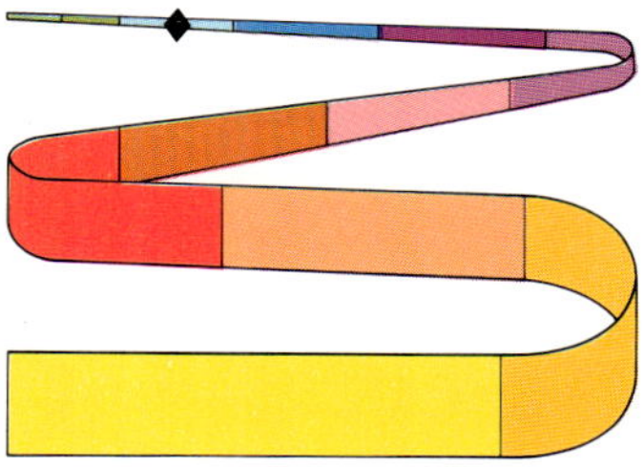

Skelett von *Protorosaurus*

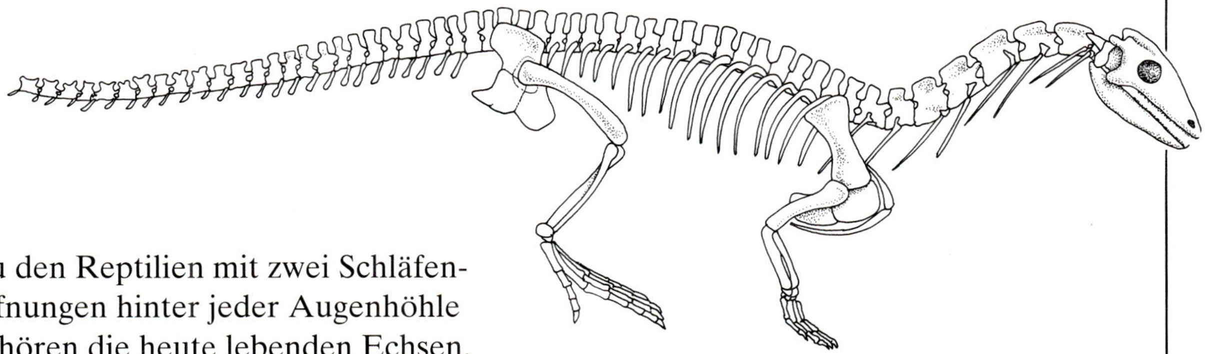

Zu den Reptilien mit zwei Schläfenöffnungen hinter jeder Augenhöhle gehören die heute lebenden Echsen, Schlangen und Krokodile. Aber diese Gruppe ist uralt: Sie entstand bereits vor 310 Millionen Jahren im Unterperm. Zu ihren urtümlichen Vertretern ist *Protorosaurus* zu zählen, auch wenn diese Gattung erst 30 Millionen Jahre später im Oberperm auftrat.
Protorosaurus ist eng verwandt mit *Tanystropheus* – ebenfalls ein Fleischfresser – und lebte zur gleichen Zeit wie die in Südafrika entdeckte Gattung *Youngina*.
Protorosaurus wurde bereits 1706 im Kupferschiefer Mitteldeutschlands gefunden. Es gibt eine ganze Reihe gut erhaltener Skelette, aus denen sich einiges über die Gestalt und die Lebensweise dieses Tieres erkennen läßt. *Protorosaurus* hat die Gestalt und Länge der größten heute lebenden Echse und wurde daher zuerst als versteinerte Eidechse angesehen.
Er lebte in den Wüsten, die in dieser Zeit große Gebiete Europas einnahmen. Mit seinen langen Beinen konnte das Tier schnell laufen und auch sehr bewegliche Beutetiere erjagen. Es ernährte sich vorwiegend von Insekten, aber auch von kleinen Reptilien. Das Maul konnte weit geöffnet werden; viele kurze Zähne sowie starke Kaumuskeln zeigen, daß das Tier damit kräftig zubeißen konnte. Der Kopf war nach allen Richtungen hin beweglich, denn der Hals bestand aus sieben auffallend starken und verlängerten Wirbeln. Die deutlich längeren Hinterbeine lassen vermuten, daß sich *Protorosaurus* aufrichten konnte und dann mit erhöhter Geschwindigkeit über den Boden huschte.

Protosuchus

- Reptilien
- Krokodile
- R. Brown (1934)
- USA (Arizona)
- Jura

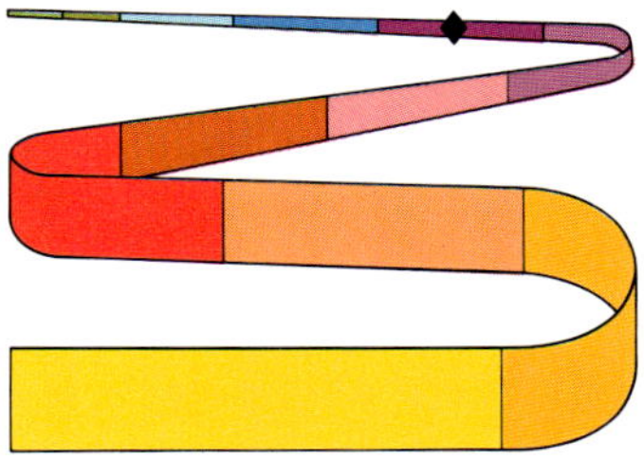

Als die ersten Krokodile vor etwa 225 Millionen Jahren auftraten, waren sie kleine, schlanke Tiere (wie *Terrestrisuchus*), die auf dem Festland lebten und Insekten sowie Echsen jagten. *Protosuchus* gehört bereits zu einem weiter entwickelten Verwandtschaftskreis, aber auch er hatte noch auffallend lange Beine und konnte schnell laufen. Sein Schädel erinnert bereits deutlich an ein Krokodil, und die Kiefer waren wenig kürzer als bei *Terrestrisuchus*. Sie waren am hinteren Ende verbreitert und mit starken Kaumuskeln verbunden. Im Unterkiefer standen zwei verlängerte Eckzähne, die beiderseits in eine Furche des Oberkiefers paßten.

Protosuchus lebte im Unterjura mit verschiedenen fleischfressenden Dinosauriern zusammen. Die quadratischen Knochenplatten, die er auf dem Rücken hatte, können als Schutz vor diesen Raubsauriern angesehen werden. *Protosuchus* ernährte sich von kleinen landbewohnenden Echsen und Säugetierähnlichen.

Pteranodon

- Reptilien
- Flugsaurier
- O. C. Marsh (1876)
- USA (Wyoming)
- Kreide

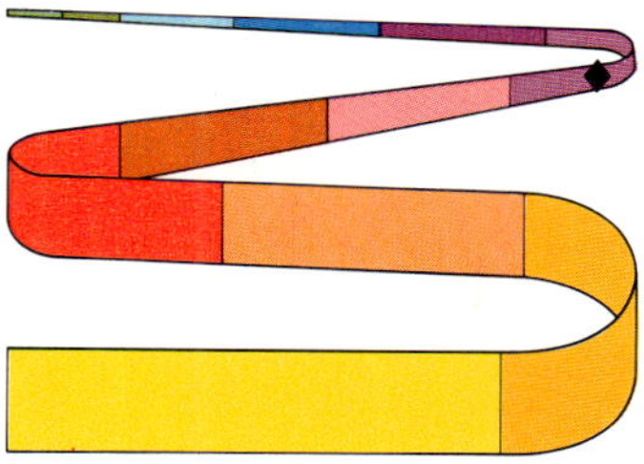

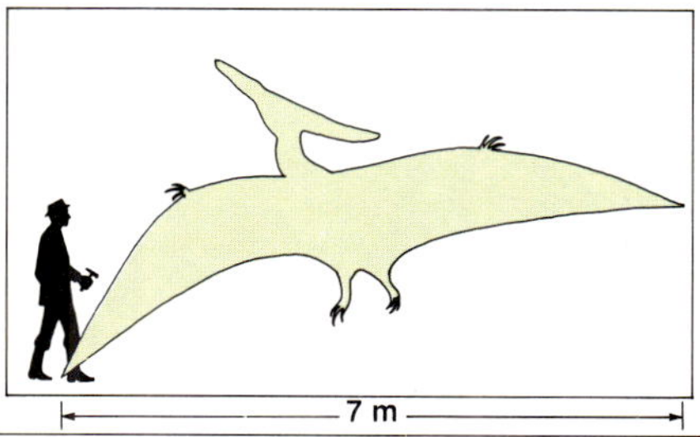

Pteranodon ist einer der bekanntesten Flugsaurier und erreichte eine Flügelspannweite von 7 m. Sein Körper war daran gemessen winzig klein und wog bestenfalls 17 kg.
Auffallend ist der kurze Schwanz und der lange Kamm am Hinterende des Schädels. Die Funktion dieses Anhanges ist unbekannt, vielleicht diente er nur als Gegengewicht zu dem langen Schnabel. Die Kiefer trugen keine Zähne. Vermutlich flog *Pteranodon* dicht über dem Wasser, ergriff einen Fisch und verschluckte ihn im ganzen, wie das heute die Pelikane tun.
Man kann sich nur schwer vorstellen, daß ein so kleiner Körper die Kraft aufbringen konnte, die riesigen Flughäute auf und ab zu bewegen. Wahrscheinlich war *Pteranodon* dazu auch gar nicht fähig, sondern segelte geschickt in aufsteigenden Luftströmungen. Nur beim Landen auf dem Boden mußten die Flughäute zusammengefaltet werden. In den USA fand man mehrere fast vollständige Skelette.

Pterodaustro

- Reptilien
- Flugsaurier
- J. F. Bonaparte (1970)
- Argentinien
- Kreide

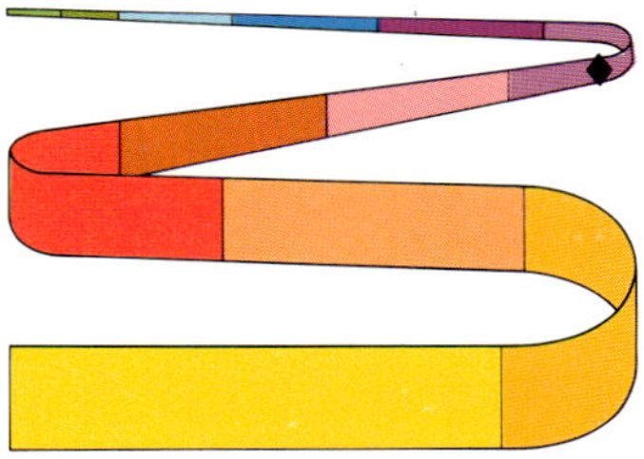

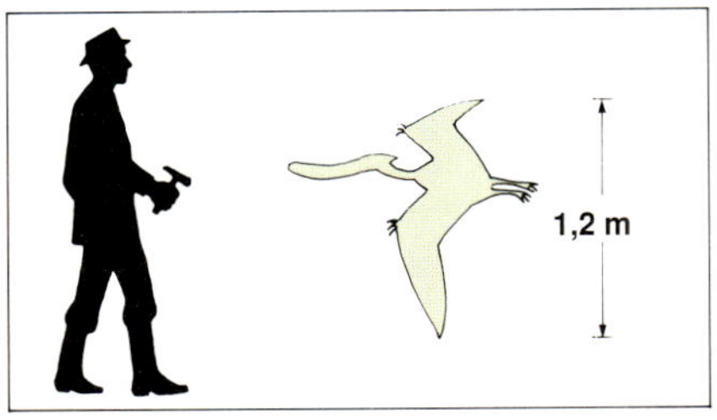

Pterodaustro gehört mit *Pteranodon* und *Quetzalcoatlus* zu einer Gruppe der weiter entwickelten Flugsaurier. Alle diese Tiere hatten einen kurzen Schwanz, aber einen langen Kopf und Hals. *Pterodaustro* zeigt diese Ausbildungen besonders gut. Das Tier hatte eine Flügelspannweite von 1,2 m und einen nur etwa 23 cm langen Schädel. Den größten Teil nahm der Schnabel ein: Der Oberkiefer war mit kleinen Zähnen besetzt, und der Unterkiefer trug Tausende von langen, spitzen Zähnen, die wie ein Sieb wirkten. Wahrscheinlich segelte *Pterodaustro* dicht über das Wasser und tauchte dabei den Unterkiefer ein. Kleine Wassertiere wie Krebse, Schnecken und Insekten gerieten mit dem Wasser zusammen in den Mundraum. Bei geschlossenem Schnabel floß das Wasser ab, und die Nahrung wurde verschluckt.

Ptilodus

- Säugetiere
- Multituberculaten
- E. D. Cope (1881)
- USA (Neu-Mexiko, Colorado)
- Paläozän

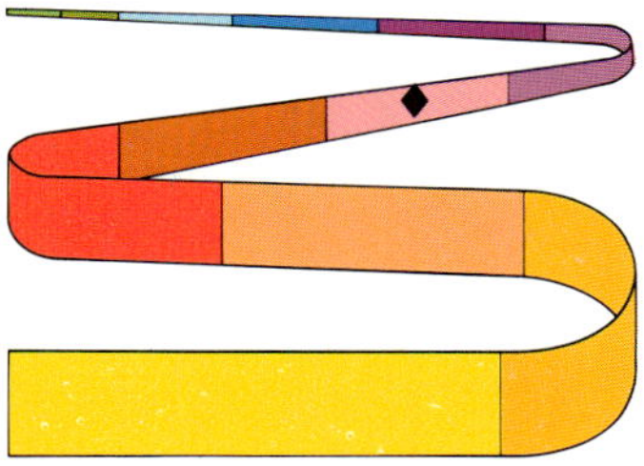

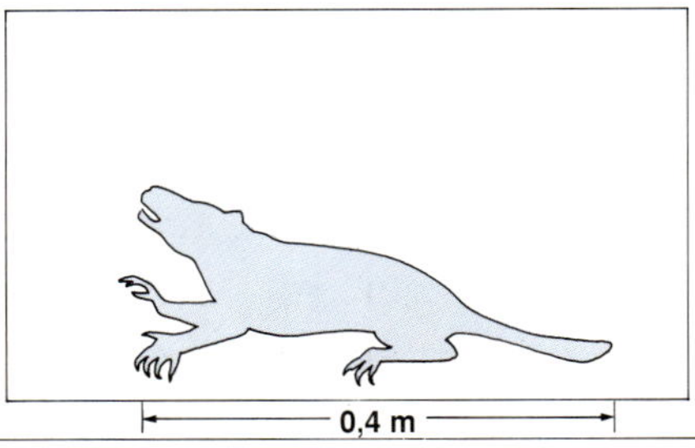

Unter den urtümlichen Eierlegenden Säugetieren, die in der Obertrias entstanden, waren die Multituberculaten die ersten Pflanzenfresser. Sie hatten die Gestalt und Größe von Nagetieren, waren aber keineswegs mit diesen verwandt. *Ptilodus* sah etwa einem Eichhörnchen ähnlich, hatte aber einen langen Greifschwanz, der das Klettern in den Bäumen erleichterte.

Purgatorius

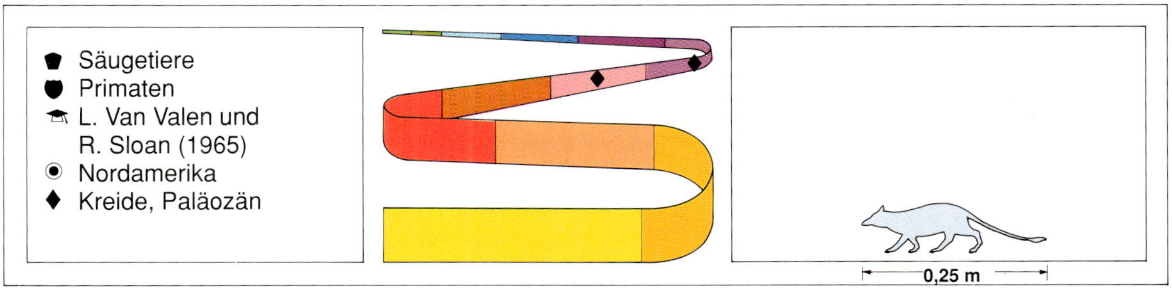

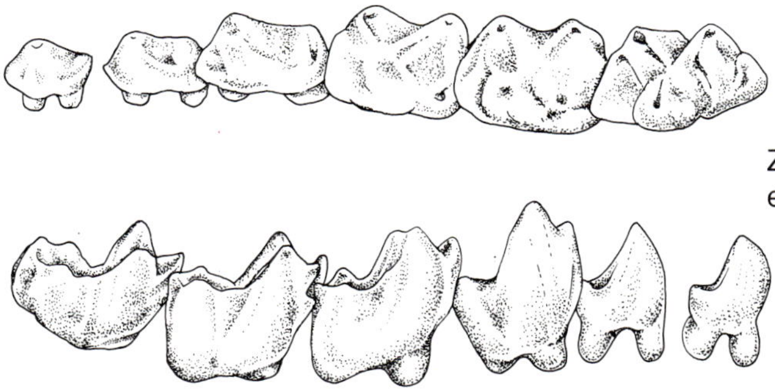

Zähne von *Purgatorius*, einem urtümlichen Primaten

Menschen, Menschenaffen, Affen und Halbaffen bilden die Ordnung der Primaten, die man auch unter dem Namen »Herrentiere« kennt. Es ist ein eigenartiges Gefühl, sich vorzustellen, daß die ältesten Verwandten des Menschen in einer Zeit lebten, als es noch riesige Dinosaurier gab. Und doch ist diese Tatsache nur durch einen einzigen fossilen Backenzahn bewiesen. Aus der Oberkreide, vor mehr als 70 Millionen Jahren, stammt dieser Zahn, der in Montana (USA) gefunden wurde und zu einem kleinen Tier gehört, das mit dem Namen *Purgatorius* bezeichnet wird. Von einem ähnlichen Tier aus dem Unterpaläozän sind noch mehrere Zähne entdeckt worden, so daß man aufgrund dieser Funde einige Aussagen machen kann. *Purgatorius* war vermutlich ein Allesfresser, und die geringe Größe seiner Zähne läßt auf ein Tier schließen, das von Nase bis Schwanzspitze höchstens 25 cm lang war. Es kann kaum schwerer als 20 g gewesen sein und brauchte deshalb eine eiweißreiche Nahrung: Vielleicht ernährte es sich vorwiegend von Insekten. Wenn *Purgatorius* anderen urtümlichen Primaten (wie z.B. *Plesiadapis*) ähnlich war, so kann man sich ihn als kleines Hörnchen vorstellen. Vor den riesigen Raubtieren seiner Zeit war *Purgatorius* allein schon durch seine geringe Größe sicher.

Pyrotherium

- Säugetiere
- Pyrotherien
- F. Ameghino (1889)
- Argentinien
- Oligozän

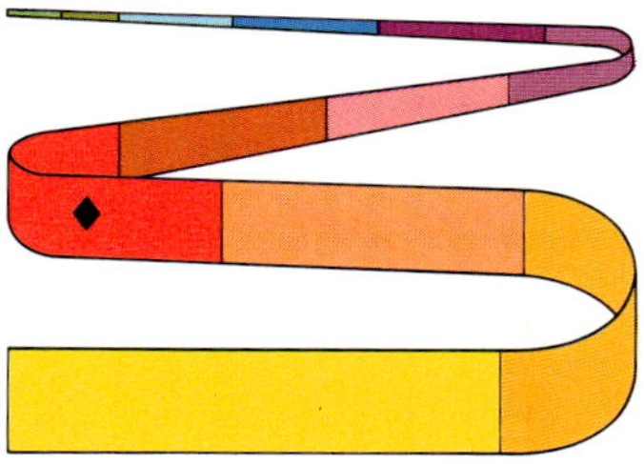

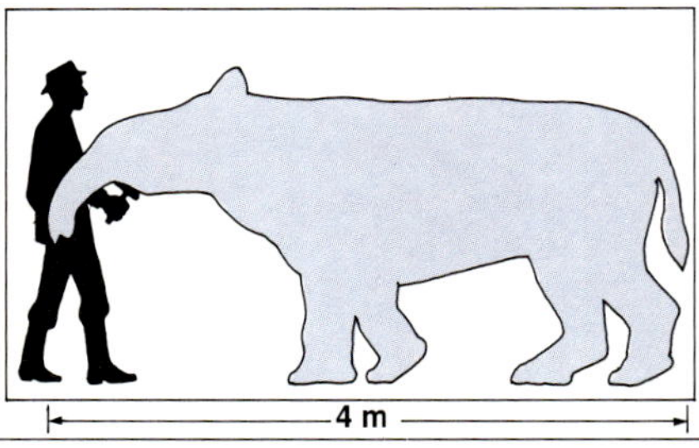

Während des Tertiärs war Südamerika lange Zeit von Nordamerika getrennt, und in dieser Zeit entwickelten sich die Südamerikanischen Huftiere in einer großen Formenfülle. Es traten Gestalten auf, die wir von ganz anderen Gruppen der Säugetiere kennen und die eine völlig gleiche Lebensweise hatten. *Pyrotherium* und seine Verwandten bildeten auf diese Weise die Südamerikanischen Elefanten, waren dabei aber echte Huftiere!

Die ersten Fossilien von *Pyrotherium* wurden in versteinerter Vulkanasche in Argentinien gefunden, und deshalb erhielt das Tier den Namen »Feuertier«. Seine Schneidezähne waren zu langen Hauern umgebildet; mit den sechs Backenzähnen wurde die Pflanzennahrung zerrieben.

Pyrotherium

Quetzalcoatlus

- Reptilien
- Flugsaurier
- D. A. Lawson (1975)
- USA (Texas)
- Kreide

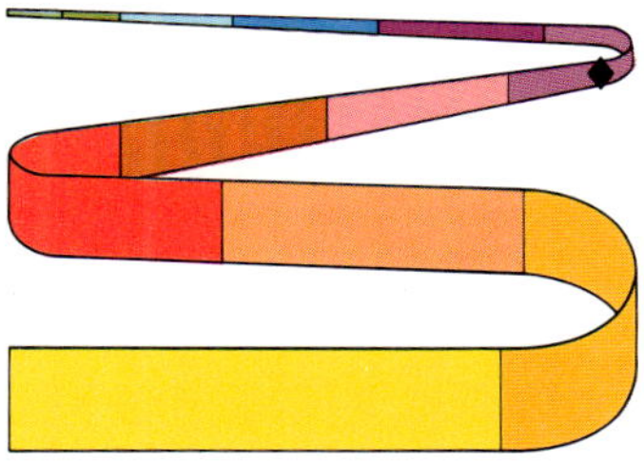

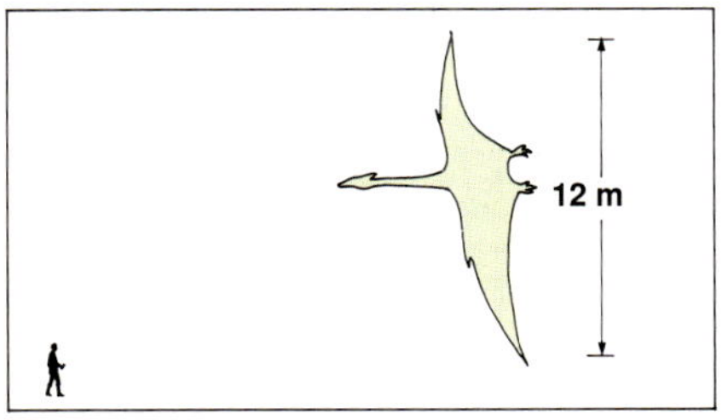

Lange Zeit galt *Pteranodon* als das größte Tier, das sich jemals in die Lüfte erhoben hat. Seine Flügelspannweite von 7 m ist so riesig, daß man sich keine Steigerung vorstellen konnte. Da wurde 1975 in Texas ein Flugsaurier von abenteuerlicher Größe ausgegraben. Mit einer Flügelspannweite von etwa 12 m erreichte er die Abmessungen eines Segelflugzeuges. Aber *Quetzalcoatlus* – wie D. A. Lawson das Tier nach einem Gott der Azteken nannte – hatte dabei ein Gewicht, von dem alle Flugzeugingenieure nur träumen können: Er wog ganze 65 kg! Bisher wurden nur Teile des Skelettes gefunden, unter anderen ein Unterkiefer, einige Halswirbel und ein Oberarmknochen. Die Gesamtlänge des Tieres ist aus diesen Knochen errechnet worden. Obwohl noch kein vollständiger Arm gefunden wurde, kann man auf eine Spannweite von 12 m schließen. Die ersten Angaben, die sogar von mehr als 20 m sprachen, sind wohl doch übertrieben. *Quetzalcoatlus* gilt als das größte flugfähige Wirbeltier aller Zeiten.

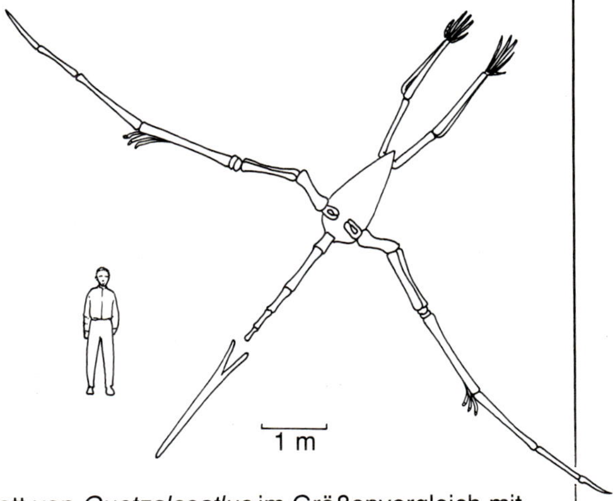

Skelett von *Quetzalcoatlus* im Größenvergleich mit einem Menschen

Die Entwicklung der Reptilien

Die Reptilien entstanden im Oberkarbon aus den Lurchen. Ihre Vorherrschaft über alle Tiere des Festlandes erhielten sie erst im Perm und in der Trias; sie reichte bis zum Ende der Kreide. Gleichzeitig mit der Entwicklung der Reptilien nahm die Bedeutung der Lurche immer mehr ab. Es waren eigentlich nur wenige Ausbildungen, welche die Überlegenheit der Reptilien über die Lurche begründeten. Die Lurche, die den Übergang vom Wasser zum Landtier geschafft hatten, waren dennoch vom Wasser abhängig. Sie mußten ihre Eier nach wie vor darin ablegen, und auch die ersten Lebensstadien der Larven verliefen hier.

Ganz anders die Reptilien. Sie konnten ihre Eier auf dem Lande ablegen, denn diese waren durch eine feste Schale vor dem Austrocknen und vor Räubern geschützt. Meeresschildkröten, die sich ständig im Meer aufhalten, kriechen noch heute auf das Land, um ihre Eier im warmen Sand zu vergraben. Die Jungen kehren nach dem Schlüpfen so schnell wie möglich ins Wasser zurück. Durch ihre Unabhängigkeit vom Wasser wurden die Reptilien zu den eigentlichen Landbewohnern, die nun auch Gebirge und Wüsten besiedeln konnten. An den wenigen Gruppen gemessen, die auch heute noch die Welt besiedeln –

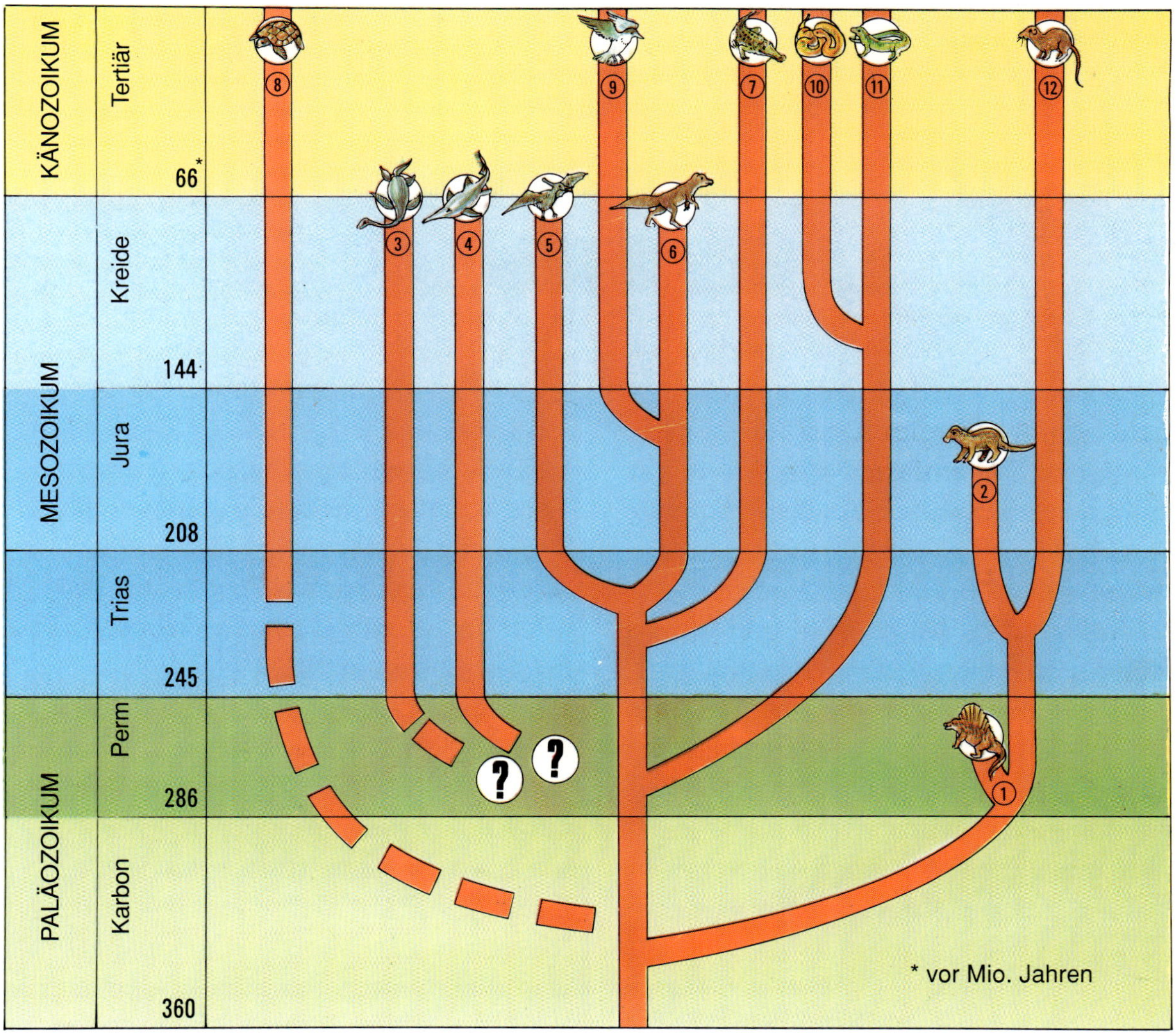

die Brückenechse, die Schildkröten, Krokodile, Echsen und Schlangen – existierten in der Mittelzeit der Erde eine riesige Fülle von Formen. Es gab Winzlinge wie *Youngina* und Riesen wie *Moschops*, aber es gab auch Tiere, die das Meer besiedelten (Fischsaurier) oder durch die Luft segelten (Flugsaurier). Unter den Reptilien finden sich schließlich auch die Gruppen, aus denen sich die Säugetiere entwickelten.

Schlüssel zu den Tiergruppen

1 Urraubsaurier
2 Säugetierähnliche Reptilien
3 Schwanenhalsechsen
4 Fischsaurier
5 Flugsaurier
6 Dinosaurier
7 Krokodile
8 Schildkröten
9 Vögel
10 Schlangen
11 Echsen
12 Säugetiere

Ramapithecus

- Säugetiere
- Primaten
- G. E. Pilgrim (1910)
- Türkei, Indien, Pakistan, Kenia
- ♦ Miozän, Pliozän

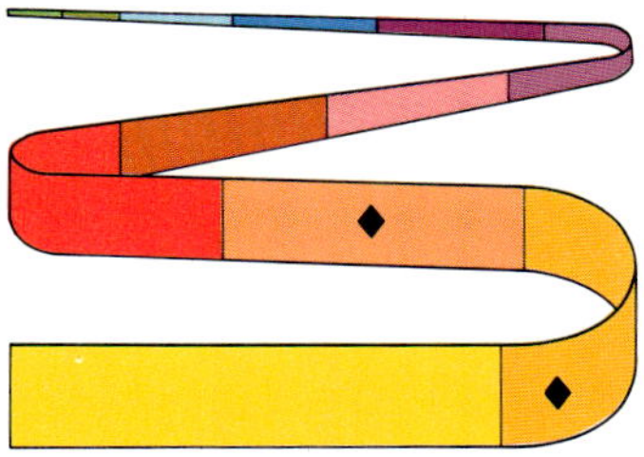

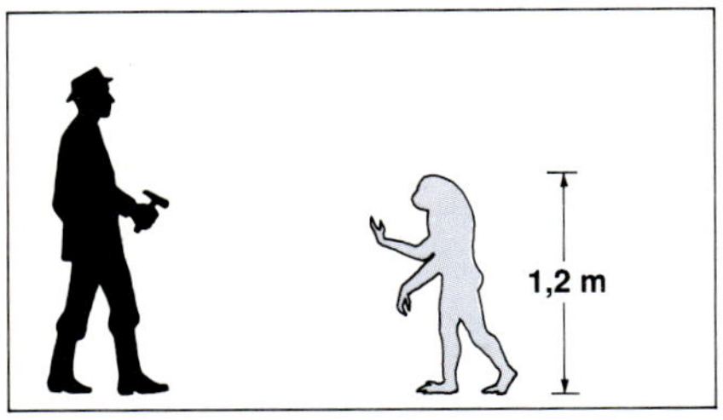

Die heute lebenden Menschenaffen gehören alle zur gleichen Familie, den *Pongiden*. Sie umfassen vier Arten von Gibbons, zwei verschiedene Schimpansen, den Gorilla und den Orang-Utan. Allen diesen Tieren fehlt ein Schwanz, und alle laufen auf Händen und Füßen, können sich aber auch zweibeinig fortbewegen. Im Miozän vor 10 bis 15 Millionen Jahren waren die Menschenaffen in viel größerer Artenzahl vertreten und vor allem in Ostafrika verbreitet. Ihre Wurzeln gehen aber noch viel weiter zurück, z.B. auf *Aegyptopithecus*, der vor etwa 30 Millionen Jahren in Ägypten vorkam. Zu irgendeiner Zeit haben sich aus diesem Verwandschaftskreis Lebewesen entwickelt, aus denen die Vorläufer der Menschen entstanden. Aber die Grenze zwischen Menschenaffen und Hominiden (den Menschen) liegt bisher im dunkeln.

Für diese Frage spielt *Ramapithecus* eine große Rolle. Bis 1980 waren von ihm lediglich einige Zähne und Teile des Kiefers bekannt, und die Zähne schienen die heute noch bestehende Lücke zwischen Menschenaffen und Menschen zu schließen. *Ramapithecus* war allem Anschein nach ein Vertreter der Hominiden. Aber 1983 wurden in Indien besser erhaltene Fossilien gefunden, unter ihnen auch ein Schädel. Er hatte einen mächtigen Unterkiefer, große Zähne und eine Schnauze, wie sie bei den Menschenaffen ausgebildet ist. Die Gehirnkapsel war dagegen auffallend klein. *Ramapithecus* gehört damit nicht zu den Vormenschen, sondern kann eher als der Vorfahre des Orang-Utans angesehen werden. Die »menschlichen« Zähne sind also eine Parallel-Entwicklung.

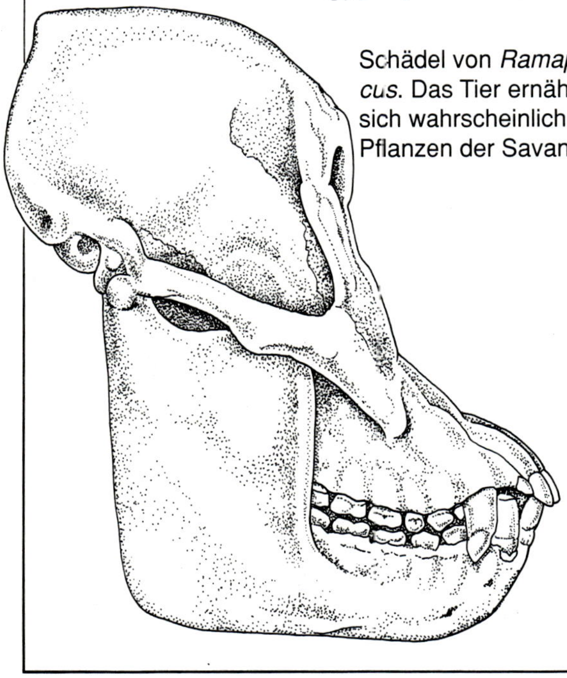

Schädel von *Ramapithecus*. Das Tier ernährte sich wahrscheinlich von Pflanzen der Savanne.

Rhamphorhynchus

- Reptilien
- Flugsaurier
- H. von Meyer (1847)
- Deutschland (Bayern), Tansania
- Jura

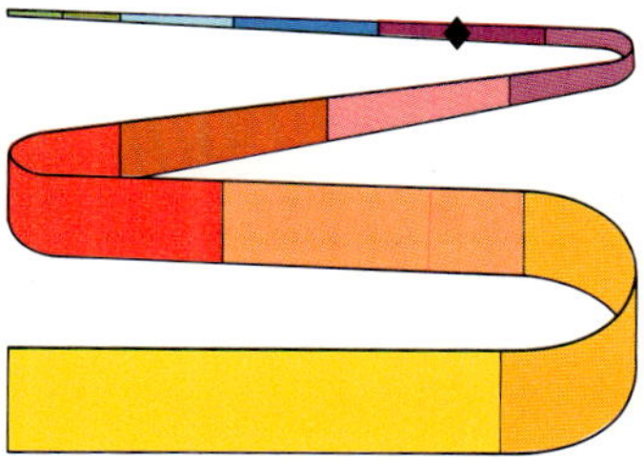

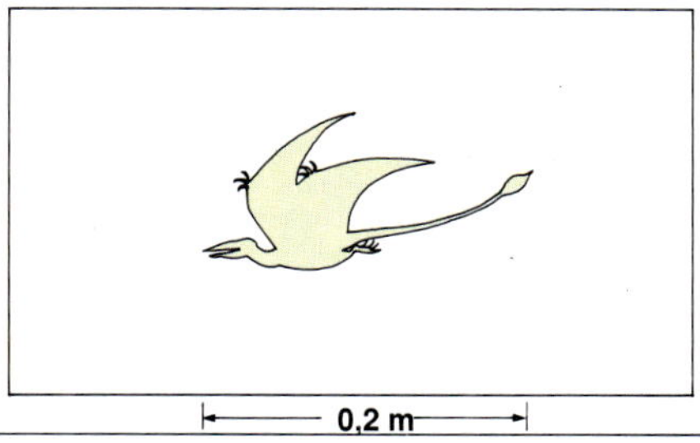

Rhamphorhynchus ist eng mit *Dimorphodon* verwandt und gehört zu den älteren Formen der Flugsaurier. Die schönsten Skelette wurden im Solnhofener Plattenkalk entdeckt. In dem feinkörnigen Kalk konnten sogar mikroskopisch feine Strukturen der Flughaut festgestellt werden. Diese war von dünnen Fasern durchzogen, wie sie auch bei den Fledermäusen bekannt sind. Mit ihnen wurde die Flughaut gespannt. Aber wenn sie einmal zerriß, konnte das Tier nicht mehr fliegen und mußte verhungern.

Im Magen von *Rhamphorhynchus* wurden sogar Reste seiner Nahrung gefunden: Gräten und Schuppen von Fischen. Wahrscheinlich segelte *Rhamphorhynchus* über das Wasser und schnappte mit seinen spitzen, nach außen abstehenden Zähnen nach diesen Tieren. Der lange Schwanz diente als Steuer und hatte am Ende einen breiten Hautlappen.

Samotherium

- Säugetiere
- Paarhufer
- C. I. Forsyth-Major (1888)
- Europa, Türkei, Afrika
- ♦ Miozän, Pliozän

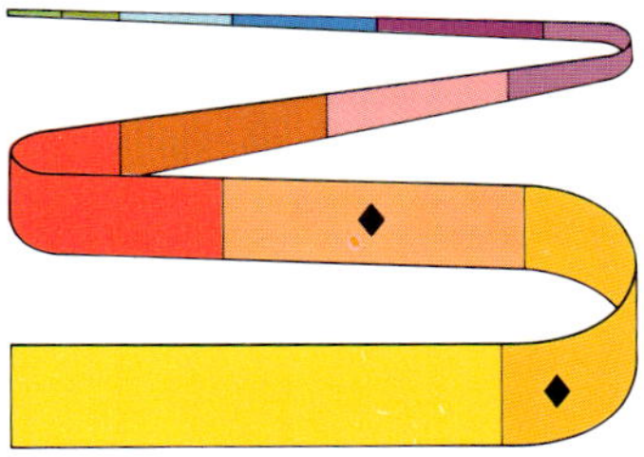

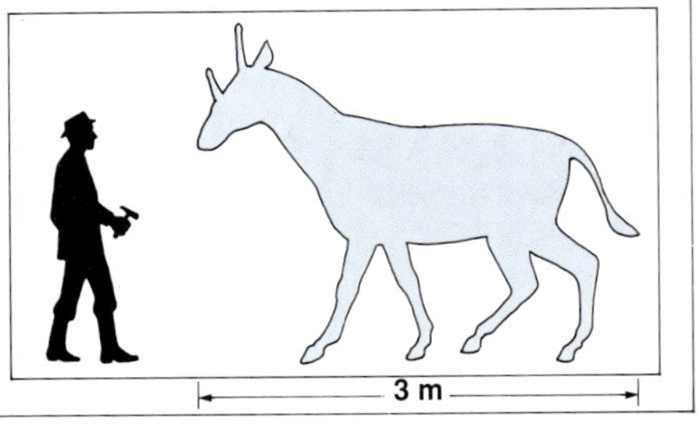

Die fossilen Vertreter der Giraffen sehen der heute lebenden Giraffe der afrikanischen Savannen nur wenig ähnlich. Manche (wie *Sivatherium*) kann man eher als ausgestorbenen Elch ansehen. Anderen Vertretern, die im Miozän vor 25 bis 15 Millionen Jahren in Europa und Afrika lebten, fehlten ebenfalls der lange Hals und die langen Beine.

Auch *Samotherium* war gedrungen gebaut. Der langgestreckte Schädel trug scharfe Vorderzähne, mit denen Blätter abgerissen wurden, und breite Backenzähne, mit denen die Pflanzenteile zermahlen wurden. Wie alle Giraffen war *Samotherium* ein Wiederkäuer. Auch bei ihm standen oberhalb der Augen zwei von Haut überzogene Knochenhöcker.

Scutosaurus

- Reptilien
- Stammreptilien
- A. Hartmann-Weinberg (1930)
- UdSSR (Rußland)
- ♦ Perm

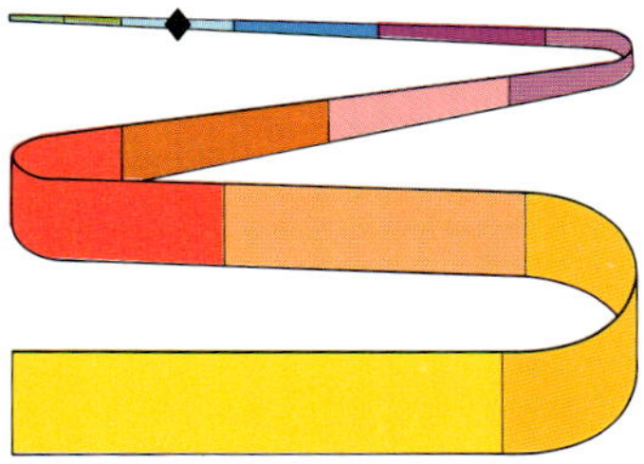

Scutosaurus gehört zu den urtümlichen Reptilien, bei denen der Schädel auf jeder Seite Nasen- und Augenöffnung hat. Das schwere Tier bewegte sich auf kräftigen Beinen, die unter dem Körper standen. Kopf und Körper waren mit Knochenplatten besetzt. Die kleinen, blattartig geformten Zähne zeigen, daß sich *Scutosaurus* von Pflanzen ernährte.

Sebecus

- Reptilien
- Krokodile
- G. G. Simpson (1937)
- Südamerika
- Paläozän bis Miozän

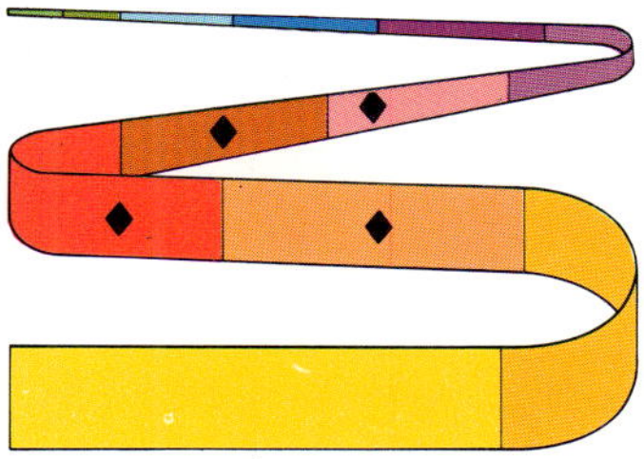

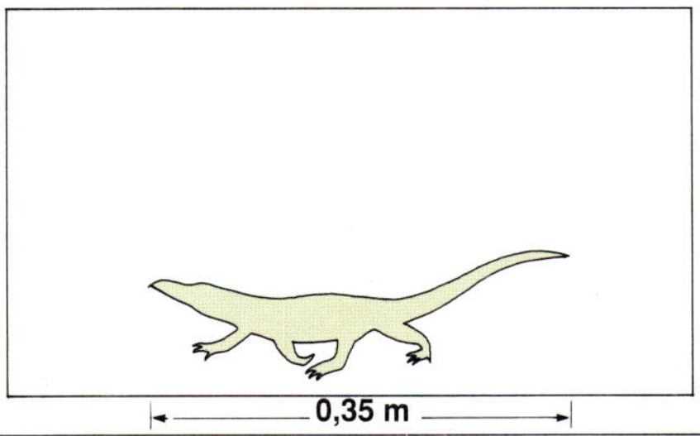

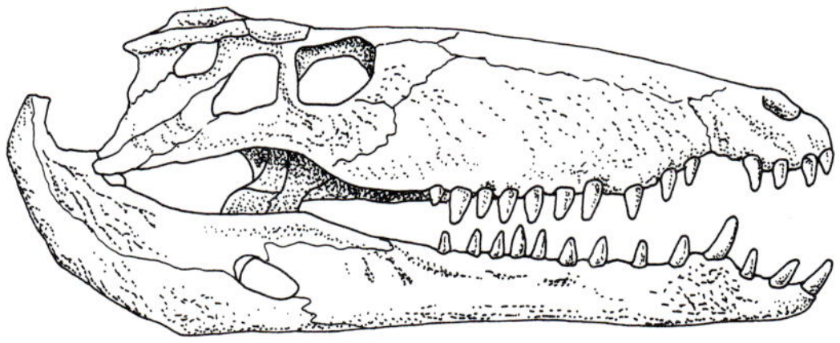

Schädel von *Sebecus*

Die heute lebenden echten Krokodile bilden im Tierreich nur eine kleine Gruppe und umfassen 21 Arten von Krokodilen, 7 Arten von Kaimanen und Alligatoren sowie den Gavial. Aber in ihrer langen Geschichte gab es viele verschiedene Formen, die längst ausgestorben sind. Entstanden sind die Krokodile in der Mitteltrias vor etwa 230 Millionen Jahren aus den Urwurzelzähnern, von denen auch die Dinosaurier und die Flugsaurier abstammen. Alle diese Gruppen sind verschwunden, nur die Krokodile überlebten bis auf den heutigen Tag.

Die ersten Krokodile waren kleine Raubtiere, die auf langen Hinterbeinen liefen und ausschließlich auf dem Festland lebten. Mit ihren Nachfahren hatten sie aber schon den langen, flachen Schädel mit den langgestreckten Kiefern gemeinsam. Die Kiefermuskeln saßen ganz hinten am Schädel, so daß der Rachen weit aufgesperrt werden konnte. Mundhöhle und Nasenhöhle waren durch ein Munddach getrennt; deswegen konnten die Tiere gleichzeitig atmen und fressen.

Im Verlaufe ihrer Entwicklung gab es nicht nur langbeinige Landbewohner wie *Protosuchus* und *Sebecus*, sondern auch Meeresbewohner wie *Geosaurus* und *Teleosaurus*. *Sebecus* war vom Paläozän bis zum Eozän über weite Teile Südamerikas verbreitet. Einige Gattungen, die vielleicht mit ihm verwandt sind, wurden in Europa und Nordafrika entdeckt, aber der Schwerpunkt dieses Verwandtschaftskreises liegt ohne Zweifel in Südamerika. *Sebecus* weicht von den anderen Krokodilen durch die Form seiner Zähne ab. Sie sind bei ihm sägeförmig und im Querschnitt flach, nicht rund wie bei den anderen Sippen. Wenn man nur die Zähne vor sich hat, wird man an die eines Dinosauriers erinnert, z.B. an eine Tyrannenechse. Nach dem Aussterben der Dinosaurier gab es in Südamerika lange Zeit keine Raubtiere, bis ein Krokodil (*Sebecus*) diese Rolle übernahm. Dieses wurde schließlich vor etwa 15 Millionen Jahren von einem flugunfähigen Laufvogel (*Phorusrhacos*) abgelöst.

Seymouria

- Lurche
- Vorreptilien
- F. Broili (1904)
- USA (Oklahoma, Texas, Utah, Neu-Mexiko)
- Perm

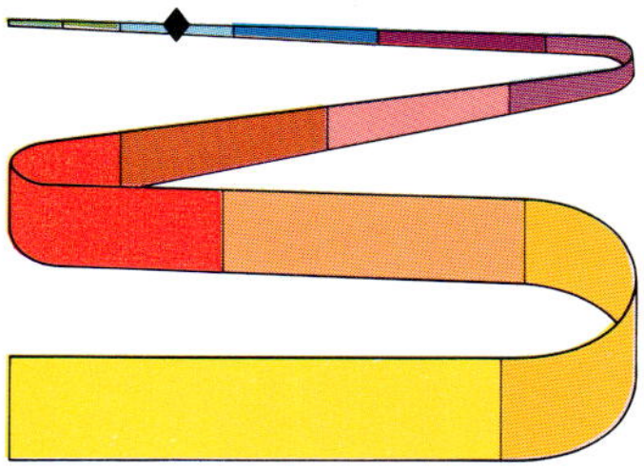

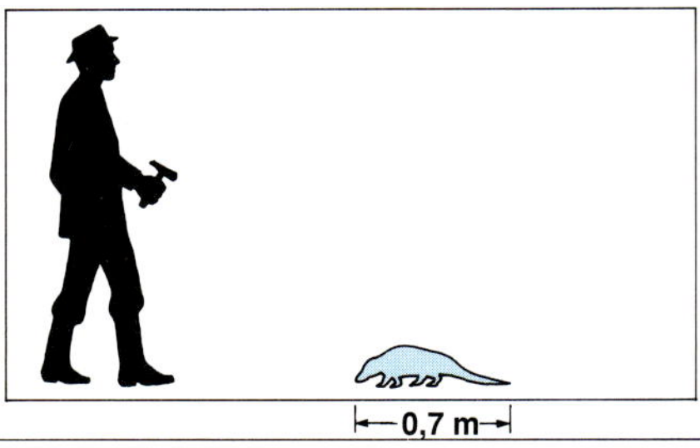

Als man die ersten gut erhaltenen Skelette dieses Tieres in Texas fand, war man überzeugt, ein urtümliches Reptil vor sich zu haben. Tatsächlich stellte man eine Reihe von Ausbildungen fest, die für ein Reptil typisch sind, z.B. das Gelenk zwischen Kopf und Hals sowie die Form des Schulter- und Beckengürtels. Als aber Schädel von Jungtieren gefunden wurden, zeigten diese auf der Oberseite offene Kanäle, die nur zum Seitenlinienorgan eines Lurches gehören konnten (siehe S. 99).

Seymouria ist also ein Lurch, der hervorragend an das Leben auf dem Festland angepaßt war. Kräftige Beine hoben den Körper des Tieres vom Boden ab, und das Gebiß weist auf einen Fleischfresser hin. Aus dem Verwandtschaftskreis von *Seymouria* haben sich wahrscheinlich die Reptilien entwickelt. Allerdings kommt *Seymouria* selbst hierfür nicht in Frage, denn urtümliche Reptilien gab es mindestens schon 50 Millionen Jahre, bevor *Seymouria* auftrat.

Sinclairella

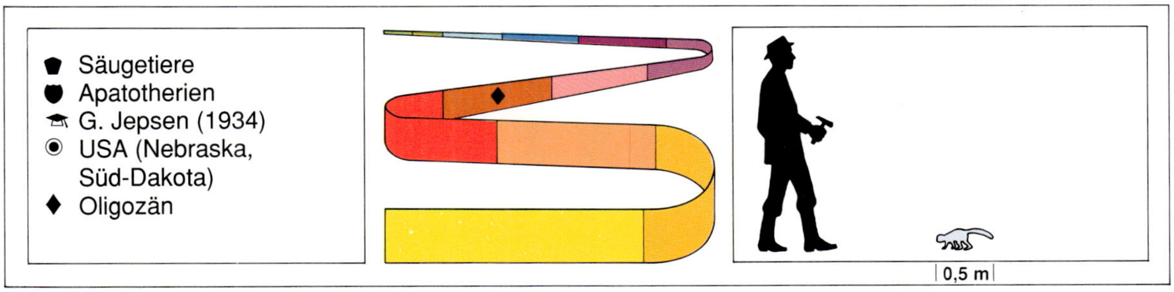

Die *Apatemyden*, zu denen *Sinclairella* gehört, bilden eine kleine Gruppe urtümlicher Säugetiere. Wahrscheinlich sahen sie einer heutigen Spitzmaus ähnlich, aber sie hatten ganz andere Zähne. Mit ihren breiten Backenzähnen zermalmten sie wahrscheinlich zähe Pflanzenteile, die sie mit den langen Vorderzähnen abgebissen hatten. Diese meißelförmigen Vorderzähne im Ober- und Unterkiefer wuchsen vermutlich zeitlebens weiter und schärften sich beim Kauen selbst. Unglücklicherweise ist weder von *Sinclairella* noch von einem anderen Vertreter dieser Familie ein Skelett entdeckt worden, so daß man über die Lebensweise der Tiere und über ihre Gestalt nur wenig sagen kann.

Sinoconodon

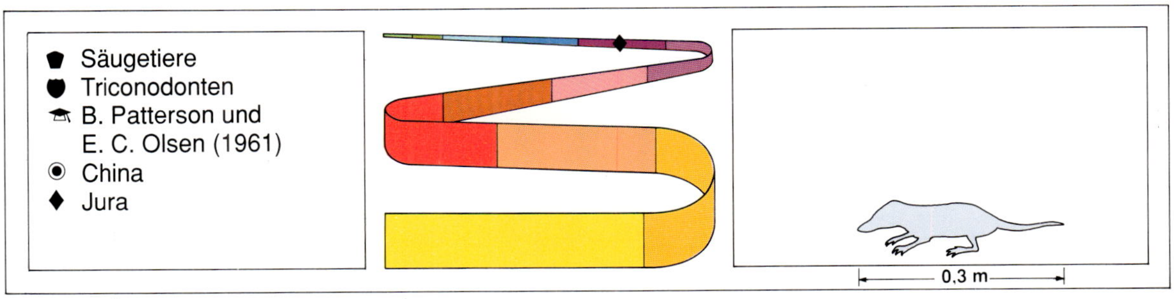

Sinoconodon gehört zu den urtümlichen Säugetieren des Erdmittelalters und ist nur durch einen unvollständigen Schädel bekannt. Er ist schmal und langgestreckt und erinnert an ein Säugetierähnliches Reptil wie *Cynognathus*. Die Zähne beweisen jedoch, daß *Sinoconodon* zu den Säugetieren gehört. Obwohl das Tier gleichzeitig mit *Morganucodon* lebte, scheint es einen anderen Zweig des Säugetierstammbaumes zu bilden.

Schädel von *Sinoconodon* (5 cm lang)

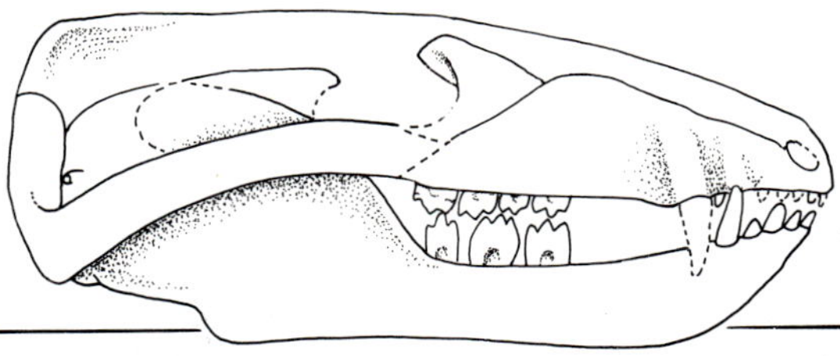

Sivatherium

- Säugetiere
- Paarhufer
- H. Falconer und P. Cautley (1836)
- Ostasien, Afrika
- Pliozän, Pleistozän

Von den Giraffen haben wir eine ganz bestimmte Vorstellung: Auf stelzenförmigen Beinen stehen riesige Tiere mit einem langem Hals und zupfen Blätter aus dem obersten Teil der Baumkronen. *Sivatherium* weicht von diesem Bild in allen Teilen völlig ab. Die Tiere ähneln eher einem Elch und werden deshalb auch als Rindergiraffen bezeichnet. Zumindest die Männchen trugen ein riesiges Geweih, mit dem sie zur Paarungszeit um die Weibchen kämpften. Zwischen den Augen waren außerdem zwei größere Knochenzapfen ausgebildet, die mit Haut überzogen waren – und wenistens diese Ausbildung ist bei den heutigen Giraffen wiederzufinden. Die Schultern waren besonders kräftig, da hier die Muskeln ansetzten, die den schweren Kopf aufrechthielten.

Smilodectes

- Säugetiere
- Primaten
- O. C. Marsh (1871)
- USA (Wyoming)
- Eozän

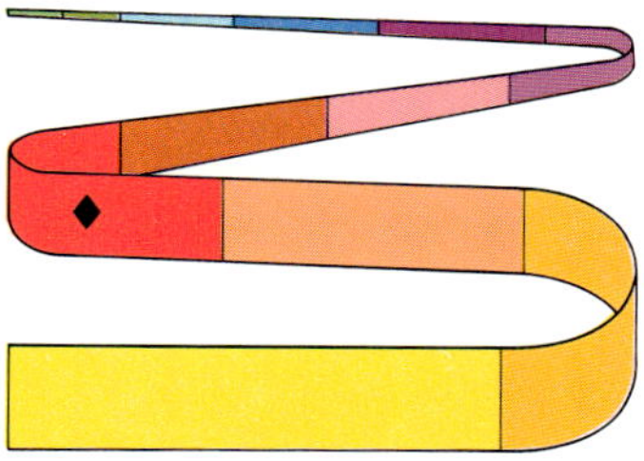

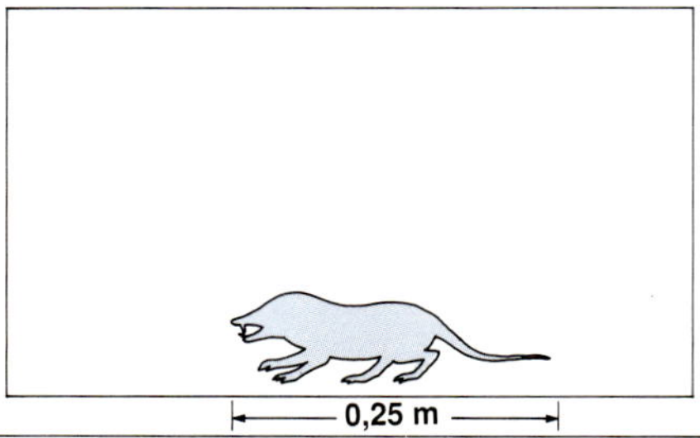

Die Primaten, zu denen außer den Halbaffen, Affen und Menschenaffen auch die Menschen gehören, entstanden vor mehr als 60 Millionen Jahren. *Smilodectes* trat erst im Eozän auf, als die einem Lemuren ähnlichen Vertreter der Familie *Adapidae* häufig vorkamen und verbreitet waren. Die ganze Gruppe starb im Miozän vor etwa 10 Millionen Jahren wieder aus. Den urtümlichen Primaten wie *Plesiadapis* gegenüber war *Smilodectes* weiterentwickelt. Die Tiere hatten längere Gliedmaßen und konnten ihre Daumen bzw. den großen Zeh den anderen Fingern gegenüberstellen. Dadurch konnten sie viel besser zugreifen und klettern. Die Schnauze war kürzer, und der Schädel hatte einen größeren Raum für das Gehirn.

Smilodon

- Säugetiere
- Raubtiere
- J. Leidy (1868)
- Argentinien
- Pleistozän

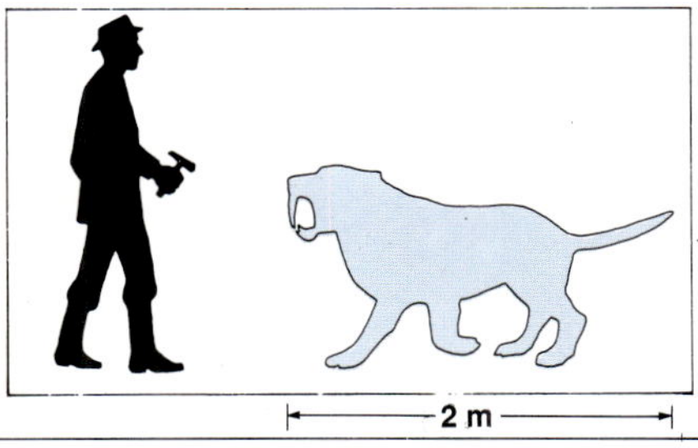

Smilodon gehört zu den Landraubtieren und unter ihnen zur Familie der Katzen. Die Vertreter dieser Familie schlichen sich an die großen Pflanzenfressenden Säugetiere an, die in den Grasländern weideten. *Smilodon*, der Säbelzahntiger, ist das bekannteste Tier dieser Gruppe und das Nationaltier Kaliforniens. Hier, in den Asphaltsümpfen von La Brea bei Los Angeles, wurden mehr als 2 000 Skelette des Säbelzahntigers gefunden. Jäger und Gejagte versanken dort gemeinsam in einem zähen Brei.

Smilodon hatte einen großen Kopf und konnte die Kiefer sehr weit öffnen, um die langen Reißzähne in den Körper seiner Beutetiere zu schlagen, die dabei verbluteten. Diese Zähne waren keineswegs besonders scharf, sondern hatten einen elliptischen Querschnitt. Obwohl die Säbelzahntiger in einer so großen Zahl gefunden wurden, waren sie jedoch Einzelgänger und schlossen sich nicht – wie die Löwen – zu Rudeln zusammen.

Stagonolepis

- Reptilien
- Urwurzelzähner
- L. Agassiz (1845)
- GB (Schottland)
- Trias

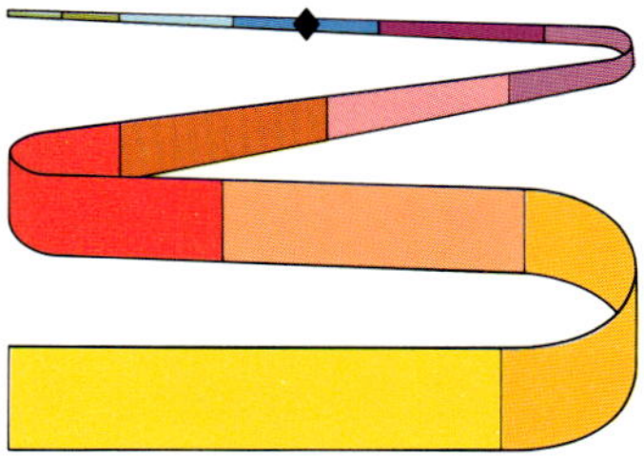

Die Urwurzelzähner sind die älteste Gruppe der Großsaurier; aus ihnen haben sich in der Trias sowohl Krokodile und Flugsaurier als auch die Dinosaurier entwickelt. In der Trias waren die Urwurzelzähner bereits in mehrere Unterordnungen aufgespalten, die aber eines gemeinsam hatten: Sie waren Fleischfresser. Das läßt sich an der Form ihrer Zähne eindeutig nachweisen. Aber auch diese Regel gilt nicht ohne Ausnahme: *Stagonolepis* gehört ohne Zweifel zu den Urwurzelzähnern, war aber ebenso eindeutig ein Pflanzenfresser und hatte kleine, blattförmige Zähne. Die wenigen Gattungen, mit denen *Stagonolepis* eng verwandt ist, lebten alle in der Obertrias und sind in Europa sowie in Nord- und Südamerika gefunden worden.

Stagonolepis ähnelt in der Körperform einem Krokodil, unterscheidet sich aber schon auf den ersten Blick durch den kleinen Kopf und die kurzen Kiefer. Die Tiere hatten nur im hinteren Bereich des Kiefers kurze Zähne, mit denen die zähen Teile von Schachtelhalmen, Farnen und Palmfarnen zerrissen werden konnten. Die Schnauze war flach und erinnert an einen Schweinerüssel. *Stagonolepis* konnte sich nur schwerfällig bewegen und war vor Angreifern durch Knochenplatten geschützt, die Rücken, Schwanz und Körperflanken bedeckten und wie Dachziegel angeordnet waren.

Stylinodon

- Säugetiere
- Taeniodonten
- O. C. Marsh (1847)
- USA (Wyoming, Utah), Asien
- Eozän

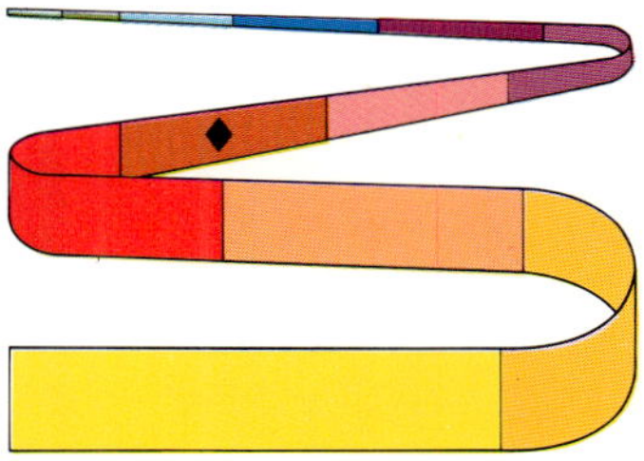

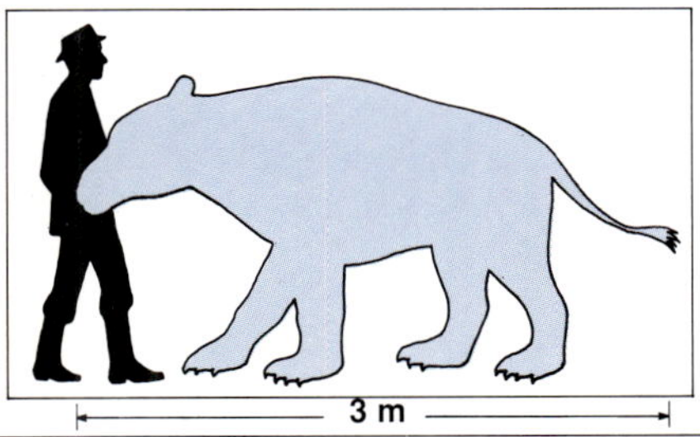

Stylinodon gehört zu den urtümlichen Huftierverwandten, bildet in dieser formenreichen Gruppe aber einen eigenen Entwicklungszweig. Die Tiere waren etwa so groß wie ein Bär, und der Kopf erinnert an den eines Wildschweines. Die Eckzähne waren stark verlängert, einem Meißel ähnlich und für das Zerbeißen harter Pflanzenteile gut geeignet. Während Schneidezähne fehlten, waren die Backenzähne zapfenähnlich und hatten auf der Oberseite eine Leiste aus Schmelz. Sie wuchsen während des ganzen Lebens weiter. An den Zehen hatte *Stylinodon* große Krallen. Mit ihnen konnte er sogar den Boden aufreißen, um an die unterirdischen Pflanzenteile zu gelangen.

Synthetoceras

- Säugetiere
- Paarhufer
- R. A. Stirton (1932)
- USA (Texas)
- Miozän, Pliozän

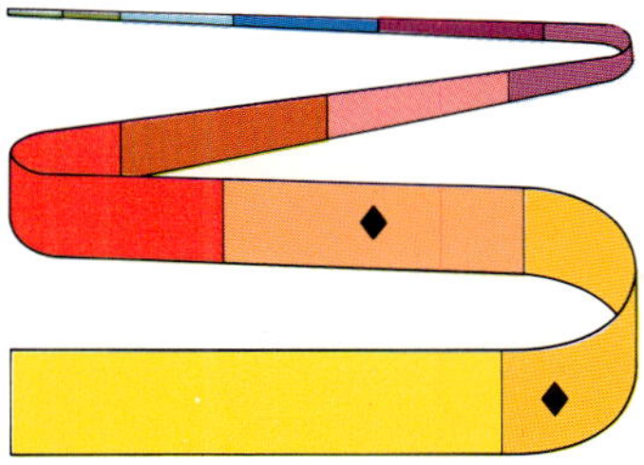

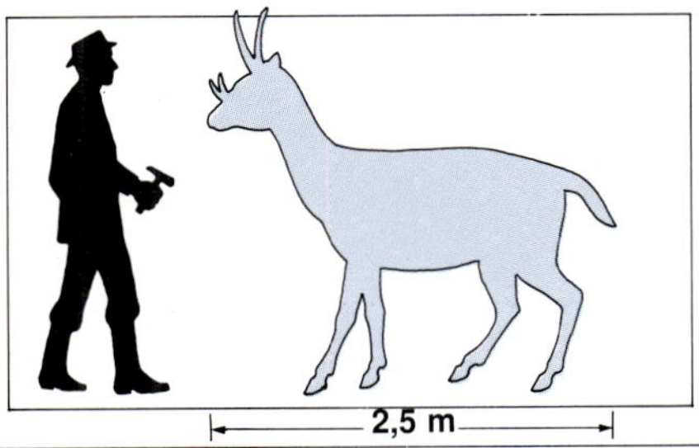

Die Schwielensohler – heute durch die Familie der Kamele vertreten – bilden eine Unterordnung der Paarhufer, die vor etwa 40 Millionen Jahren in Nordamerika entstand. Zu den Schwielensohlern gehören auch hirschähnliche Tiere, die auf dem Schädel merkwürdige knöcherne Auswüchse trugen. Man nennt diese Familie *Protocratiden*, was soviel wie »erste Hörner« heißt. Bei *Synthetoceras* waren oberhalb der Augen zwei große, gebogene Hörner ausgebildet, während vorn auf der Schnauze ein Y-förmiges Horn stand. Nur die Männchen trugen diese Hörner und setzten sie wahrscheinlich während der Paarungszeit beim Kampf um die Weibchen ein.

Tanystropheus

- Reptilien
- Ureidechsen
- H. von Meyer (1852)
- Deutschland, Schweiz
- Trias

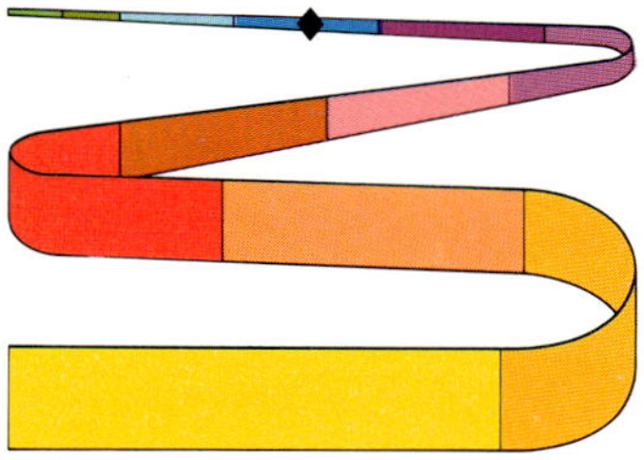

Nicht umsonst wird *Tanystropheus* als die »Giraffenhalsechse« bezeichnet: Ihr Hals war länger als Körper und Schwanz zusammen. Dennoch bestand er nur aus zehn Wirbeln – aus drei mehr als bei der verwandten Gattung *Protorosaurus*. Aber jeder Wirbel war etwa 15 cm lang! Überraschenderweise hatten Jungtiere von *Tanystropheus* noch einen kurzen Hals, erst mit zunehmendem Alter des Tieres muß er sich immer mehr verlängert haben.
Mit ihren kleinen Zähnen konnten die Jungen Insekten zerkauen. Bei den Erwachsenen waren die Zähne aber lang und spitz, und die Tiere ernährten sich von Fischen. Dennoch hat *Tanystropheus* wahrscheinlich am Ufer von Gewässern gelebt, denn es fehlten ihm alle Ausbildungen eines guten Schwimmers.

Teleosaurus

- Reptilien
- Krokodile
- E. Geoffroy (1825)
- Deutschland, Frankreich, England
- Jura

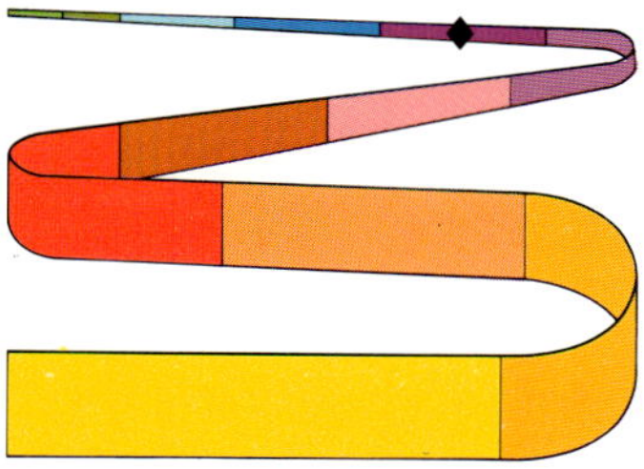

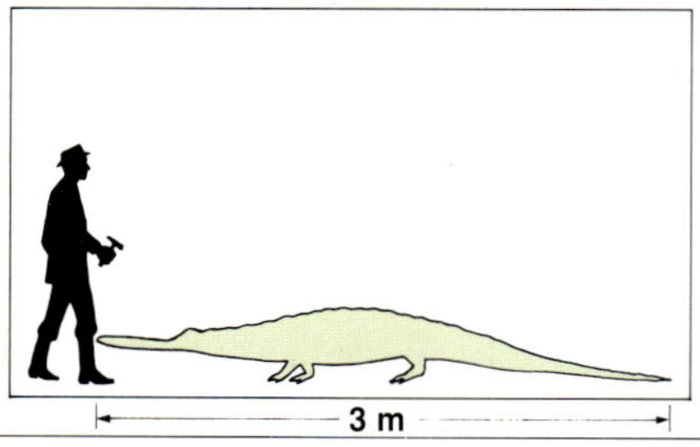

Während des Jura entwickelten sich zwei Gruppen von Krokodilen, die ständig im Wasser lebten: die Altkrokodile (*Mesosuchia*) und die Meereskrokodile (*Thalattosuchia*).
Teleosaurus gehört zu den ersteren. Das Tier hatte einen langen, schlanken Körper, der auf dem Rücken gepanzert war. Die Kiefer waren sehr lang und mit einer großen Zahl spitzer Zähne besetzt. *Teleosaurus* war in Form und Lebensweise wahrscheinlich einem Gavial ähnlich, der heute in den Flüssen Indiens lebt.

Teratornis

- Vögel
- Greifvögel
- L. H. Miller
- USA (Kalifornien, Nevada, Florida), Argentinien
- Pleistozän

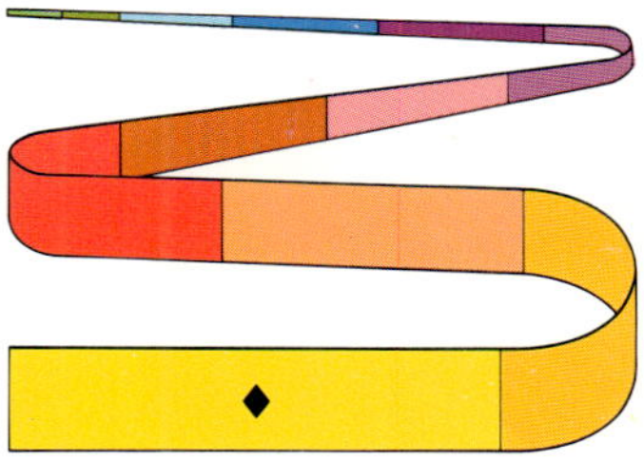

Zu den größten Vögeln aller Zeiten gehören diejenigen Geier, die im *Pleistozän* in Nord- und Südamerika lebten und erst vor wenigen tausend Jahren ausstarben. Der größte erreichte mit einer Flügelspannweite von 7 m die des Flugsauriers *Pteranodon* (siehe S. 135), war aber immer noch viel kleiner als *Quetzalcoatlus* (siehe S. 139). *Teratornis* gehörte nicht gerade zu den Riesen seiner Gruppe, aber er erreichte aufrechtstehend eine Höhe von 1,6 m. Der lange, gebogene Schnabel und die großen, mit Krallen besetzten Zehen weisen ihn als einen Raubvogel aus. Gefunden wurde er in den berühmten Asphaltsümpfen von La Brea bei Los Angeles in Kalifornien. Hier fraß er wahrscheinlich an den Tieren, die im Asphalt umgekommen waren.

Terrestrisuchus

- Reptilien
- Krokodile
- P. J. Crush (1984)
- GB (Wales)
- Trias

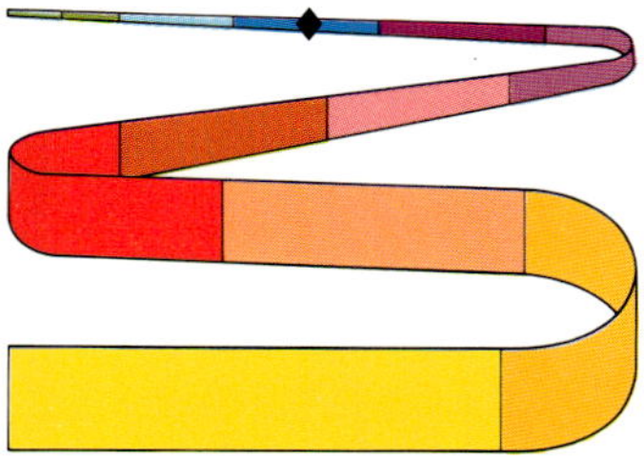

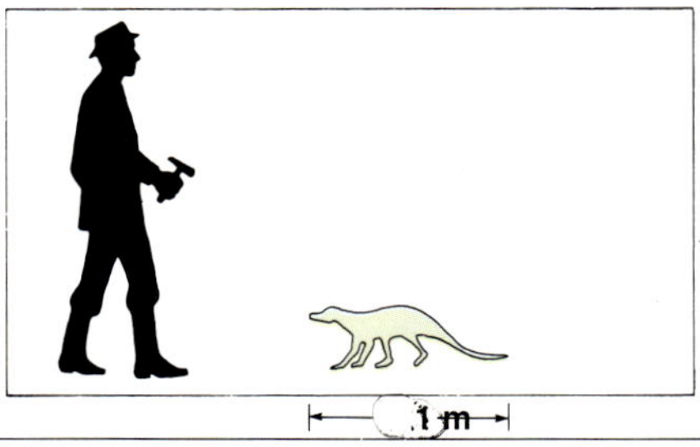

Die ältesten Krokodile waren den heute lebenden keineswegs ähnlich. *Terrestrisuchus* war zierlich gebaut und hatte einen Schwanz, der die Hälfte der Körperlänge einnahm. Das Tier hatte lange Beine und konnte – auch zweibeinig – über den Boden laufen, um Insekten und Echsen zu jagen. Der Bau des Schädels und die weit zu öffnenden Kiefer mit kräftigen Kaumuskeln zeigen, daß es sich um ein Krokodil handelt.

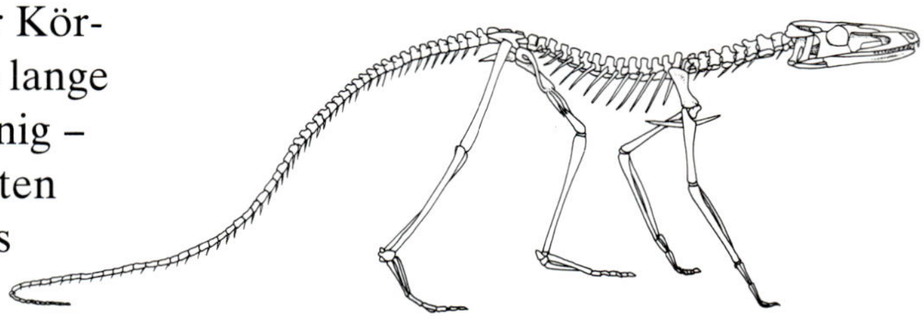

Tetonius

- Säugetiere
- Primaten
- W. D. Matthew (1915)
- Nordamerika
- Eozän

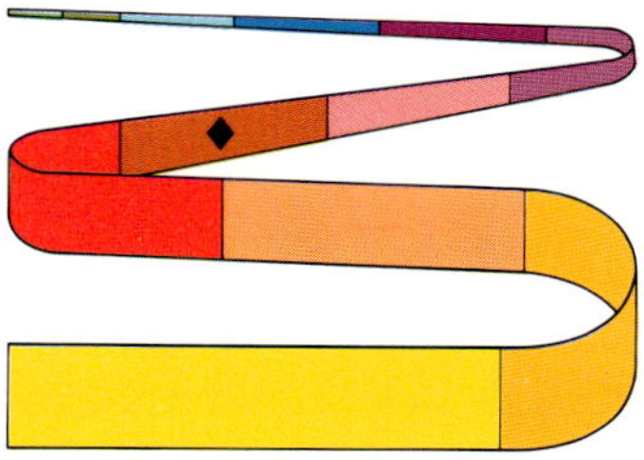

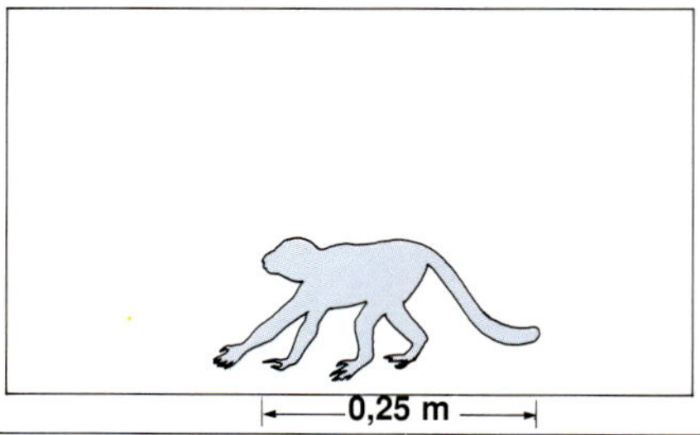

Zu den Halbaffen gehören auch die Koboldmakis, die heute mit wenigen Arten auf den Inseln Südostasiens vorkommen. Im Tertiär waren sie dagegen mit vielen Arten in Nordamerika und Europa verbreitet, und zu diesen gehört auch *Tetonius*.

Das kleine Tier hatte schlanke Gliedmaßen und einen langen Schwanz. Seine großen Augen weisen darauf hin, daß es wahrscheinlich nachts aktiv war. Beide Augen waren nach vorn gerichtet; das ist eine ganz besondere Ausbildung, erlaubt sie doch ein räumliches Sehen und damit ein Erkennen von Entfernungen. Bei der Jagd nach Insekten ist das sicher von großem Nutzen gewesen. *Tetonius* hatte einen gerundeten Schädel mit einer kurzen Schnauze und ein verhältnismäßig großes Gehirn. Er bewegte sich auf allen vieren oder hüpfte zweibeinig wie ein Känguruh.

Theosodon

- Säugetiere
- Glattferser
- F. Ameghino (1887)
- Argentinien
- Oligozän, Miozän

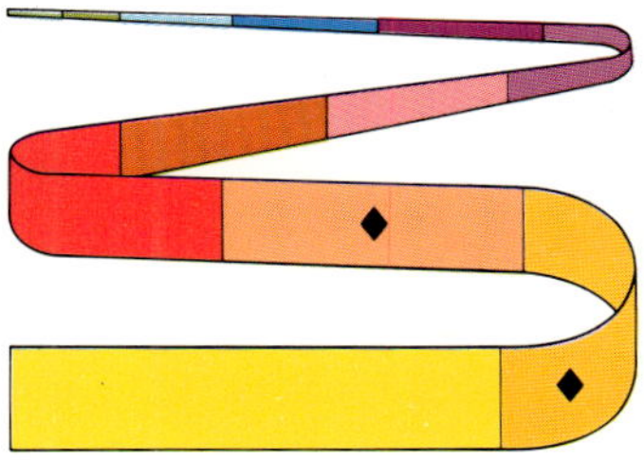

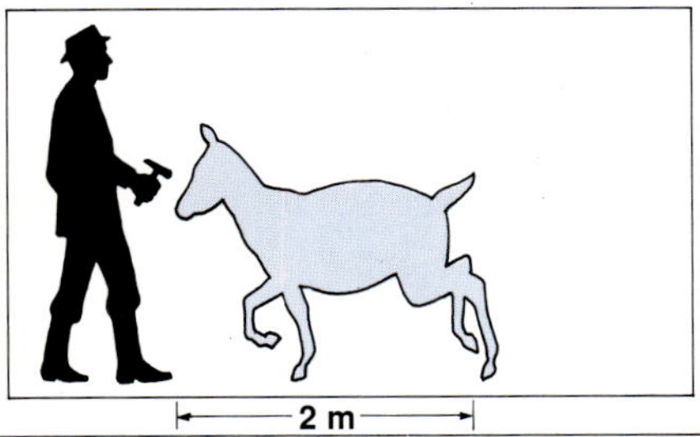

Theosodon ist mit *Macrauchenia* eng verwandt. Beide gehören zu den Huftieren, die während des Tertiärs in Südamerika in einer großen Formenvielfalt lebten. In der Gestalt erinnert *Theosodon* an ein Lama, mit dem es aber keineswegs verwandt ist. An seinen Beinen saßen je drei Zehen, die mit kleinen Hufen versehen waren. Das Tier lebte in den großen Grasländern und ernährte sich wohl von Gras. Seine Unterkiefer waren langgestreckt und schmal; das Gebiß bestand aus 44 Zähnen. Auffallend ist der lange Hals und die Stellung der Nasenöffnungen zwischen den Augen (wie bei *Macrauchenia*). Diese Ausbildung findet man bei Tieren, die einen Rüssel haben, dieser scheint aber bei *Theosodon* nur kurz gewesen zu sein.

Thoatherium

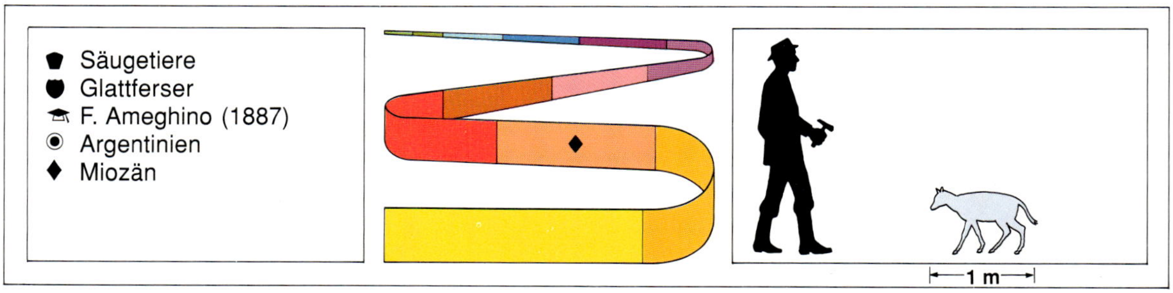

Als sich die primitiven Huftiere während des Tertiärs in Südamerika entwickelten, gab es auch Tiere, die einem Kamel oder einem Pferd ähnlich sahen. Sie waren aber keineswegs mit diesen viel später auftretenden und sehr spezialisierten Tieren verwandt, sondern hatten lediglich die gleiche Lebensweise.
Im Gegensatz zu den Pferden waren zum Beispiel Schienbein und Wadenbein nicht miteinander verwachsen, und auch die Fußgelenke waren einfacher aufgebaut. Daher stammt auch der Name »Glattferser«, der für die ganze Ordnung gilt. Neben *Thoatherium* werden noch *Macrauchenia* und *Theosodon* in diesem Buch beschrieben. *Thoatherium* hatte im Vergleich zum Körper lange, schlanke Beine; an jedem Fuß war nur eine Zehe voll ausgebildet und trug einen Huf. Die gleiche Ausbildung findet man bei den modernen Pferden.

Thrinaxodon

- Reptilien
- Säugetierähnliche Reptilien
- H. G. Seeley (1894)
- Südafrika, Antarktis
- Trias

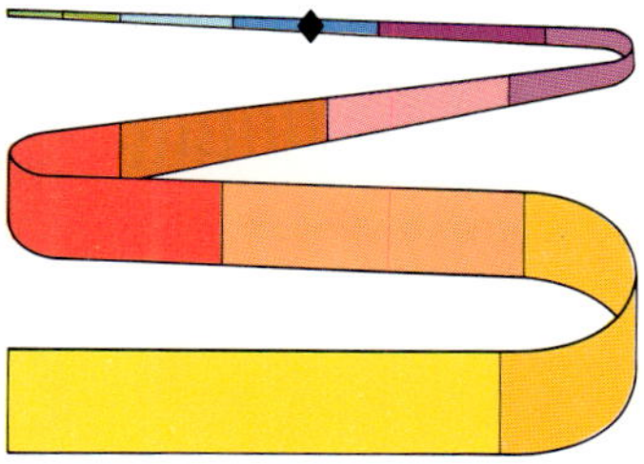

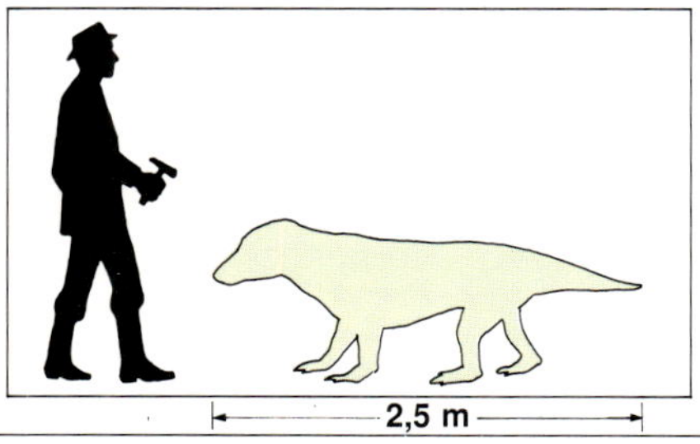

Thrinaxodon ist eng mit *Cynognathus* und *Procynosuchus* verwandt und bildet mit diesen Gattungen zusammen die Unterordnung *Cynodontia*, der »Hundezähner«. Wie der Name zutreffend sagt, handelt es sich hierbei um Raubtiere mit einem hoch entwickelten Gebiß. In den Kiefern saßen vorn kräftige Schneidezähne, beiderseits gefolgt von einem großen Eckzahn und den wie eine Schere wirkenden Backenzähnen. Der langgestreckte Körper weist auch auf die Säugetiere hin, die sich tatsächlich aus den Säugetierähnlichen Reptilien entwickelt haben.

Während die Vorderbeine bei *Thrinaxodon* noch etwas seitlich abstanden, saßen die kräftigen und langen Hinterbeine unter dem Körper – wahrscheinlich konnte das Tier schnell laufen. Der Körper war deutlich in einen Vorder- und Hinterkörper geteilt, wobei nur der erste von Rippen umgeben war, die einen Brustkorb bildeten. Er war wohl durch ein Zwerchfell von der Bauchregion abgetrennt. Die Ausbildungen sind sonst bei Reptilien unbekannt. Auffallend ist die Ausbildung eines Munddaches, das dem Tier erlaubte, gleichzeitig zu kauen und zu atmen.

Thylacoleo

- Säugetiere
- Beuteltiere
- R. Owen (1859)
- Australien
- Pliozän, Pleistozän

Die Beuteltiere, bei denen die Jungen einen großen Teil ihrer Entwicklung im Beutel des Muttertieres durchlaufen, traten in vielen Formen auf, wie wir sie heute von den Höheren Säugetieren, den Plazentatieren, kennen. So gab es in Australien auch Raubtiere, die einem Löwen ähnelten.
Thylacoleo, der Beutellöwe, war unter ihnen der größte und erreichte die Länge eines Leoparden. Aber die Zähne waren ganz anders ausgebildet als bei einem echten Löwen. Die Eckzähne waren weitgehend verkümmert, während die Schneidezähne und die Backenzähne zu starken Reißzähnen umgebildet waren. Zu seinen Beutetieren gehörten auch die Riesenkänguruhs der damaligen Zeit.

Thylacosmilus

- Säugetiere
- Beuteltiere
- E. S. Riggs (1933)
- Argentinien
- Miozän, Pliozän

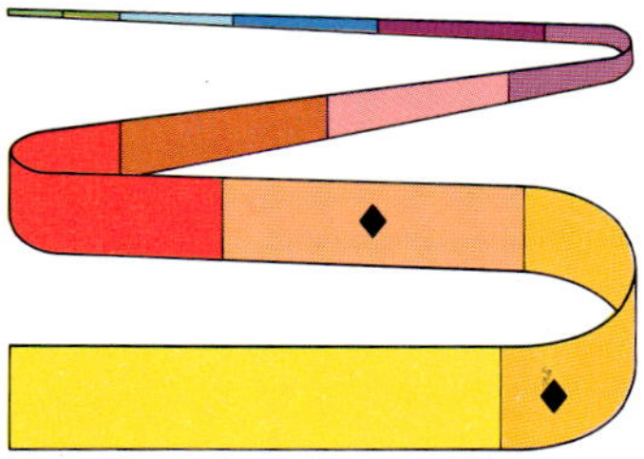

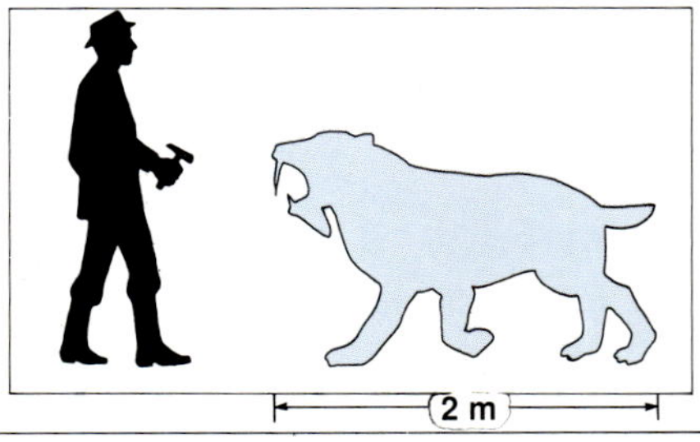

Thylacosmilus, der Beuteltiger, ist den Säbelzahntigern ähnlich, die in Europa und Nordamerika gefunden wurden, aber er war keineswegs mit diesen verwandt. Bei *Thylacosmilus* waren die Schneidezähne verkümmert, statt dessen hatte er riesige Eckzähne, die ständig weiterwuchsen. Weil er seinen Rachen sehr weit öffnen konnte, fügte er damit seinen Beutetieren heftige Wunden zu.

Ticinosuchus

- Reptilien
- Urwurzelzähner
- B. Krebs (1963)
- Schweiz (Tessin)
- Trias

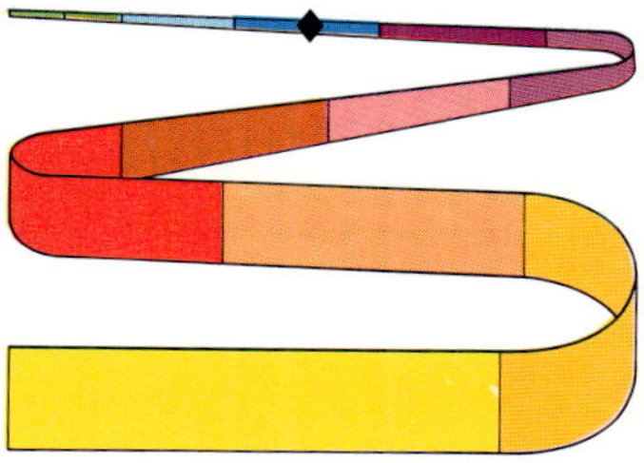

Die ältesten Gattungen der Großsaurier stammen aus dem Oberperm, man zählt sie zu den Urwurzelzähnern. *Ticinosuchus* gehört zu ihnen und zu einer Gruppe von großen, landbewohnenden Reptilien. Auf den ersten Blick sieht *Ticinosuchus* einem Krokodil ähnlich, aber seine langen Beine, die den Körper weit vom Boden abhoben, unterscheiden ihn sehr deutlich von dieser Tiergruppe. Die Fußgelenke waren bei *Ticinosuchus* sehr beweglich und erlaubten dem Tier eine größere Geschwindigkeit; außerdem standen die Beine unter dem Körper und nicht seitlich von ihm wie bei den Krokodilen.

Wahrscheinlich erbeutete *Ticinosuchus* kleinere Pflanzenfressende Reptilien wie *Diademodon* und *Kannemeyeria.* Im Tessin (»Ticino« ist das italienische Wort dafür) wurden mehrere guterhaltene Versteinerungen von Skeletten entdeckt, leider waren aber die Schädel unvollständig. Die Skelette zeigen, daß *Ticinosuchus* auf dem Rücken durch zwei Reihen kleiner Knochenplatten gepanzert war. Der Kopf hatte eine breite, flache Form und erinnert an die ersten Fleischfressenden Dinosaurier. Das hat einige Wissenschaftler zu der (falschen) Vermutung gebracht, daß *Ticinosuchus* zu den Dinosauriern gehört.

Toxodon

- Säugetiere
- Südhuftiere
- R. Owen (1840)
- Argentinien
- Pliozän, Pleistozän

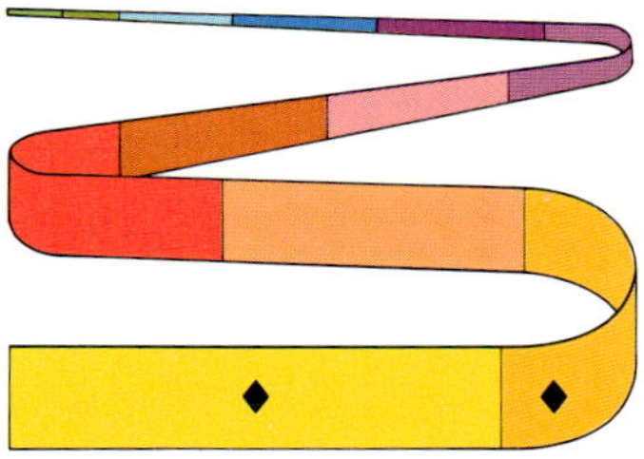

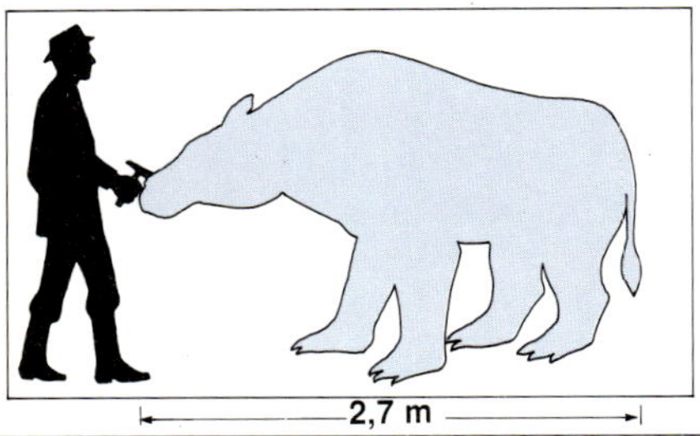

Toxodon gehört zu einer Gruppe der urtümlichen Südamerikanischen Huftiere, die sich im Tertiär entwickelten, als die beiden amerikanischen Landmassen durch ein Meer getrennt waren. Nachdem die nordamerikanischen Raubtiere über eine Landbrücke nach Südamerika gekommen waren und sich dort ungehindert ausbreiten konnten, war es um die Südhuftiere geschehen: Sie starben aus.
Toxodon (das bedeutet wörtlich übersetzt »Bogenzahn«) hatte wie alle Tiere der Gruppe seitlich gebogene Backenzähne, die zeitlebens nachwuchsen.
Die Tiere ernährten sich wahrscheinlich von den harten Pflanzen der Grasländer. Sie sahen einem Nashorn ähnlich und hatten säulenförmige Beine. Da ihre Hinterbeine länger waren als die Vorderbeine, fiel die Rückenlinie nach vorn ab. *Toxodon* war Sohlengänger, er hatte an jedem Fuß fünf Zehen. Schnell laufen konnten die Tiere sicher nicht.

Triadobatrachus

- Lurche
- Vorfrösche
- J. Piveteau (1936)
- Madagaskar
- Trias

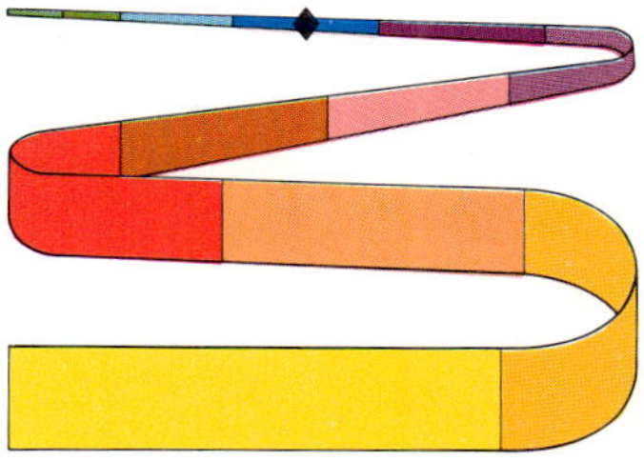

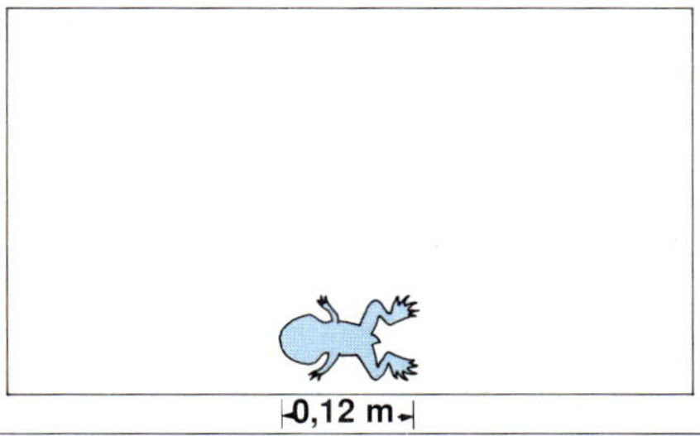

Die heute lebenden, modernen Frösche und Kröten gehören zur Ordnung Froschlurche. Man nimmt an, daß sie aus dem Verwandtschaftskreis von *Eryops* entstanden sind.
Eine Zwischenform könnte *Triadobatrachus* gewesen sein, der zur Ordnung Vorfrösche gerechnet wird. Er hatte noch einen kurzen Schwanz (der bei den Fröschen nur im Larvenstadium vorkommt) und 14 Rückenwirbel, während bei den Fröschen nur 5 bis 9 vorhanden sind. Das Becken von *Triadobatrachus* war so gebaut, daß das Tier die langen und starken Hinterbeine rückwärts stoßen und auf diese Weise gut schwimmen konnte. Vielleicht konnte es auch hüpfen wie ein Frosch.

Triconodon

- Säugetiere
- Triconodonten
- R. Owen (1871)
- GB (England)
- Jura

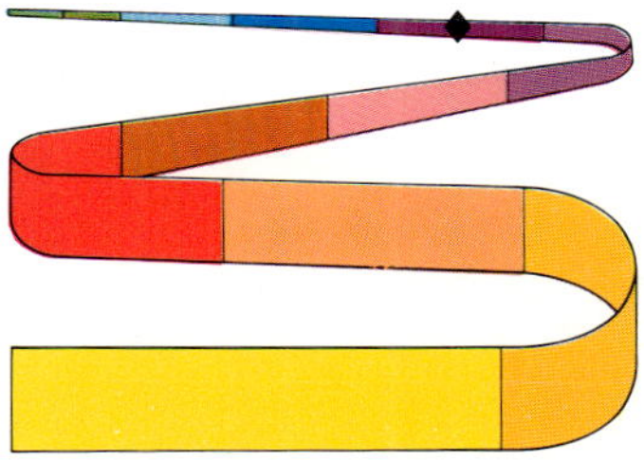

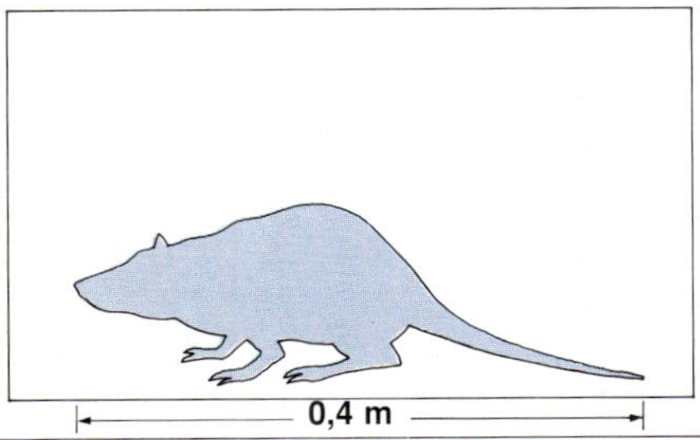

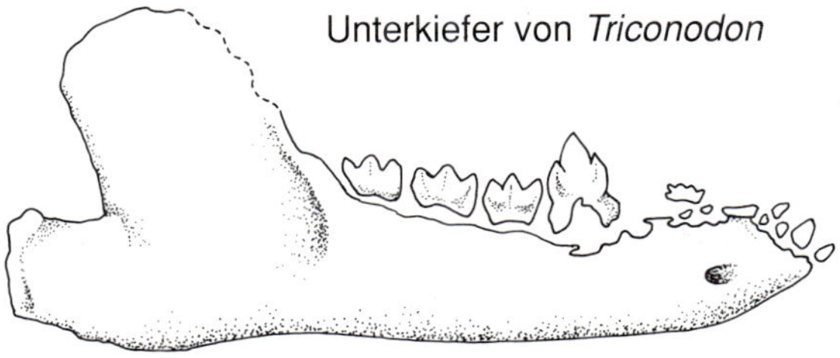

Unterkiefer von *Triconodon*

Von den ältesten Säugetieren, die in der Trias und im Jura lebten, sind meist nur Zähne und Teile der Kiefer gefunden worden. Deshalb ist die Entwicklung und Verwandtschaft dieser Säugetiere weitgehend unbekannt. *Triconodon* und *Morganucodon*, die ähnliche Zahnformen haben, werden zu den »Dreihöckerzähnern« gestellt. Die Gruppe bildet vielleicht einen eigenen Seitenzweig im Stammbaum der Säugetiere.

Trilophosaurus

- Reptilien
- Permechsenartige
- E. D. Case (1928)
- USA (Texas)
- Trias

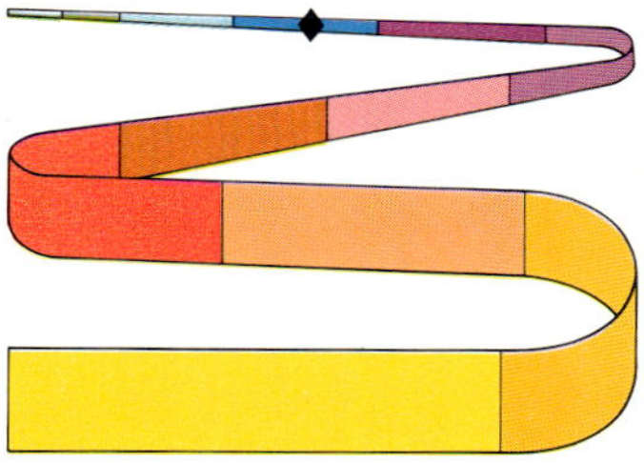

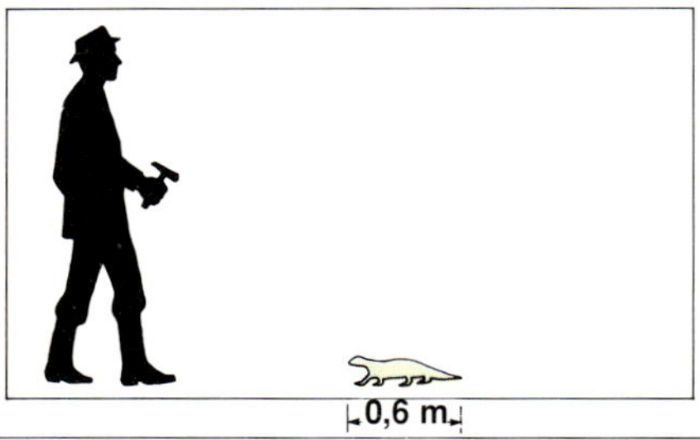

Trilophosaurus, die Dreijochzahnechse, ist wahrscheinlich mit *Petrolacosaurus* und *Weigeltisaurus* verwandt. Sie gehört zu den urtümlichen Reptilien und hatte einen verhältnismäßig kleinen Kopf mit einem Hornschnabel, der an den einer Meeresschildkröte erinnert. Wahrscheinlich weidete *Trilophosaurus* Pflanzen damit ab. Der schlanke, langgestreckte Körper weist auf ein bewegliches, schnellfüßiges Tier hin.

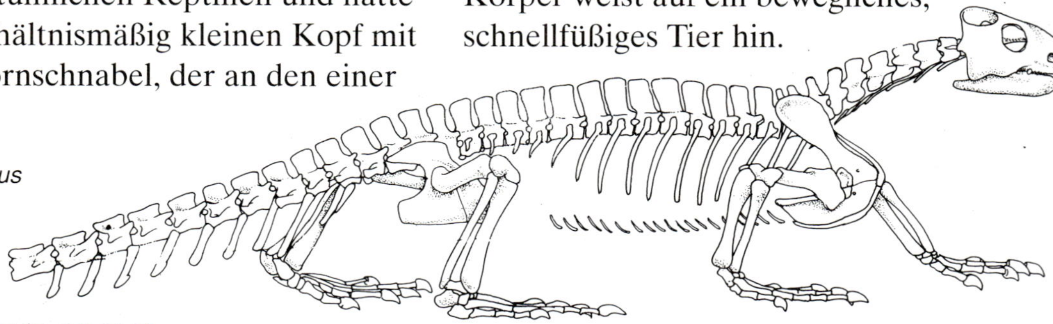

Skelett von *Trilophosaurus*

Trogosus

- Säugetiere
- Tillodonten
- J. Leidy (1871)
- USA (Wyoming)
- Eozän

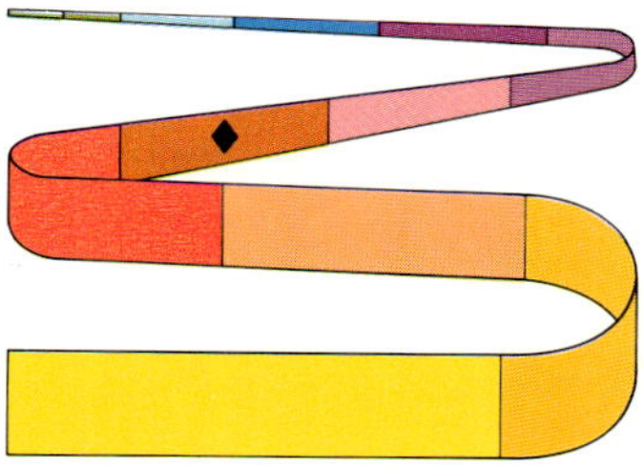

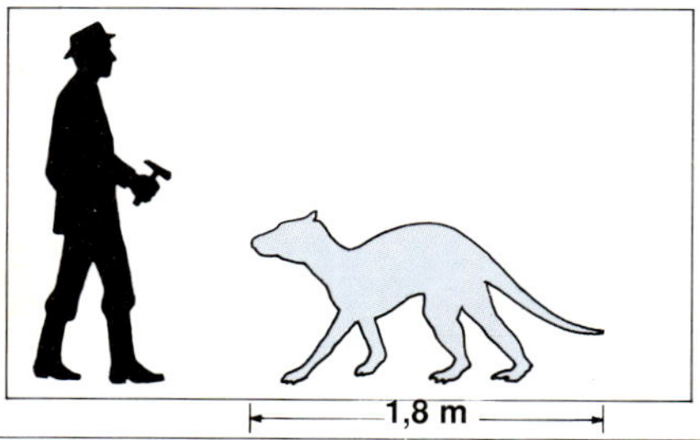

Trogosus gehört zu den primitiven Huftierverwandten und war vielleicht mit den Stammhuftieren (*Andrewsarchus*, *Arctocyon* und *Mesonyx*) verwandt. Seine Schneidezähne waren wie bei den Nagetieren zu breiten Meißeln umgebildet und wuchsen während des ganzen Lebens weiter. Die Backenzähne mit ihren breiten Kauflächen waren bei allen bisher entdeckten Zähnen weitgehend abgerieben. Man vermutet, daß *Trogosus* die Gestalt eines Bären hatte. Da aber bisher nur Schädel gefunden worden sind, ist das ganz ungewiß. Das Tier ernährte sich von Blättern, Zweigen, Pflanzenteilen und Wurzeln.

Uintatherium

- Säugetiere
- Dinoceraten
- J. Leidy (1872)
- USA (Utah)
- Eozän

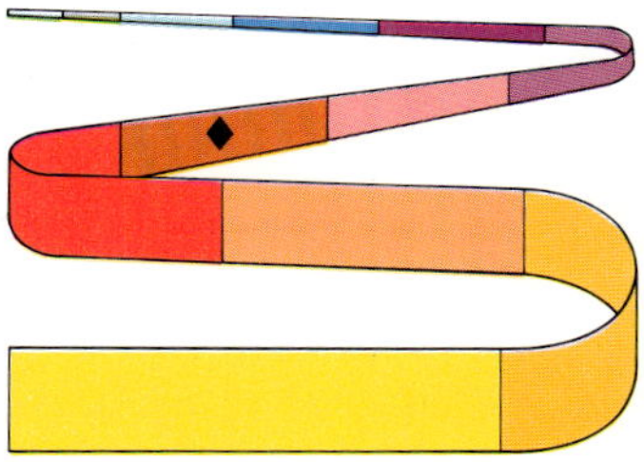

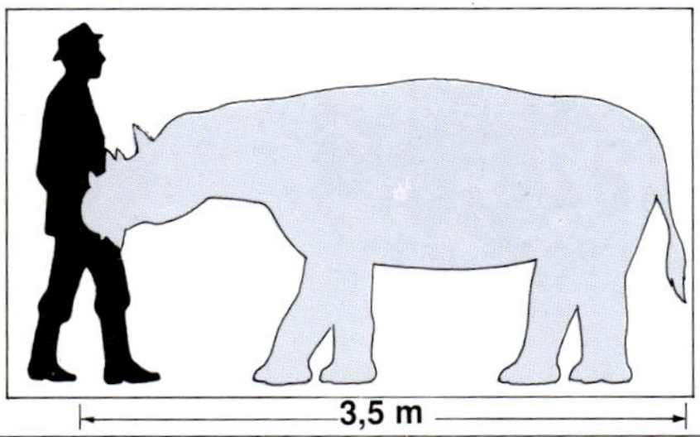

Uintatherium und *Dinoceras* gehören zu den *Dinoceraten*, zu den »Schreckenshörnern«, wie ihr Name sagt. Sie waren zu ihrer Zeit die größten Pflanzenfresser und sahen einem heute lebenden Nashorn ähnlich. Mit ihren drei Paar Knochenhöckern auf dem Vorderschäde wurden wahrscheinlich Kämpfe um eine bestimmte Rangordnung ausgetragen. Die Männchen setzten ihre riesigen Eckzähne zur Paarungszeit als Waffe ein.

Vulpavus

- Säugetiere
- Raubtiere
- O. C. Marsh (1871)
- Nordamerika
- Eozän

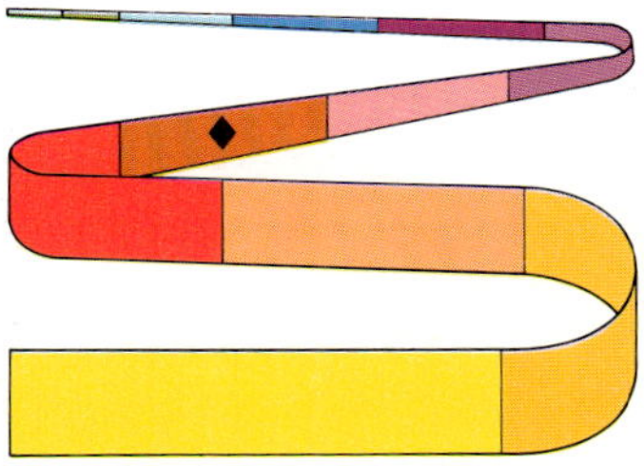

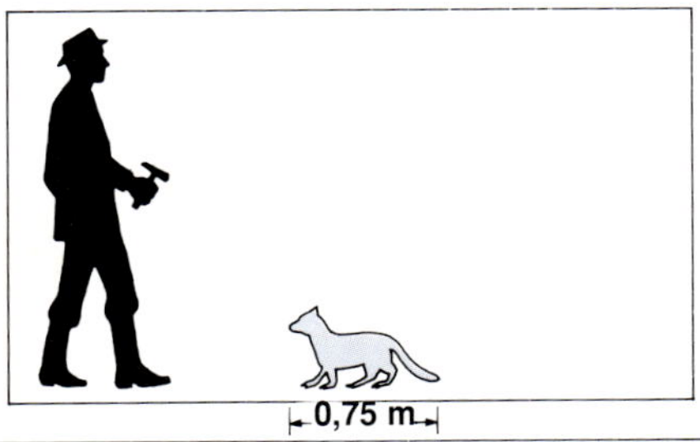

Vulpavus gehört zu den ältesten Vertretern der Raubtiere, die zuerst im Paläozän vor etwa 60 Millionen Jahren entstanden. Sie waren Waldbewohner und während des Eozäns in Europa und Nordamerika weit verbreitet. Sie hatten einen schlanken, langgestreckten Körper und gut ausgebildete Krallen, so daß sie geschickt klettern konnten. Von den Urraubtieren wie *Hyaenodon* und *Oxyaena* unterschieden sie sich schon durch ihr größeres Gehirn.
Vulpavus ähnelt einem großen Baummarder und hatte eine langgestreckte Schnauze mit kleinen, scharfen Zähnen. Wahrscheinlich jagte er kleine Vögel, Echsen und Säugetiere.

Weigeltisaurus

- Reptilien
- Permechsenartige
- O. Kuhn (1939)
- Deutschland, GB (England)
- Perm

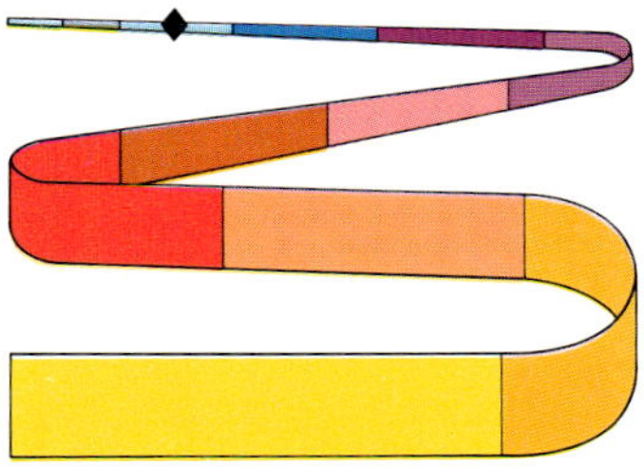

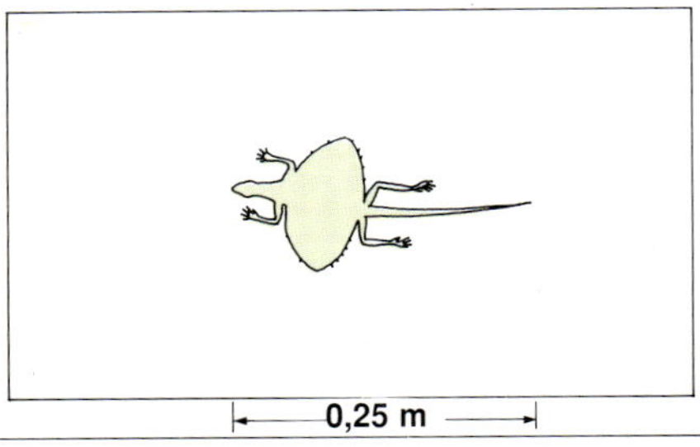

Weigeltisaurus war ein urtümliches Reptil, das mit zwei Schläfenfenstern ausgestattet war und eines der ersten, das in der Luft segeln konnte. Bei seiner Entdeckung glaubte man zuerst, einen Flugdrachen vor sich zu haben. Die heute lebenden Drachen können bis zu 10 m weit von einer Baumkrone herabgleiten. Aber *Weigeltisaurus* lebte bereits im Perm und war Zeitgenosse von *Claudiosaurus*, *Hovasaurus*, *Protorosaurus* und *Youngina*.

Glücklicherweise sind die Versteinerungen von *Weigeltisaurus* gut erhalten und zeigen eine Fülle feiner Strukturen. Die mittleren Rippen zwischen Schultergürtel und Beckengürtel waren bei *Weigeltisaurus* stark verlängert und konnten zu Lebzeiten des Tieres weit abgespreizt werden. Sie waren mit Haut überzogen und wirkten wie die Flügel eines Segelflugzeuges. Mit Hilfe dieser Tragflächen konnte *Weigeltisaurus* von einem hohen Baum einige Meter weit über den Boden segeln. Allerdings mußte er dann wieder an einem Stamm heraufklettern.

Youngina

- Reptilien
- Ureidechsen
- R. Broom (1914)
- Südafrika
- Perm

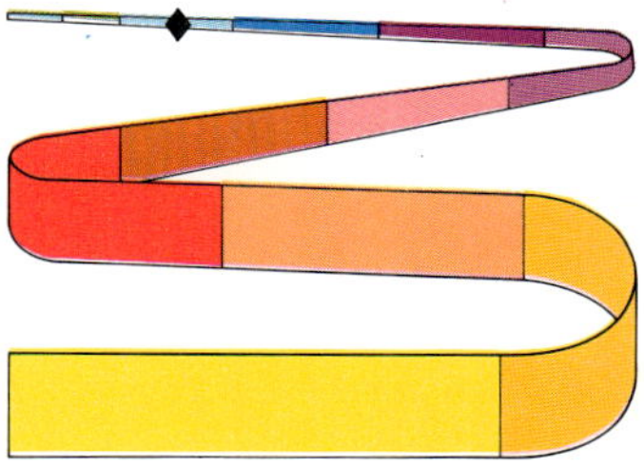

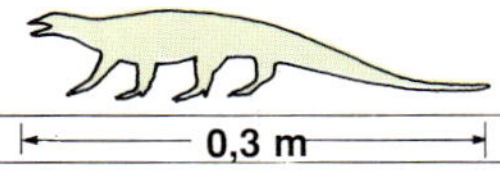

Youngina gehört zu den ältesten Reptilien, die im Perm entstanden, und ist mit *Protorosaurus* und *Tanystropheus* verwandt. Die Wissenschaftler nahmen deshalb zeitweise an, daß *Youngina* ein direkter Vorfahre der Echsen, Urwurzelzähner und Krokodile sei. In neuerer Zeit wurden aus dem Oberperm in Afrika und Madagaskar jedoch Formen wie *Hovasaurus* gefunden, die vermutlich enger mit den Echsen und Brückenechsen verwandt sind als *Youngina*.
Youngina war im Verhältnis zu seinen Verwandten ein Leichtgewicht von nur etwa 30 cm Länge. Das Tier konnte sein Maul weit öffnen und mit den verhältnismäßig langen und spitzen Zähnen seine Beutetiere ergreifen. Der hochgewölbte Schädel zeigt, daß hier starke Kaumuskeln ansaßen, so daß *Youngina* kräftig zubeißen konnte und auch harte Insekten und vielleicht sogar kleine Schnecken verspeiste. Die Kaumuskeln waren durch Sehnen mit dem Unterkiefer verbunden, die durch die beiden Schläfenöffnungen hinter jeder Augenöffnung liefen.
Das Skelett von *Youngina* ist nur zu einem Teil bekannt, aber es zeigt wesentliche Abweichungen von *Protorosaurus* und *Tanystropheus* einerseits und *Prolacerta* andererseits. Diese hatten alle einen langen Hals, während *Youngina* einen gedrungenen Körper und einen kurzen Hals besaß. Seine Beine und Zehen waren langgestreckt und dünn, wie sie bei heute lebenden Eidechsen auch zu finden sind.
Youngina und seine nächsten Verwandten starben wahrscheinlich gegen Ende des Perms aus, zu einer Zeit, als es einen beträchtlichen Wechsel unter den auf dem Festland lebenden Reptilien gab, von dem auch die Säugetierähnlichen Reptilien betroffen waren.

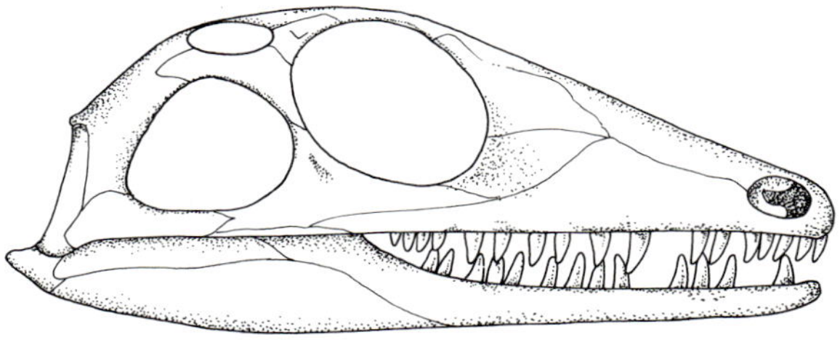

Schädel von *Youngina* in der Seitenansicht

Zalambdalestes

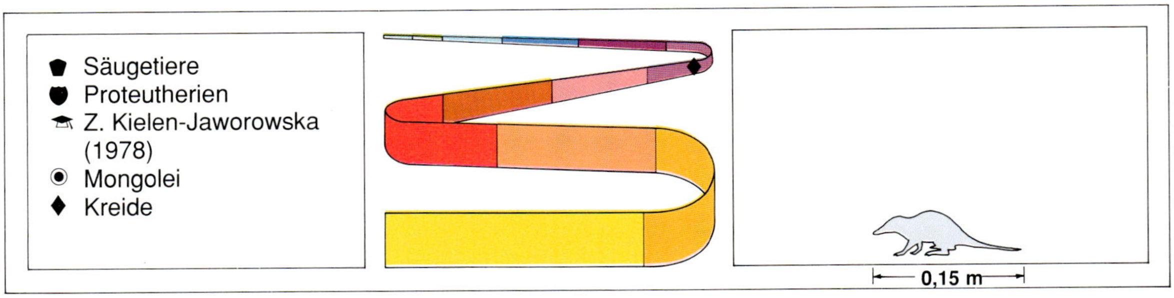

Von den ältesten Vertretern der Höheren Säugetiere, den Plazentatieren, ist *Zalambdalestes* am besten bekannt. Von diesem kleinen, einem Rüsselspringer ähnlichen Tier wurden in der Mongolei hervorragend erhaltene Skelette entdeckt, die in derselben Gesteinsschicht eingebettet waren wie *Kennalestes*. Bei den Versteinerungen von *Zalambdalestes* fehlen nur der Schwanz, die Rippen und der Vorderteil der Schnauze.

Die Tiere hatten kleine, scharfe Zähne und jagten wahrscheinlich Insekten. Da sie Daumen und Großzehe nicht den anderen Fingern und Zehen gegenüberstellen konnten, waren sie wohl keine Baumbewohner, sondern bewegten sich teils laufend, teils hüpfend auf dem Boden. Die Hinterbeine waren kürzer als die Vorderbeine, und die Schnauze war auffallend nach oben gebogen.

Zalambdalestes und seine Verwandten standen ganz am Anfang der Entwicklung der Höheren Säugetiere und waren noch urtümlicher als die Insektenfresser.

Zygorhiza

- Säugetiere
- Wale
- H. G. Seeley (1876)
- Europa, Nordamerika
- Eozän

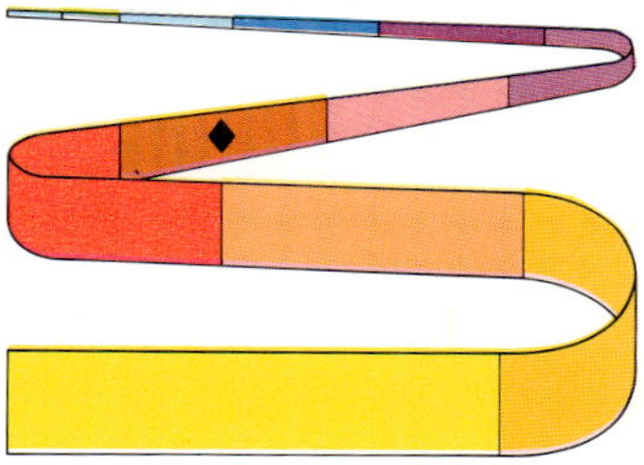

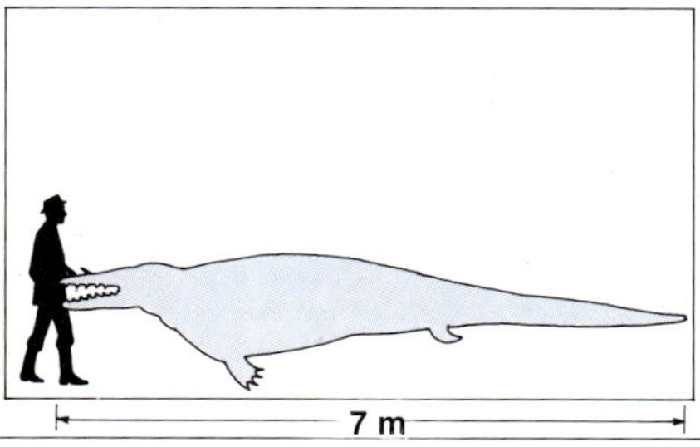

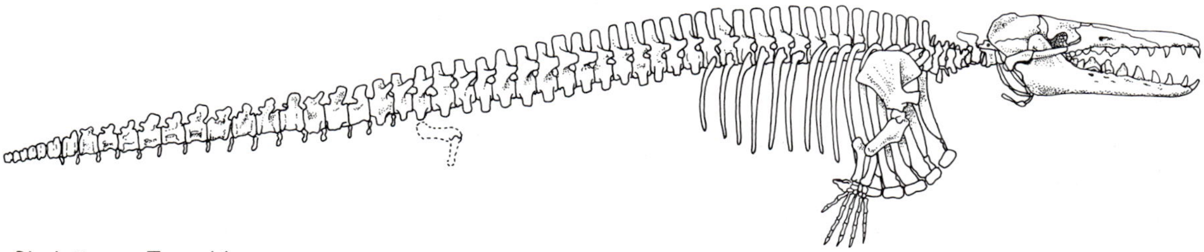

Skelett von *Zygorhiza*

Zygorhiza gehört wie *Basilosaurus* und *Pakicetus* zu den Urwalen, den Vorläufern der heute lebenden Zahnwale und Bartenwale. Von seinen Verwandten unterscheidet er sich durch seinen langen, schlanken Körper, der mehr als sechsmal so lang war wie der Kopf.
Wie die Abbildung des Skelettes zeigt, waren Kopf und Körper durch einen kurzen Hals verbunden, der aus sieben Wirbeln bestand – wie auch bei anderen Säugetieren. Die Vorderbeine waren zu Paddeln umgebildet. Aber das Skelett zeigt auch, daß die Ellenbogen noch gut entwickelt und funktionsfähig waren; bei den heutigen Walen dagegen sind die Ober- und Unterarmknochen miteinander verschmolzen. Vielleicht konnte sich *Zygorhiza* mit diesen beweglichen Armen sogar auf dem Land bewegen; möglicherweise fand hier die Paarung und auch die Geburt der Jungen statt. Reste des Beckengürtels oder der Hinterbeine wurden bei den Ausgrabungen nicht entdeckt, aber es ist anzunehmen, daß sie wie bei *Basilosaurus* bis auf einen kleinen Rest verkümmert waren.
Die Zähne hatten bei *Zygorhiza* unterschiedliche Formen, im Vorderkiefer waren sie kurz und kegelförmig, im Hinterkiefer deutlich breiter und dreieckig. Diese ursprüngliche Ausbildung weist auf die Entstehung der Wale von fleischfressenden frühen Huftieren (z.B. *Mesonyx*) hin.
Zygorhiza jagte wahrscheinlich Fische in den flachen Meeren an den Küsten Nordamerikas und Europas.

Das System der Wirbeltiere

In diesem Buch werden vorzeitliche Gattungen eines einzigen Tierstammes behandelt, die Wirbeltiere. Und doch reicht der Raum nicht aus, alle größeren Gruppen dieses Stammes zu schildern. Die Fische, eine artenreiche Gruppe der Wirbeltiere, die bei den Versteinerungen eine große Rolle spielen, konnten aus Platzgründen nicht erfaßt werden. Der Autor dieses Buches, Michael Benton, hat allein über zwei Ordnungen der Großsaurier ein ganzes Buch verfaßt: **DINOSAURIER VON A-Z**, ars edition, München 1990.

Eine Übersicht über die große Formenvielfalt der Wirbeltiere kann man nur erlangen, wenn man sie ihrer Verwandtschaft entsprechend in einem System zusammenstellt. Ein solcher Überblick wird im folgenden für die in diesem Buch beschriebenen Gattungen gegeben. Aber nicht bei allen Fossilien ist eine eindeutige Gruppierung möglich. Von vielen Tieren sind nur unvollständige Skelette bekannt, von manchen nur einzelne Zähne. Hier ist man auf weitere Entdeckungen angewiesen, um zu einem endgültigen Ergebnis zu kommen.

Stamm Wirbeltiere

Klasse Fische

Klasse Lurche

UNTERKLASSE HÜLSENWIRBLER

Ordnung Kleinsaurier: *Pantylus*

Ordnung Breitschädellurche: *Diplocaulus*

Ordnung Schlangenlurche: *Ophiderpeton*

UNTERKLASSE LABYRINTHZÄHNER

Branchiosaurus, *Limnoscelis*, *Megalocephalus*, *Metoposaurus*

Ordnung Fischschädellurche: *Ichthyostega*

Ordnung Schnittwirbler: *Eryops*, *Gerrothorax*, *Greererpeton*

Ordnung Vorreptilien: *Eogyrinus*, *Seymouria*

UNTERKLASSE FROSCHLURCHARTIGE

Ordnung Vorfrösche: *Triadobatrachus*

Ordnung unsicher: *Crassigyrinus*, *Diadectes*

Klasse Reptilien

UNTERKLASSE SCHLÄFENGRUBENLOSE REPTILIEN

Ordnung Stammreptilien: *Captorhinus*, *Hylonomus*, *Procolophon*, *Scutosaurus*

Ordnung Schildkröten: *Archelon*, *Proganochelys*

UNTERKLASSE SÄUGETIERÄHNLICHE REPTILIEN

Ordnung Urraubsaurier: *Archaeothyris*, *Casea*, *Edaphosaurus*, *Dimetrodon*

Ordnung Säugetierähnliche Reptilien: *Cynognathus*, *Diademodon*, *Dicynodon*, *Estemmenosuchus*, *Kannemeyeria*, *Kayentatherium*, *Lycaenops*, *Moschops*, *Probainognathus*, *Procynosuchus*, *Thrinaxodon*

Ordnung Rechengebißechsen: *Mesosaurus*

UNTERKLASSE FISCHECHSEN
Ordnung Fischsaurier: *Grippia, Ichthyosaurus, Mixosaurus, Ophthalmosaurus*
UNTERKLASSE PERMECHSEN-VERWANDTE
Ordnung Permechsenartige: *Petrolacosaurus, Trilophosaurus, Weigeltisaurus*
UNTERKLASSE PADDELECHSEN-VERWANDTE
Ordnung Bastardsaurier: *Nothosaurus*
Ordnung Schwanenhalsechsen: *Cryptocleidus, Elasmosaurus, Liopleurodon, Plesiosaurus*
Ordnung Pflasterzahnechsen: *Placodus*
UNTERKLASSE GROSSSAURIER
Ordnung Urwurzelzähner: *Erythrosuchus, Euparkeria, Lagosuchus, Ornithosuchus, Parasuchus, Proterosuchus, Stagonolepis, Ticinosuchus*
Ordnung Krokodile: *Geosaurus, Protosuchus, Sebecus, Teleosaurus, Terrestrisuchus*
Ordnung Echsenbecken-Dinosaurier
Ordnung Vogelbecken-Dinosaurier
Ordnung Flugsaurier: *Dimorphodon, Pteranodon, Pterodaustro, Quetzalcoatlus, Rhamphorhynchus*
UNTERKLASSE SCHUPPEN-KRIECHTIERE
Ordnung Urschuppensaurier: *Hovasaurus*
Ordnung Ureidechsen: *Prolacerta, Protorosaurus, Tanystropheus, Youngna*
Ordnung Thalattosaurier: *Askeptosaurus*
Ordnung Gavialschnabelechsen: *Champsosaurus*
Ordnung Großschnabelechsen: *Hyperodapedon*
Ordnung Schnabelköpfe: *Clevosaurus, Pleurosaurus*
Ordnung Schuppenkriechtiere: *Ardeosaurus, Dinilysia, Kuehneosaurus, Mosasaurus*
Ordnung unsicher: *Claudiosaurus*

Klasse Vögel

UNTERKLASSE ALTVÖGEL
Archaeopteryx
UNTERKLASSE ZAHNVÖGEL
Hesperornis, Ichthyornis
UNTERKLASSE NEUVÖGEL
Ordnung Gänsevögel: *Presbyornis*
Ordnung Greifvögel: *Teratornis*
Ordnung Kranichvögel: *Diatryma, Phorusrhacos*
Ordnung Taubenvögel: *Didus = Raphus*

Klasse Säugetiere

Ordnung unsicher: *Deltatheridium, Kennalestes*
Ordnung Triconodonten: *Morganucodon, Sinoconodon, Triconodon*
Ordnung Multituberculaten: *Kamptobaatar, Ptilodus*
UNTERKLASSE BEUTELSÄUGER
Ordnung Beuteltiere: *Argyrolagus, Borhyaena, Diprotodon,*

Necrolestes, *Protemnodon*,
Thylacoleo, *Thylacosmilus*

UNTERKLASSE HÖHERE SÄUGETIERE (PLAZENTATIERE)

Ordnung Apatotherien: *Sinclairella*
Ordnung Proteutherien: *Zalambdalestes*
Ordnung Insektenfresser: *Deinogalerix*
Ordnung Leptictiden: *Leptictis*

Ordnung Primaten: *Purgatorius*
Unterordnung Halbaffen: *Plesiadapis*, *Smilodectes*, *Tetonius*
Unterordnung Affen
Familie Menschenaffen: *Aegyptopithecus*, *Proconsul*, *Ramapithecus*
Familie Menschen: *Australopithecus*, *Homo*

Ordnung Fledermäuse: *Icaronycteris*
Ordnung Zahnarme: *Glyptodon*, *Megatherium*, *Nothrotherium*
Ordnung Schuppentiere: *Eomanis*
Ordnung Nagetiere: *Epigaulus*, *Palaeocastor*, *Paramys*
Ordnung Wale: *Basilosaurus*, *Pakicetus*, *Zygorhiza*
Ordnung Urraubtiere: *Hyaenodon*, *Oxyaena*

Ordnung Raubtiere
Unterordnung Landraubtiere: *Barbourofelis*, *Smilodon*, *Vulpavus*
Unterordnung Wasserraubtiere: *Allodesmus*

Ordnung Hasenartige: *Palaeolagus*

Ordnung Stammhuftiere: *Andrewsarchus*, *Arctocyon*, *Hyopsodus*, *Mesonyx*, *Phenacodus*
Ordnung Tillodonten: *Trogosus*
Ordnung Taeniodonten: *Stylinodon*
Ordnung Glattferser: *Macrauchenia*, *Theosodon*, *Thoatherium*
Ordnung Südhuftiere: *Notostylops*, *Toxodon*
Ordnung Sternfußtiere: *Astrapotherium*
Ordnung Pantodonten: *Pantolambda*
Ordnung Dinoceraten: *Dinoceras*, *Uintatherium*
Ordnung Pyrotherien: *Pyrotherium*
Ordnung Rüsseltiere: *Deinotherium*, *Gomphotherium*, *Mammuthus*, *Moeritherium*
Ordnung Embrithopoden: *Arsinoitherium*

Ordnung Unpaarhufer
Unterordnung Ancylopoden: *Chalicotherium*, *Moropus*
Unterordnung Pferdeverwandte: *Brontotherium*, *Hyracotherium*, *Merychippus*, *Pliohippus*

Ordnung Paarhufer
Unterordnung Schweineartige: *Anthracotherium*, *Archaeotherium*, *Diacodexis*
Unterordnung Schwielensohler: *Alticamelus*, *Merycoidodon*, *Poebrotherium*, *Synthetoceras*
Unterordnung Wiederkäuer: *Megaloceros*, *Samotherium*, *Sivatherium*

Verzeichnis der Museen

DEUTSCHLAND / ÖSTERREICH / SCHWEIZ

Bayerische Staatssammlung für Paläontologie und Historische Geologie, München
Fuhlrott-Museum, Wuppertal
Geologisches und Paläontologisches Institut, Münster
Haus der Natur, Salzburg (Österreich)
Hessisches Landesmuseum, Darmstadt
Institut und Museum für Geologie und Paläontologie, Tübingen
Jura-Museum, Eichstätt
Landesmuseum, Koblenz
Landessammlung für Naturkunde, Karlsruhe
Lippisches Landesmuseum, Detmold
Museum am Burghof, Lörrach
Museum für Naturkunde, Freiburg
Museum für Naturkunde der Humboldt-Universität (Paläontologisches Museum), Berlin
Museum für Ur- und Ortsgeschichte, Bottrop
Museum Hauff, Holzmaden/Teck
Naturhistorisches Museum, Mainz
Naturhistorisches Museum, Wien (Österreich)
Naturhistorisches Museum, Basel (Schweiz)
Naturkundemuseum in Ottoneum, Kassel
Natur-Museum Senckenberg, Frankfurt am Main
Naturwissenschaftliches Museum, Coburg
Naturwissenschaftliches Museum, Osnabrück
Niedersächsisches Landesmuseum, Hannover
Paläontologisches Institut und Museum der Universität, Zürich (Schweiz)
Roemer-Pelizaeus-Museum, Hildesheim
Staatliches Museum für Naturkunde, Stuttgart
Staatliches Naturhistorisches Museum, Braunschweig
Städtisches Naturkundliches Museum, Göppingen
Westfälisches Landesmuseum für Naturkunde, Münster
Zoologisches Forschungsinstitut und Museum Koenig, Bonn

EUROPA

Birmingham Museum, Birmingham (GB)
British Museum (Natural History), London (GB)
Geologisches Museum, Leningrad (UdSSR)
Institut de Paléontologie, Paris (Frankreich)
Institut für Paläobiologie, Warschau (Polen)
Institut Royal des Sciences Naturelles de Belgique, Brüssel (Belgien)
Musée Nationale d'Histoire Naturelle, Paris (Frankreich)
Museo Civico di Storia Naturale di Venezia, Venedig (Italien)
Museum für Paläontologie, Moskau (UdSSR)
Museum of Isle of Wight Geology, Sandown (Isle of Wight, GB)
Oxford University Museum,

Oxford (GB)
Paläontologisches Museum,
Uppsala (Schweden)
Royal Scottish Museum,
Edinburgh (GB)
Sedgwick Museum,
Cambridge (GB)

AMERIKA
American Museum of Natural History,
New York (USA)
Carnegie Museum of Natural History,
Pittsburgh (USA)
Field Museum of Natural History,
Chikago (USA)
Los Angeles County Museum of Natural History, Los Angeles (USA)
Museum der La Plata Universität,
La Plata (Argentinien)
Museum of Comparative Zoology
(Harvard University), Cambridge (USA)
Museum of Natural History (Princeton University), Princeton (USA)
National History Museum,
Mexiko Stadt (Mexiko)
National Museum of Natural History
(Smithsonian Institute),
Washington D.C.(USA)
National Museum of Natural Sciences,
Ottawa (Kanada)
Peabody Museum of Natural History
(Yale University), New Haven (USA)
Provincial Museum of Alberta,
Edmonton (Kanada)
Royal Ontario Museum,
Toronto (Kanada)
Tyrell Museum of Paleontology,
Drumheller (Kanada)

ASIEN
Beijing Natural History Museum,
Peking (China)
Geology Museum (Indian Statistical Institute), Kalkutta (Indien)
Museum of Natural History,
Osaka (Japan)
National Science Museum,
Tokio (Japan)
State Central Museum,
Ulan-Bator (Mongolei)

AFRIKA
Kenya National Museum,
Nairobi (Kenia)
Museum of Earth Sciences,
Rabat (Marokko)
National Museum, Niamey (Niger)
South African Museum,
Kapstadt (Südafrika)

AUSTRALIEN
Australian Museum, Sydney
Queensland Museum,
Fortitude Valley

Fachworterklärung

Aasfresser Tiere, die sich auf das Fleisch toter Tiere spezialisiert haben.
Allesfresser Tiere, die sich sowohl vom Fleisch anderer Tiere als auch von Pflanzen ernähren.
Art Eine Gruppe von Pflanzen oder Tieren, die sich untereinander gleichen.
Familie Eine Gruppe mehrerer Tier- oder Pflanzengattungen, die besondere Ausbildungen gemeinsam haben.
Fleischfresser Tiere, die sich ausschließlich vom Fleisch anderer Tiere ernähren. Bei ausgestorbenen Tieren kann man die Art der Ernährung an den Zähnen erkennen.
Fossilien – siehe Versteinerung
Gattung Eine Gruppe von Pflanzen- oder Tierarten, die eng miteinander verwandt sind.
Huf Ein dicker Überzug aus Horn, der die Zehen schützt.
Jura (der) Zeitalter in der Mittelzeit der Erde vor 208 bis 144 Millionen Jahren.
Känozoikum Die Neuzeit der Erde; sie begann vor etwa 65 Millionen Jahren und reicht bis zur Heutzeit.
Kontinente Große Schollen der Erdkruste, die auf dem flüssigen Gesteinsmantel der Erde schwimmen. Sie ragen als Festländer aus den Meeren.
Kralle Ein spitzes Gebilde aus Horn, das bei vielen Reptilien, Vögeln und Säugetieren am Ende der Zehen steht.
Kreide (die) Zeitalter in der Mittelzeit der Erde vor 144 bis 65 Millionen Jahren.
Mesozoikum Die Mittelzeit der Erde vor 245 bis 65 Millionen Jahren. Sie wird in Trias, Jura und Kreide gegliedert.
Ordnung Ein Verwandtschaftskreis im System der Pflanzen und Tiere, der unterhalb der Klasse steht.
Paläontologie Die Versteinerungskunde ist die Wissenschaft von den Pflanzen und Tieren der erdgeschichtlichen Vergangenheit.
Paläozoikum Die Altzeit der Erde; sie umfaßt Kambrium, Ordovizium, Silur, Devon, Karbon und Perm.
Pflanzenfresser Tiere, die sich ausschließlich von Pflanzenteilen ernähren.
Rekonstruktion Nachbildung eines Tieres aufgrund der bekannten Versteinerungen.
Schädel Der Teil des Skeletts der Wirbeltiere, der den Kopf bildet. Der Schädel umschließt und schützt das Gehirn und die Sinnesorgane (Ohren, Augen, Nase).
Skelett Die Gesamtheit der Knochen der Wirbeltiere.
Trias (die) Zeitalter in der Mittelzeit der Erde vor 245 bis 208 Millionen Jahren.
Unterordnung Eine Gruppe, die im System der Pflanzen und Tiere einen Teil einer Ordnung umfaßt.
Versteinerung Reste und Spuren von vorzeitlichen Lebewesen.

Literaturverzeichnis

Beurlen, K.: Geologie – Die Geschichte der Erde und des Lebens. Stuttgart (1975).

Feduccia, A.: Es begann im Jura-Meer. Die faszinierende Stammesgeschichte der Vögel. Hildesheim (1984).

Garutt, J.: Das Mammut. Bittenberg (1964).

Halstead, L. B.: Spuren im Stein. Das Kosmosbuch der Paläontologie. Stuttgart (1983).

Haubold, H.: Lebensbilder und Evolution fossiler Saurier. Bittenberg (1981).

Koenigswald, G. H. R. von: Die Geschichte des Menschen. Heidelberg, Berlin, New York (1968).

Kuhn, O.: Deutschlands Vorzeitliche Tierwelt. Bonn (1956).

Kuhn, O.: Die deutschen Saurier. Krailling (1968).

Kuhn-Schnyder, E.: Geschichte der Wirbeltiere. Basel (1953).

Kuhn-Schnyder, E. und H. Rieber: Paläozoologie – Morphologie und Systematik ausgestorbener Tiere. Stuttgart, New York (1984).

Lambrecht, K.: Handbuch der Paläoornithologie. Berlin (1933).

Leakey, R.: Die Suche nach dem Mensch. Wie wir wurden – was wir sind. Frankfurt/Main (1981).

Leakey, R.: Wie der Mensch zum Menschen wurde. Neue Erkenntnisse über den Ursprung und die Zukunft des Menschen. Hamburg (1978).

Müller, A.H.: Aus Jahrmillionen. Tiere der Vorzeit. Jena (1962).

Müller, A. H.: Lehrbuch der Paläozoologie. Band 3, Vertebraten. Teil 1, Fische im weiteren Sinne und Amphibien. Jena (1961).

Müller, A. H.: Lehrbuch der Paläozoologie. Band 3, Vertebraten. Teil 2, Reptilien und Vögel. Jena (1968).

Müller, A. H.: Lehrbuch der Paläozoologie. Band 3, Vertebraten. Teil 3, Mammalia. Jena (1970).

Mundlos, R.: Wunderwelt in Stein. Fossilfunde – Zeugen der Urzeit. Gütersloh (1976).

Probst, E.: Deutschland in der Urzeit. München (1986).

Spinar, Z. V. und Z. Burian: Leben in der Urzeit. Hanau (1973).

Steel, R.: Handbuch der Paläoherpetologie. Teil 16, Crocodilia. Stuttgart, Portland/USA (1973).

Steel, R. und A. F. Harvey: Lexikon der Vorzeit. Freiburg (1981).

Steiner, W.: Die große Zeit der Saurier. 250 Millionen Jahre Erd- und Lebensgeschichte vom Karbon bis zur Kreidezeit. Leipzig, Jena, Berlin (1986).

Thenius, E.: Phylogenie der Mammalia – Stammesgeschichte der Säugetiere (einschließlich der Hominiden). Berlin (1969).

Wellnhofer, P.: Solnhofener Plattenkalk: Urvögel und Flugsaurier. Maxberg (1983).

Register

Die fettgedruckten Zahlen weisen auf eine Abbildung hin.